Das Konsensprinzip in der internationalen Gerichtsbarkeit

SCHRIFTEN ZUM STAATS- UND VÖLKERRECHT

Herausgegeben von Prof. Dr. Dieter Blumenwitz

Band 101

Peter Lang

Frankfurt am Main · Berlin · Bern · Bruxelles · New York · Oxford · Wien

Sabine Schorer

Das Konsensprinzip in der internationalen Gerichtsbarkeit

Peter Lang
Europäischer Verlag der Wissenschaften

Bibliografische Information Der Deutschen Bibliothek
Die Deutsche Bibliothek verzeichnet diese Publikation in der Deutschen Nationalbibliografie; detaillierte bibliografische Daten sind im Internet über <http://dnb.ddb.de> abrufbar.

D 20
ISSN 0172-7796
ISBN 3-631-50256-7

www.peterlang.de

Meinen Eltern
in Liebe und Dankbarkeit

VORWORT

Die vorliegende Arbeit wurde im Sommersemester 2002 von der Juristischen Fakultät der Bayerischen Julius-Maximilians-Universität in Würzburg als Dissertation angenommen.

Ich bedanke mich ganz herzlich bei meinem Doktorvater, Herrn Prof. Dr. Dieter Blumenwitz, der die Arbeit angeregt und durch konstruktive Kritik sowie zahlreiche Hinweise gefördert hat. Zu Dank verpflichtet bin ich auch Herrn Prof. Dr. Hugo J. Hahn, LL.M. (Harvard), für die rasche Erstellung des Zweitgutachtens. Danke sage ich Frau Ruth Rupp und meinen Kollegen für die Unterstützung und die lebhaften Diskussionen am Lehrstuhl. Die Arbeit am Lehrstuhl hat mir viel Freude bereitet.

Bei meinem Freund, Frank Pfitzmann, möchte ich mich besonders für die Hilfe beim Korrekturlesen bedanken, sowie dafür, dass er sich als „Nichtjurist" immer wieder mit Interesse auf die Materie Völkerrecht eingelassen hat.
Auch meine Eltern haben mich beim Korrekturlesen unterstützt. Dafür danke ich ihnen ganz herzlich. Vielen Dank sage ich auch meinem Bruder Sven für seine Hilfe bei der Drucklegung. Meiner ganzen Familie möchte ich meinen Dank für Ihren bedingungslosen Rückhalt ausdrücken.

In die Dissertation wurden Literatur und Rechtsprechung bis Ende März eingearbeitet.

Hamburg, 12. August 2002 Sabine Schorer

INHALTSVERZEICHNIS

ABKÜRZUNGSVERZEICHNIS 15

EINFÜHRUNG 19

A. Die Bedeutung des Konsensprinzips vor dem Ständigen Internationalen Gerichtshof und dem Internationalen Gerichtshof 19

B. Unverrückbarkeit der Konsenskonzeption? 22

C. Gang der Untersuchung 23

1. TEIL: DIE GRUNDLAGEN DES KONSENSPRINZIPS 27

A. Begriffsbestimmung 27

I. Internationale Gerichtsbarkeit 27

1. Kennzeichen internationaler Gerichtsbarkeit im Vergleich zu anderen Mitteln friedlicher Streiterledigung 27

2. Abgrenzung internationale Gerichtsbarkeit – Schiedsgerichtsbarkeit 27

II. Konsensprinzip 29

1. Allgemein 29

a) Definition des Begriffs „Konsens" 29

b) Abgrenzung zu dem Begriff „consensus" 31

2. In der internationalen Gerichtsbarkeit 32

a) Die Bedeutung des Konsensprinzips in der internationalen Gerichtsbarkeit 32

b) Konsensprinzip als Ausdruck der souveränen Gleichheit der Staaten – Abgrenzung zur innerstaatlichen Gerichtsbarkeit 34

c) Konsensprinzip als Gegenstück zur „obligatorischen Gerichtsbarkeit"? 37

B. Die Entwicklung der internationalen Gerichtsbarkeit und die Herkunft des Konsensprinzips 41

I. Historische Erscheinungsformen internationaler Gerichtsbarkeit von der Antike bis zum Spätmittelalter 41
1. Die Anfänge 41
2. Das antike Griechenland als Hochstätte internationaler Schiedsgerichtsbarkeit 43
3. Der Niedergang der internationalen Schiedsgerichtsbarkeit unter makedonischer und römischer Herrschaft 45
4. Das Mittelalter – Blütezeit der Schiedsgerichtsbarkeit 46
a) Die verschiedenen Bereiche schiedsgerichtlicher Praxis 46
b) Schiedsgerichtsbarkeit im Spannungsfeld zwischen Fürstensouveränität und päpstlicher Autorität 49
II. Die Neuzeit – Entwicklung der modernen internationalen Gerichtsbarkeit 51
1. Die Entstehung des souveränen Staates als Grundlage des Konsensprinzips 51
2. Der Nationalismus als Hindernis der Schiedsgerichtsbarkeit 53
3. Die ersten Zeugnisse moderner Schiedsgerichtsbarkeit: Der Jay-Vertrag und seine Nachfolger 54
4. Die Haager Friedenskonferenzen von 1899 und 1907 55
5. Der Ständige Internationale Gerichtshof 57
6. Der Internationale Gerichtshof und jüngere Entwicklungen 58
C. Erteilung und Widerruf des Konsenses 61
I. Die Erteilung des Konsenses 61
1. Die Arten der Konsenserteilung 61
a) Die Unterscheidung zwischen formellem und materiellem Konsens 61
b) Die Unterwerfung ante hoc, ad hoc und post hoc 62
c) Unterwerfung ante hoc 64
aa) Zweistufige Konsenserteilung 64
(1) Die Erteilung des formellen Konsenses 64
(2) Die Erteilung des materiellen Konsenses 67
(a) Unterwerfung in Verträgen 67
(aa) Schiedsverträge 69

(bb) Kompromissarische Klauseln 70
(cc) Fakultativprotokolle 71
(b) Einseitige Unterwerfungserklärungen 72
(aa) Rechtsnatur einseitiger Unterwerfungserklärungen 74
(bb) Art. 36 Abs. 5 IGH-Statut und die Nicaragua-Entscheidung des IGH 78
bb) Einstufige Konsenserteilung 80
(1) Ratifizierung eines Vertrages 81
(a) Die Unterwerfung unter die Gerichtsbarkeit des EGMR als einstufige Konsenserteilung 81
(b) Einstufige Konsenserteilung im Rahmen des SRÜ mit der Möglichkeit der Derogation gemäß Art. 281 SRÜ 81
(c) Der missverständliche Wortlaut des Art. 36 Abs. 1 IGH-Statut 86
(2) Sonderfall: Art. 35 Abs. 2 IGH-Statut? 87
(a) SR-Resolution 9 (1946) 87
(b) „vorbehaltlich der besonderen Bestimmungen geltender Verträge“ 89
d) Unterwerfung ad hoc durch Kompromiss 95
e) Unterwerfung post hoc – sog. forum prorogatum 97
2. Formerfordernisse 98
3. Das Reziprozitätserfordernis 99
a) Formelle Reziprozität 100
b) Materielle Reziprozität 101
aa) Die Zulässigkeit und Reichweite von Vorbehalten 102
(1) Der Vorbehalt ratione temporis und seine Bedeutung für die Klagen Hans-Adams II. bzw. Liechtensteins gegen Deutschland 102
(2) Der Reziprozitätsvorbehalt 104
(3) Zulässigkeit weiterer Vorbehalte? 105
bb) Die Auswirkung von Vorbehalten 106

cc) Weitere Konsequenzen des materiellen Reziprozitätsgrundsatzes? ... 108
II. Der Widerruf des Konsenses ... 110

2. TEIL: DAS KONSENSPRINZIP IM STREITVERFAHREN ... 115
A. Die „L'or monétaire-Regel" – das Konsensprinzip als Kompetenzausübungsschranke in Fällen mit Drittbezug ... 115
I. Entwicklung der Rechtsprechung und Bewertung ... 115
1. Vertragliche Streitigkeiten ... 116
2. Streitigkeiten bezüglich völkerrechtlicher Delikte ... 117
3. Streitigkeiten mit Territorialbezug ... 123
II. Die Klage Liechtensteins gegen die Bundesrepublik Deutschland ... 127
B. Art. 32 Abs. 1 des Europäischen Übereinkommens zur friedlichen Beilegung von Streitigkeiten als Ausnahmeregelung zur „L'or monétaire-Regel"? ... 129
C. Irrelevanz des Konsensprinzips – der Grundsatz „audiatur et altera pars" als zusätzliche Kompetenzausübungssperre ... 135

3. TEIL: DAS KONSENSPRINZIP IM RAHMEN DER INZIDENTGERICHTSBARKEIT ... 139
A. Der formelle Konsens als Grundlage der Inzidentgerichtsbarkeit eines internationalen Gerichts ... 139
B. Die Bedeutung des materiellen Konsenses für die Inzidentgerichtsbarkeit ... 140
I. Kompetenz-Kompetenz ... 142
II. Vorsorgliche Maßnahmen ... 144
1. Das Spannungsfeld zwischen Dringlichkeit und Konsensprinzip ... 144
2. Prüfung der prima facie-Zuständigkeit ... 149
a) Prüfung des formellen Konsenses ... 151
b) Prüfung des materiellen Konsenses ... 152

aa) Prüfungsumfang 152
bb) Prüfung in der Hauptsache 155
3. Inhalt der Anordnung 156
III. Die Drittintervention – Erfordernis eines durch Konsens begründeten Jurisdiktionsbandes zwischen dem Intervenienten und den ursprünglichen Streitparteien? 161
1. Die Problematik, dargestellt an der Auseinandersetzung um die Regelung des Art. 62 IGH-Statut 161
a) Literaturstimmen 163
b) Die Rechtsprechung des Internationalen Gerichtshofs 165
aa) Nuclear Tests (Australia v. France und New Zealand v. France) 165
bb) Continental Shelf (Tunisia/Libyan Arab Jamahiriya) 165
cc) Continental Shelf (Libyan Arab Jamahiriya/Malta) 166
dd) Land, Island and Maritime Frontier Dispute (El Salvador/Honduras) 168
ee) Land and Maritime Boundary between Cameroon and Nigeria (Cameroon v. Nigeria) 170
ff) Sovereignty over Pulau Litigan and Pulau Sipadan (Indonesia/Malaysia) 171
2. Überprüfung der Lösungsansätze am Maßstab des Konsensprinzips 171
a) Erfordernis eines Jurisdiktionsbandes? 172
b) Möglichkeit einer „party intervention"? 174
c) Bindung des Intervenienten an das Urteil? 178
IV. Verfahren in Abwesenheit einer Partei 185

4. TEIL: DAS KONSENSPRINZIP IM GUTACHTENVERFAHREN 189
A. Die Rechtsprechung des StIGH und des IGH 191
I. Status of Eastern Carelia 191
II. Interprétation des traités de paix conclus avec la Bulgarie, la Hongrie et la Roumanie 192

III. Réserves à la convention pour la prévention et la répression du crime de génocide 193
IV. Legal Consequences for States of the Continued Presence of South Africa in Namibia (South West Africa) notwithstanding Security Council Resolution 276 (1970) 194
V. Sahara occidental 194
VI. Applicabilité de la section 22 de l'article VI de la convention sur les privilèges et immunités des Nations Unies 196
B. Stellungnahme 196
I. Analyse der Rechtsprechung 196
II. Bewertung 199

SCHLUSSBETRACHTUNG 203

LITERATURVERZEICHNIS 207

VERZEICHNIS DER VERWERTETEN JUDIKATE 233

ABKÜRZUNGSVERZEICHNIS

a.A.	andere Ansicht
a.a.O.	am angegebenen Ort
Abs.	Absatz
Add.	Addendum
a.E.	am Ende
a.F.	alte Fassung
AFDI	Annuaire français de droit international
AJIL	American Journal of International Law
Alt.	Alternative
Anl.	Anlage
Anm.	Anmerkung
AnnIDI	Annuaire de l'Institut de Droit
AöR	Archiv des öffentlichen Rechts
Art.	Artikel
ASIL	American Society of International Law
Aufl.	Auflage
AVR	Archiv des Völkerrechts
Bd.	Band
BGBl.	Bundesgesetzblatt
BT-Drucks.	Drucksachen des Deutschen Bundestages
BVerfG	Bundesverfassungsgericht
BVerfGE	Entscheidungen des Bundesverfassungsgerichts
BYIL	British Year Book of International Law
bzw.	beziehungsweise
bzgl.	bezüglich
c.	contre
ca.	circa
C.I.J. Rec.	Recueil des arrêts, avis consultatifs et ordonnances
Corte I.D.H.	Corte Interamericana de Derechos Humanos
C.P.J.I.	Cour Permanente de Justice Internationale
CSCE	Conference on Security and Cooperation in Europe
CSSR	Tschechoslowakische Sozialistische Republik
ders.	derselbe
d.h.	das heißt
dies.	dieselbe
ebd.	ebenda
ECHR	European Court of Human Rights

EGMR	Europäischer Gerichtshof für Menschenrechte
EJIL	European Journal of International Law
EMRK	Europäische Menschenrechtskonvention (Konvention zum Schutze der Menschenrechte und Grundfreiheiten)
engl.	englisch
EPIL	Encyclopedia of Public International Law
EuGRZ	Europäische Grundrechte-Zeitschrift
f.	folgende (Seite)
FAZ	Frankfurter Allgemeine Zeitung
ff.	folgende (Seiten)
Fn.	Fußnote
franz.	französisch
GA	General Assembly
GG	Grundgesetz
GLJ	German Law Journal
GV	Generalversammlung
GYIL	German Yearbook of International Law
Hrsg.	Herausgeber
HS	Halbsatz
ICJ	International Court of Justice
I.C.J. Rep.	International Court of Justice, Reports of Judgments, Advisory Opinions and Orders
ICLQ	International and Comparative Law Quarterly
i.d.R.	in der Regel
i.e.	id est (d.h.)
IGH	Internationaler Gerichtshof
IGH-Statut	Statut des Internationalen Gerichtshofs
ILC	International Law Commission
ILM	International Legal Materials
IPRax	Praxis des Internationalen Privat- und Verfahrensrechts
ISGH	Internationaler Seegerichtshof
ITLOS	International Tribunal for the Law of the Sea
i.V.m.	in Verbindung mit
JA	Juristische Arbeitsblätter
JAIL	Japanese Annual of International Law
JIR	Jahrbuch für internationales Recht
JZ	Juristenzeitung
KSZE	Konferenz für Sicherheit und Zusammenarbeit in Europa
lit.	littera

LJIL	Leiden Journal of International Law
m.E.	meines Erachtens
MichJIL	Michigan Journal of International Law
m.w.N.	mit weiteren Nachweisen
Nachdr.	Nachdruck
n.Chr.	nach Christus
n.F.	neue Fassung
NILR	Netherlands International Law Review
NYIL	Netherlands Yearbook of International Law
N.Y.U.J. Int'L L & Pol.	New York University Journal of International Law & Politics
o.O.	ohne Ortsangabe
OSZE	Organisation für Sicherheit und Zusammenarbeit in Europa
P.C.I.J.	Permanent Court of International Justice
Res.	Resolution
RGDIP	Revue générale de droit international public
Rn.	Randnummer
ROW	Recht in Ost und West
s.	siehe
S.	Seite/Satz
s.a.	siehe auch
Sart.	Sartorius
Ser.	Series
sér.	série
s.o.	siehe oben
sog.	sogenannt
SR	Sicherheitsrat
SRÜ	Seerechtsübereinkommen der Vereinten Nationen
StIGH	Ständiger Internationaler Gerichtshof
s.u.	siehe unten
SZ	Süddeutsche Zeitung
TRNC	Turkish Republic of Northern Cyprus
Tz.	Textziffer
u.a.	und andere
u.ä.	und ähnliches
UdSSR	Union der sozialistischen Sowjetrepubliken
UN	United Nations
UN-Charta	Charta der Vereinten Nationen
UNCLOS	United Nations Convention on the Law of the Sea
UNO	United Nations Organization
UNTS	United Nations Treaty Series

U.S.C.A.	United States Code Annotated
U.T. Fac. L. Rev.	University of Toronto Faculty of Law Review
u.U.	unter Umständen
v.	versus
v.a.	vor allem
v.Chr.	vor Christus
VerfO	Verfahrensordnung
vgl.	vergleiche
VIZ	Zeitschrift für Vermögens- und Investitionsrecht
VJIL	Virginia Journal of International Law
Vol.	Volume
WHO	World Health Organization
WKRK	Wiener Übereinkommen über konsularische Beziehungen
WVRK	Wiener Übereinkommen über das Recht der Verträge
YBICJ	International Court of Justice, Yearbook
YBILC	Yearbook of the International Law Commission
ZaöRV	Zeitschrift für ausländisches öffentliches Recht und Völkerrecht
z.B.	zum Beispiel
Ziff.	Ziffer
ZÖR	Zeitschrift für öffentliches Recht
ZP-EMRK	Zusatzprotokoll zur Europäischen Menschenrechtskonvention
ZRP	Zeitschrift für Rechtspolitik
z.T.	zum Teil
z.Z.	zur Zeit

EINFÜHRUNG

A. *Die Bedeutung des Konsensprinzips vor dem Ständigen Internationalen Gerichtshof und dem Internationalen Gerichtshof*

> „It is well established in international law that no State can, without its consent, be compelled to submit its disputes with other States either to mediation or to arbitration, or to any other kind of pacific settlement."[1]

Schon im Jahr 1923 hatte der Ständige Internationale Gerichtshof (StIGH) das Konsensprinzip als eines der Grundprinzipien der internationalen Gerichtsbarkeit ausgemacht und die Zustimmung der Parteien auch in den folgenden Fällen als Grundlage seiner Gerichtsbarkeit angesehen:

> „...[S]a juridiction est limitée, ...elle se fonde toujours sur le consentement du défendeur et ne saurait subsister en dehors des limites dans lesquelles ce consentement a été donné."[2]

> „La juridiction de la Cour dépend de la volonté des Parties."[3]

Die Bedeutung des Konsensprinzips ist zunächst banal: Wenn ein internationales Gericht in einer Streitigkeit entscheiden will, müssen sich die an dem Prozess beteiligten Staaten seiner Gerichtsbarkeit unterworfen haben. Die Staaten als Rechtssubjekte der Völkergemeinschaft sind souverän, internationale Gerichtsbarkeit existiert daher nicht *ipso facto.* Vielmehr ist sie von der Zustimmung der Staaten abhängig – in der deutschen Literatur spricht man deshalb auch vom *Prinzip der Zustimmung.*

So einfach das Prinzip vorderhand klingen mag, so erheblich sind die Schwierigkeiten, die seine Anwendung mit sich bringt. Tatsächlich sind internationale Gerichte in der Mehrzahl der vorgelegten Fälle mit sog. *preliminary objections*

[1] *Status of Eastern Carelia, Advisory Opinion, 1923*, P.C.I.J., Ser. B, No. 5, S. 27. Anm. der Verfasserin: Der IGH veröffentlicht seine Urteile sowohl auf Englisch als auch auf Französisch, authentisch ist gemäß Art. 39 Abs. 1 und 2 IGH-Statut aber nur jeweils eine Fassung. Auch der EGMR und der ISGH geben im Urteil gemäß Art. 76 EGMR-VerfO bzw. Art. 43, 125 Abs. 1 lit. m) ISGH-VerfO an, welche Urteilsfassung authentisch ist. In dieser Arbeit wird die authentische Fassung wiedergegeben; ist der Urteilstext sowohl in englischer als auch in französischer Sprache authentisch, wird die englische Fassung zitiert.

[2] *Concessions Mavrommatis en Palestine, arrêt n° 2, 1924*, C.P.J.I. sér. A n° 2, S. 16.

[3] *Droits des minorités en Haute-Silésie (écoles minoritaires), arrêt n° 12, 1928*, C.P.J.I. sér. A n° 15, S. 22.

(exceptions préliminaires) konfrontiert, vorgängigen Einreden der Parteien, die nicht zuletzt die Zuständigkeit des Gerichts in Frage stellen.[4] In einigen Fällen ergeben sich erst im weiteren Verlauf des Verfahrens oder in Inzidentverfahren, wie bei dem Erlass einstweiliger Maßnahmen[5] oder im Rahmen eines Verfahrens in Abwesenheit einer Partei[6] Zweifel an seiner Zuständigkeit.[7]
Die Fallgestaltungen vor dem Internationalen Gerichtshof könnten unterschiedlicher nicht sein, zur Beurteilung seiner Gerichtsbarkeit muss aber auch der IGH immer wieder auf das Konsensprinzip zurückgreifen. In zahlreichen Entscheidungen hat er dessen Bedeutung betont:

> „...[L]e consentement des parties confère juridiction à la Cour,..."[8]
>
> „Le consentement des États parties à un différend est le fondement de la juridiction de la Cour en matière contentieuse."[9]
>
> „Unless the Parties have conferred jurisdiction on the Court in accordance with Article 36, the Court lacks jurisdiction."[10]
>
> „The Court is not departing from the principle, which is well-established in international law and accepted by its own jurisprudence as well as that of the Permanent Court of International Justice, to the effect that a State may not be compelled to submit its disputes to arbitration without its consent;..."[11]
>
> „The Court recalls...that one of the fundamental principles of its Stat-

---

4 Die Erhebung derartiger vorgängiger Einreden ist für den IGH in Art. 79 Abs. 1 1. Alt. IGH-VerfO vorgesehen. Bisweilen misst der Gerichtshof einer Einrede nicht ausschließlich vorgängigen Charakter bei und verschiebt die Entscheidung in die Begründetheitsphase („merits"), vgl. Art. 79 Abs. 7 IGH-VerfO. So geschehen in *Right of Passage over Indian Territory, Preliminary Objections, Judgment,* I.C.J. Rep. 1957, S. 152; *South West Africa, Second Phase, Judgment,* I.C.J. Rep. 1966, S. 6 ff.; *Barcelona Traction, Light and Power Company, Limited, deuxième phase, arrêt,* C.I.J. Rec. 1970, S. 3 ff.; *Frontière terrestre et maritime entre le Cameroun et le Nigéria (Cameroun c. Nigéria), exceptions préliminaires, arrêt,* C.I.J. Rec. 1998, S. 324 f.

5 Vgl. unten 3. Teil B.II.

6 Vgl. Art. 53 Abs. 2 IGH-Statut, s.u. 3. Teil B.IV.

7 Eine Auflistung aller Fälle, in denen sich der IGH mit Zuständigkeitsfragen auseinandersetzen musste, findet sich in seinem Jahrbuch, vgl. z.B. YBICJ 1997-98, S. 158, Fn. 1.

8 *Détroit de Corfou, exception préliminaire, arrêt, 1948,* C.I.J. Rec. 1947-1948, S. 27.

9 *Interprétation des traités de paix conclus avec la Bulgarie, la Hongrie et la Roumanie, première phase, avis consultatif,* C.I.J. Rec. 1950, S. 71; *Sahara occidental, avis consultatif,* C.I.J. Rec. 1975, S. 24.

10 *Anglo-Iranian Oil Co., Preliminary Objection, Judgment,* I.C.J. Rep. 1952, S. 103.

11 *Ambatielos, Merits, Judgment,* I.C.J. Rep. 1953, S. 19.

ute is that it cannot decide a dispute between States without the consent of those States to its jurisdiction. This principle was reaffirmed in the Judgment given by the Court in the case concerning *Monetary Gold Removed From Rome in 1943*...“[12]

Ein derartiger Verweis auf die Entscheidung im *Währungsgold*-Fall findet sich in mehreren Urteilen des IGH.[13] Aufgrund des Konsenserfordernisses hatte der Gerichtshof im *Währungsgold*-Fall die Ausübung seiner Gerichtsbarkeit abgelehnt:

> „Statuer sur la responsabilité internationale de l'Albanie sans son consentement serait agir à l'encontre d'un principe de droit international bien établi et incorporé dans le Statut, à savoir que la Cour ne peut exercer sa juridiction à l'égard d'un État si ce n'est avec le consentement de ce dernier.“[14]

Dieses Urteil stellt eine zentrale Entscheidung des Internationalen Gerichtshofs zum Prinzip der Zustimmung dar. Ihm lag eine Konstellation der internationalen Gerichtsbarkeit zugrunde, in der die Anwendung des Konsensprinzips Anlass zu intensiver Diskussion gegeben hat: Behandelt wurde die Frage, ob es das Konsensprinzip gebietet, auf eine Entscheidung in einem Streitfall zwischen zwei Staaten zu verzichten, wenn durch das Urteil die Interessen eines *dritten* Staates betroffen wären, der seinerseits der Gerichtsbarkeit des IGH nicht zugestimmt hat. Auf dieser Problematik wird einer der Schwerpunkte der Arbeit liegen, zumal sie in einem aktuellen Fall des Internationalen Gerichtshofs relevant ist: in der Klage Liechtensteins gegen Deutschland.[15] Da deren Sachverhalt seinen Ausgangspunkt bei den tschechoslowakischen Konfiskationen durch die Beneš-Dekrete nimmt, Tschechien (als Rechtsnachfolger der CSSR) aber der Gerichtsbarkeit des IGH in diesem Fall nicht unterworfen ist, erweist sich das Konsensprinzip im Sinne der *Währungsgold*-Konstellation erneut als mögliches Prozesshindernis.[16]

Die Klageerhebung Liechtensteins gegen die Bundesrepublik hat die Anregung für diese Arbeit gegeben. Sie soll zum Anlass genommen werden, die Bedeutung und die Auswirkungen des Konsensprinzips zu reflektieren und abwei-

---

[12] *East Timor (Portugal v. Australia), Judgment,* I.C.J. Rep. 1995, S. 101.

[13] Vgl. auch *Incident aérien du 27 juillet 1955 (Israël c. Bulgarie), arrêt,* C.I.J. Rec. 1959, S. 142; *Frontière terrestre et maritime entre le Cameroun et le Nigéria (Cameroun c. Nigéria), exceptions préliminaires, arrêt,* C.I.J. Rec. 1998, S. 312.

[14] *Or monétaire pris à Rome en 1943, arrêt,* C.I.J. Rec. 1954, S. 32.

[15] *Certain Property (Liechtenstein v. Germany), Application,* veröffentlicht unter <http://www.cij-icj.org/icjwww/idecisions.htm.>.

[16] Die Überprüfung der Rechtsprechung wird aber dazu führen müssen, dass der IGH die Klage nicht als unzulässig abweisen wird. Das Konsensprinzip steht in diesem Fall der Klageerhebung nicht entgegen, vgl. die Ausführungen unten 2. Teil A.II.

chende Tendenzen in Rechtsprechung und Literatur zu analysieren und zu bewerten.

B. Unverrückbarkeit der Konsenskonzeption?

So umstritten die konkreten Auswirkungen des Konsensprinzips sind, seine grundsätzliche Geltung in der internationalen Gerichtsbarkeit wird nahezu einhellig bejaht.[17] Aus den fünfziger Jahren stammt eine einsame, aber viel beachtete, kritische Stimme, die Stimme von Alvarez, seinerzeit Richter am Internationalen Gerichtshof. Zwar hat auch Alvarez das Prinzip der Zustimmung nicht ausdrücklich in Frage gestellt, in zahlreichen abweichenden Meinungen zu Urteilen des Internationalen Gerichtshofs ging er jedoch davon aus, dass die Unterwerfung eines Staates nicht unbedingt der einzige Geltungsgrund für die Ausübung internationaler Gerichtsbarkeit sein muss:

> „...[J]'estime qu'il y a lieu de considérer d'autres éléments, peut-être plus importants que la volonté des parties, pour apprécier la compétence de la Cour,..."[18]

Seiner Kritik liegt folgendes Gedankengebäude zugrunde:[19] zwar sähen Art. 36 Abs. 1 und Abs. 2 IGH-Statut nur die Möglichkeit vor, die Gerichtsbarkeit des IGH durch Zustimmung der Staaten zu begründen, sie beträfen allerdings nur Streitigkeiten, die Rechte zum Inhalt hätten, welche sich aus bi- oder multilateralen zwischenstaatlichen Vereinbarungen ergeben. Es würden aber auch Regeln existieren, die nicht auf den Willen der Staaten zurückzuführen seien, sondern ihren Ursprung, wie Alvarez es nennt, in dem „conscience renouvelée des peuples qui prend en considération l'intérêt général"[20] hätten. Diese Rechte – namentlich die Unabhängigkeit, die Souveränität und die Gleichheit der Staaten, sowie beispielsweise das Recht auf Schadensersatz– würden keine reziproken Rechte und Pflichten zwischen Staaten begründen, nichtsdestotrotz müssten sie geschützt werden. Aus dem Geist der UN-Charta und den allgemeinen Regeln des Völkerrechts ließe sich die Pflicht zum Schutz aller Rechte und zur *friedlichen* Streiterledigung ableiten. Da Art. 36 IGH-Statut Streitigkeiten dieser Provenienz nicht erfasse, deren gerichtliche Lösung aber auch nicht ausschließe, impliziere der Charakter des IGH als „Cour de *Justice*"[21] die Möglichkeit, diese Rechte zu schützen, selbst wenn es an einer Unterwerfung des Klägers und des

---

[17] Vgl. Rosenne, The Law and Practice of the International Court, Vol. II, S. 563: „uncontroverted principle of general international law".

[18] *Anglo-Iranian Oil Co., Preliminary Objection, Judgment,* I.C.J. Rep. 1952, S. 127.

[19] I.C.J. Rep. 1952, S. 130 ff.

[20] I.C.J. Rep. 1952, S. 130.

[21] I.C.J. Rep. 1952, S. 132, Hervorhebung im Original.

Beklagten mangelt:

> „Pour ce qui concerne la *protection des droits*, il n'y a pas lieu de distinguer si le plaignant ou si l'État contre lequel la réclamation est dirigée a accepté ou non la juridiction de la Cour, ni s'il est ou non Membre des Nations Unies. Tous les États du monde font partie aujourd'hui de la communauté –ou plutôt de la société– internationale; tous sont soumis au droit des gens et ont les droits et obligations établis par celui-ci. On ne peut concevoir qu'un État non membre des Nations Unies ou qui n'a pas accepté la juridiction de la Cour puisse violer les droits des autres États et qu'il ne puisse être traduit devant la Cour; ni, inversement, qu'un État Membre des Nations Unies puisse agir de même à l'égard d'un État non membre."[22]

Obgleich diese Auffassung *de lege lata* nicht bestehen kann und dementsprechend auch keinen weiteren Rückhalt erfahren hat, mag sie doch in manche Entscheidung oder abweichende Meinung Eingang gefunden haben. Wie Rosenne formuliert, waren solche Äußerungen mitnichten „voices crying in the wilderness".[23] So wenig die Geltung des Konsensprinzips als einzige Grundlage internationaler Gerichtsbarkeit heute in Frage gestellt wird, so häufig erweist sich gerade die Argumentation mit dem Konsensprinzip als Trugschluss. Auch in der Rechtsprechung des IGH finden sich immer wieder „Speerspitzen" gegen eine zu strikte Anwendung des Prinzips der Zustimmung. Zwar wird vordergründig stets an diesem wichtigen, wenn nicht sogar wichtigsten Grundsatz internationaler Gerichtsbarkeit festgehalten, bei genauerer Betrachtung stellt sich das gefundene Ergebnis jedoch bisweilen als Verletzung des Konsensprinzips dar, wie zu zeigen sein wird.

C. Gang der Untersuchung

Die Arbeit möchte in einem **ersten Teil** die **Grundlagen** des Konsensprinzips darlegen. Zu diesem Zwecke sollen neben einer Klärung der grundlegenden Begriffe die möglichen Arten der Konsenserteilung, wie sie in den Statuten internationaler Gerichte vorgesehen sind, dargestellt werden. Ein Rückblick soll dazu beitragen, die Unterwerfungspraxis der Staaten in den jeweiligen historischen Zusammenhang einzuordnen und deren –offenherzige oder zurückhaltende– Ausgestaltung zu erklären.

Der **zweite Teil** der Arbeit befasst sich mit den Auswirkungen des Konsensprinzips im **Streitverfahren**, den sog. „contentious proceedings". In diesem Zu-

---

22 I.C.J. Rep. 1952, S. 132 f.

23 The Law and Practice of the International Court, Vol. II, S. 571.

sammenhang wird auf die bereits erwähnte *Währungsgold*-Rechtsprechung des IGH und ihre Bedeutung für die causa Liechtenstein einzugehen sein. Es geht also in erster Linie darum darzustellen, wann Konsens erteilt werden muss. Allzu oft ist das Erfordernis der Zustimmung unumstritten, und es besteht lediglich Streit darüber, welchen Umfang eine Unterwerfung einnimmt oder wie der Wortlaut eines Vorbehalts auszulegen ist, wie G. Fitzmaurice bemerkt:

> „...[I]n so many cases, jurisdictional questions resolve themselves into questions of the interpretation of some treaty or other international instrument."[24]

In dieser Arbeit wird aufgezeigt, welche grundsätzlichen Anforderungen internationale Gerichte an die Zustimmung stellen und auch, auf welche Art und Weise ein Staat sich der internationalen Gerichtsbarkeit unterwerfen bzw. seine Ablehnung zum Ausdruck bringen kann. Sofern sich die Problematik auf die internationale (Vertrags-)Auslegung und damit auf die Frage beschränkt, ob *tatsächlich* die Zuständigkeit eines internationalen Gerichts anerkannt wurde,[25] wird auf eine Analyse des Für und Wider in der jeweiligen Argumentation verzichtet.

Nicht nur das Streitverfahren, auch die **Inzidentgerichtsbarkeit** erfordert eine Zustimmung der Staaten. Diese „incidental proceedings" umfassen u.a. die Ausübung der Kompetenz-Kompetenz, den Erlass vorsorglicher Maßnahmen, die Zulassung der Drittintervention und die Durchführung des Säumnisverfahrens. Inwieweit es nicht mit einer rein formellen, abstrakten Unterwerfung unter die Gerichtsbarkeit getan ist, sondern das Tätigwerden eines internationalen Ge-

---

24 The Law and Procedure of the International Court of Justice, Vol. II, S. 513.

25 Vgl. z.B. aus der jüngeren Rechtsprechung des IGH die Fälle *Questions of Interpretation and Application of the 1971 Montreal Convention Arising from the Aerial Incident at Lockerbie (Libyan Arab Jamahiriya v. United Kingdom), Preliminary Objections, Judgment of 27 February 1998* und *Kasikili/Sedudu Island (Botswana/Namibia), Judgment of 13 December 1999,* veröffentlicht unter <http://www.icj-cij.org/icjwww/idecisions.htm>. Da Großbritannien in der von Libyen angestrengten Klage argumentierte, die Voraussetzungen der kompromissarischen Klausel in der Montrealer Konvention seien nicht erfüllt, musste der IGH die Konvention auslegen, bevor er seine Zuständigkeit feststellen konnte (Tz. 17 ff.) Der Fall *Kasikili/Sedudu Island* war durch einen *ad hoc* Kompromiss vor den IGH gebracht worden, um den Verlauf der Grenze zwischen Botswana und Namibia in einem umstrittenen Bereich klären zu lassen. Botswana machte u.a. auch einen Gebietsanspruch durch Ersitzung geltend. Namibia bestritt jedoch die Kompetenz des Gerichtshofs, darüber zu befinden. Nach namibischer Auffassung beschränkte der Kompromiss die Zuständigkeit des IGH darauf, über den Grenzverlauf auf der Grundlage eines 1890 geschlossenen Vertrages zu entscheiden. Der IGH musste daher den Kompromiss auslegen (Tz. 90 ff.)[26] *Military and Paramilitary Activities in and against Nicaragua (Nicaragua v. United States of America), Jurisdiction and Admissibility, Judgment,* I.C.J. Rep. 1984, S. 424.

richts auch in diesem Bereich von einer Zustimmung der betroffenen Staaten für die Entscheidung über den konkreten Streitfall abhängig ist – dieser Frage widmet sich der **dritte Teil** der Arbeit.

Im **Gutachtenverfahren** („advisory proceedings“) bindet die Entscheidung eines Gerichts keinen Staat unmittelbar. Nichtsdestotrotz kann auch hier die Zustimmung als Grundlage internationaler Gerichtsbarkeit dazu führen, dass ein internationales Gericht auf die Ausübung seiner Gutachtenkompetenz verzichten muss, wenn es an einer Unterwerfung der betroffenen Staaten mangelt. In welchen Konstellationen das der Fall ist, wird Gegenstand des **vierten Teils** sein.

Auch wenn man freilich stets auf das Prinzip der Zustimmung trifft, wenn es um die Begründung internationaler Gerichtsbarkeit geht, sollen für die Untersuchung grundsätzlich nur Rechtsprechung und Verfahrensvorschriften derjenigen internationalen Gerichte herangezogen werden, denen auch die Bundesrepublik Deutschland unterworfen ist, d.h. neben dem Internationalen Gerichtshof auch der Europäische Gerichtshof für Menschenrechte (EGMR) und der Internationale Seegerichtshof (ISGH). Das Hauptaugenmerk soll jedoch aufgrund der umfassenden Rechtsprechung in diesem Bereich auf dem IGH liegen.

1. TEIL: DIE GRUNDLAGEN DES KONSENSPRINZIPS

A. *Begriffsbestimmung*

I. *Internationale Gerichtsbarkeit*

1. *Kennzeichen internationaler Gerichtsbarkeit im Vergleich zu anderen Mitteln friedlicher Streiterledigung*

Die Internationale Gerichtsbarkeit stellt eine Form der friedlichen Beilegung von Streitigkeiten dar. Die Pflicht zur friedlichen Streiterledigung ist das Korrelat zum Verbot der Erstanwendung von Gewalt, auf dem die UNO als System kollektiver Sicherheit aufbaut (Art. 2 Ziff. 4 UN-Charta), das aber mittlerweile auch völkergewohnheitsrechtlich gilt.[26]

Art. 33 Abs. 1 UN-Charta zählt exemplarisch folgende Mittel friedlicher Streitbeilegung auf: Verhandlung, Untersuchung, Vermittlung, Vergleich, Schiedsspruch, gerichtliche Entscheidung, Inanspruchnahme regionaler Einrichtungen oder Abmachungen. Daneben existiert unter anderem das diplomatische Verfahren der „guten Dienste". Allein die gerichtliche Entscheidung und der Schiedsspruch binden die beteiligten Streitparteien.[27] Die anderen Mittel sind rein politische Instrumente und können allenfalls zu Lösungsvorschlägen durch Dritte führen.

Die Verbindlichkeit der Entscheidung ist das wichtigste Kennzeichen internationaler Gerichtsbarkeit. Die Bindung wirkt allerdings nur *inter partes*, wie z.B. in Art. 59 IGH-Statut, Art. 46 Abs. 1 EMRK, Art. 296 Abs. 2 SRÜ (Art. 33 Abs. 2 Statut) oder Art. 31 Abs. 2 des Übereinkommens über Vergleichs- und Schiedsverfahren innerhalb der KSZE geregelt ist. Sie entfällt nur, wenn die Nichtigkeit des Urteils angenommen werden muss.[28]

2. *Abgrenzung internationale Gerichtsbarkeit – Schiedsgerichtsbarkeit*

Wie die internationale Gerichtsbarkeit von der internationalen Schiedsgerichtsbarkeit abzugrenzen ist, ist im einzelnen sehr umstritten. Die Meinungsverschiedenheiten beginnen schon bei der Frage, ob die internationale Gerichtsbarkeit als Oberbegriff für diese beiden Mittel der friedlichen Streiterledigung anzuse-

---

27 Vgl. z.B. Art. 94 Abs. 1 UN-Charta, Art. 46 EMRK, Art. 33 Abs. 1 Anl. VI zum SRÜ (Statut des ISGH), Art. 39 Europäisches Abkommen zur friedlichen Streiterledigung, Art. 31 Abs. 2 Übereinkommen über Vergleichs- und Schiedsverfahren innerhalb der KSZE.

28 S. dazu unten 3. Teil B.I.

hen ist – oder etwa *vis versa* der Begriff Schiedsgerichtsbarkeit auch den der internationalen Gerichtsbarkeit umfasst. Auf eine Auseinandersetzung mit den diversen Streitpunkten soll hier verzichtet werden.[29] Dieser Arbeit liegt die erste Auffassung zugrunde, wonach der Begriff „internationale Gerichtsbarkeit" im weiteren Sinne nicht nur die gerichtliche Entscheidung, d.h. die internationale Gerichtsbarkeit im engeren Sinne, sondern auch den Schiedsspruch erfasst.
Historisch gesehen stellt die Schiedsgerichtsbarkeit den Vorläufer der internationalen Gerichtsbarkeit im engeren Sinne dar, sie existiert aber auch heute noch parallel dazu. Im Rahmen dieser Arbeit soll unter „Schiedsgerichtsbarkeit" diejenige Form der justizförmigen, verbindlichen Streiterledigung verstanden werden, die den Parteien noch gewisse Gestaltungsmöglichkeiten in Hinblick auf die Auswahl der Richter, des Verfahrens und des anzuwendenden Rechts lässt.[30] Im Gegensatz dazu sind diese Grundlagen bei der internationalen Gerichtsbarkeit schon vorgegeben und richten sich somit nicht nach dem jeweiligen Willen der Parteien.[31] Den Charakter eines internationalen Gerichts haben neben dem Internationalen Gerichtshof der Europäische Gerichtshof für Menschenrechte, der Inter-Amerikanische Gerichtshof für Menschenrechte, der Internationale Seegerichtshof und der Internationale Strafgerichtshof.
Festzuhalten ist jedoch, dass sich Schiedsgerichtsbarkeit nicht auf bereits entstandene Streitigkeiten beschränken muss. Wie bei der internationalen Gerichtsbarkeit im engeren Sinne können die Staaten für künftige Streitfälle ein Schiedsverfahren vorsehen. Dabei besteht die Möglichkeit, durch in bi- oder multilateralen Verträgen enthaltene kompromissarische Klauseln oder besondere Schiedsverträge neben der Verpflichtung zur Schiedsentscheidung bereits die Rechtsgrundlagen, die Besetzung der Richterbank und die Verfahrensregeln festzulegen. Die Übergänge zwischen Schiedsgerichtsbarkeit und internationaler Gerichtsbarkeit sind mithin fließend.[32] Ein gutes Beispiel dafür, dass sich

---

29 Vgl. dazu Wittmann, Das Problem des Obligatorums in der internationalen Gerichtsbarkeit, S. 41 ff.

30 Wie hier: Fischer, in: K. Ipsen, Völkerrecht, S. 1921, 1026; Die Definition der ILC – „a procedure for the settlement of disputes between States by a binding award on the basis of law and as a result of an undertaking voluntary accepted", YBILC 1953, Vol. II, S. 202 – läßt den Unterschied zwischen internationaler Gerichtsbarkeit und Schiedsgerichtsbarkeit nicht erkennen.

31 Die internationale Gerichtsbarkeit ist daher im höchsten Maße entpolitisiert. Rosenne bezeichnet den Grad der Entpolitisierung sogar als bestes Unterscheidungskriterium („real difference") zwischen internationaler Gerichtsbarkeit und Schiedsgerichtsbarkeit, The Law and Practice of the International Court, Vol. I, S. 14.; s.a. Adede, in: Muller u.a. (Hrsg.), The International Court of Justice, S. 48.

32 So auch Malanczuk, Akehurst's Modern Introduction to International Law, S. 293; Van Dervort, International Law and Organization, S. 432; Steinberger, Judicial Settlement of International Disputes, in: Bernhardt (Hrsg.), EPIL III, S. 42.

Schiedsgerichtsbarkeit und internationale Gerichtsbarkeit im engeren Sinne nicht mehr hundertprozentig auseinanderhalten lassen, bildet das Übereinkommen über Vergleichs- und Schiedsverfahren innerhalb der KSZE.[33] Es sieht zwar die Bildung eines Gerichtshofs vor, der neben der Vergleichskommission den Schiedshof umfasst (Art. 1). Als ständige Einrichtungen dieses Gerichtshofs bestehen jedoch nur das Präsidium (Art. 7) und der Kanzler (Art. 9), während das Schiedsgericht für jede einzelne Streitigkeit gebildet wird (Art. 2 Abs. 2, 28 Abs. 1). Bereits innerhalb von zwei Monaten nach Inkrafttreten des Übereinkommens mussten die Vertragsstaaten ihren Schiedsrichter benennen (Art. 4 Abs. 1). Zwar sind die so von den Streitparteien ausgewählten Richter von Amts wegen Mitglieder des in einem Streitfall *ad hoc* zu bildenden Gerichts (Art. 28 Abs. 2), die weitere Besetzung der Richterbank obliegt indes dem Präsidium des Gerichtshofs und wird aus den Reihen der von den anderen Vertragsparteien des Übereinkommens ernannten Schiedsrichter vorgenommen (Art. 28 Abs. 3). Ebenfalls selbständig gibt sich der Gerichtshof seine Verfahrensordnung, die einige Regeln enthält, von denen die Parteien auch einvernehmlich nicht mehr abweichen dürfen. Die Vertragsparteien des Übereinkommens müssen die Verfahrensordnung zwar billigen, im konkreten Streitfall stehen ihnen dann aber nur noch eingeschränkte Einflussmöglichkeiten zu (Art. 11).

II. Konsensprinzip

1. Allgemein

a) Definition des Begriffs „Konsens"

Konsens, abgeleitet vom Lateinischen „consensus", bedeutet (Willens-) Übereinstimmung, Zustimmung. Das Konsensprinzip spielt in vielen Lebensbereichen eine Rolle, ist allerdings in seiner konkreten Ausgestaltung aus seinem jeweiligen Gebiet heraus zu verstehen.[34]
Schon im innerstaatlichen Bereich finden sich unterschiedliche Konsenskonzeptionen. So liegt zwar dem Staatsrecht das Konsensprinzip zugrunde, da in einem demokratischen Staatswesen die Individuen im Verhältnis der Gleichordnung zueinander stehen[35] und sich Entscheidungen auf die politischen Willensakte aller gründen. Demokratie erfordert aber Mehrheitsentscheidungen, wenn ihre Funktionsfähigkeit gewährleistet sein soll. Im Staatsrecht schließen sich Majori-

---

33 Conciliation and Arbitration Convention Within the CSCE, ILM 32 (1993), S. 557.

34 Dazu Ballreich, in: Bernhardt u.a. (Hrsg.), Festschrift für H. Mosler, S. 1 ff.

35 Scheuner, Das Mehrheitsprinzip in der Demokratie, in: Rheinisch-Westfälische Akademie der Wissenschaften (Hrsg.), S. 46.

täts- und Konsensprinzip nicht aus, denn selbst wenn sich im Einzelfall die Minderheit dem Willen der Mehrheit unterwerfen muss, bekennt sich doch auch die Minderheit zur Meinung der Mehrheit.[36] Insofern liegt ein allgemeiner Verfassungsgrundsatz vor, der im Staat von einem allgemeinen Konsens getragen wird.[37]

Das Zivilrecht ist im Bereich des dispositiven Rechts durch den Grundsatz der Relativität der Vertragsverhältnisse gekennzeichnet. Ein Bedürfnis nach Majorisierung besteht aus diesem Grund nicht. Da auch das Zivilrecht auf der Gleichstellung –hier der Vertragspartner– beruht, erfordert es Konsens im Sinne von Einstimmigkeit der Beteiligten.

Auch im zwischenstaatlichen Bereich besteht kein Bedürfnis nach Majorisierung und folglich auch kein entsprechender Staatenwille, da eine derartige Verdichtung wie im Staat selbst nicht existiert.[38] Zwar stehen sich auch die Staaten wie die Bürger innerhalb eines Staates in formeller Gleichheit gegenüber. Ein organisiertes „Staatenwesen" existiert jedoch nicht, so dass diese Gleichheit nicht Ausdruck eines bereits formierten Körpers ist.[39] Ihre Basis liegt vielmehr in der Unabhängigkeit der Staaten. Einen „allgemeinen Konsens" wie in einem Staatswesen, der dem Mehrheitsprinzip zugrunde liegen könnte, kann es im zwischenstaatlichen Raum daher nicht geben. Denkbar ist nur eine freiwillige Unterwerfung unter das Majoritätsprinzip im Rahmen einer von den Staaten selbst geschaffenen internationalen Organisation.

Grundsätzlich ist Völkerrecht aber Koordinationsrecht.[40] Rechtsfolgen können nur durch Konsens herbeigeführt werden – Konsens verstanden als einvernehmliche Entscheidung der betroffenen Staaten als Subjekte des Völkerrechts.

Staatenkonsens ist der Geltungsgrund allen Völkerrechts.[41] Er begründet die Entstehung, Geltungskraft und die Beendigung der Rechtsverbindlichkeit völkerrechtlicher Regeln.[42]

---

36 Man spricht von einem „permanenten" oder „perpetuierlichen" Konsens, Ballreich, in: Bernhardt u.a. (Hrsg.), Festschrift für H. Mosler, S. 4.

37 Diesem *consensus omnium* liegt nach John Locke, Two Treaties of Government, The Second Treatise, § 171 (abgedruckt in: Laslett, John Locke – Two Treatises of Government, S. 399 f.) ein Gesellschaftsvertrag zugrunde; heute sieht man seine Basis in der Verfassungsordnung des Staates, Scheuner, in: Jakobs (Hrsg.), Rechtsgeltung und Konsens, S. 61.

38 Ballreich, in: Bernhardt u.a. (Hrsg.), Festschrift für H. Mosler, S. 4.

39 Scheuner, Das Mehrheitsprinzip in der Demokratie, in: Rheinisch-Westfälische Akademie der Wissenschaften (Hrsg.), S. 50.

40 Rosenne, Practice and Methods of International Law, S. 2; Fischer/Köck, Allgemeines Völkerrecht, S. 6.

41 In der Literatur wird allerdings z.T. eine Verschiebung vom individuellen Konsens zum Konsensus festgestellt, vgl. z.B. Shaw, International Law, S. 10; Gottlieb, in: Black/Falk (Hrsg.), The Future of the International Legal Order, Vol. IV, S. 345.

b) Abgrenzung zu dem Begriff „consensus"

Das Konsensprinzip ist vom sog. „*consensus*-Verfahren" zu unterscheiden, das verstärkt innerhalb internationaler Organisationen auf internationalen Konferenzen angewandt wird und eine Methode der Entscheidungsfindung darstellt. Durch die Möglichkeit, Entscheidungen im *consensus*-Verfahren zu treffen, erfährt das völkerrechtliche Konsensprinzip inhaltlich grundsätzlich keine Abweichung. Bei dieser Konstruktion verzichtet man lediglich auf die eigentlich vorausgesetzte förmliche Abstimmung und somit auf die positive Zustimmung aller Verhandlungspartner, indem der Verhandlungsleiter nach Abschluss der Debatte das Vorliegen von Willensübereinstimmung feststellt.[43] Diese Feststellung kann im Einzelfall freilich auf eine bloße Behauptung hinauslaufen.[44] Den rechtschaffenden Konsensus kann man daher als Ausdruck des Willens der Staatengemeinschaft ansehen. Ähnlich dem *consensus omnium* im Staat, auf dem die Geltung des Mehrheitswillens beruht, liegt dem Consensus somit nicht unbedingt eine echte (Willens-)Übereinstimmung zugrunde. Er kann vielmehr bei einigen Parteien das bloße Mittragen, die Zustimmung zu einer Haltung der Staatengemeinschaft zum Inhalt haben. „Consensus" ist trotzdem nicht mit einer Mehrheitsentscheidung gleichzusetzen. Kein Staat kann ausdrücklich überstimmt werden, liegt eine Gegenstimme vor, kommt der Beschluss nicht zustande. Formal-rechtlich stellt sich im *consensus*-Verfahren ein Beschluss immer als einvernehmlicher dar, nur materiell-rechtlich kann es an Einvernehmen mangeln. Das *consensus*-Verfahren erleichtert die Beschlussfassung somit lediglich. Ein Staat kann eine Entscheidung politisch wesentlich leichter mittragen, wenn er sie nur „passieren" lassen kann, im Falle fehlenden materiell-rechtlichen Einverständnisses aber nicht explizit zustimmen muss.

---

42 K. Ipsen, in: K. Ipsen, Völkerrecht, S. 16.

43 Suy, Consensus, in: Bernhardt (Hrsg.), EPIL I, S. 759.

44 Ballreich, in: Bernhardt u.a. (Hrsg.), Festschrift für H. Mosler, S. 6.

2. *In der internationalen Gerichtsbarkeit*

a) *Die Bedeutung des Konsensprinzips in der internationalen Gerichtsbarkeit*

Das Konsensprinzip findet sich nicht nur im Rahmen der internationalen Rechtsetzung, auch die internationale Gerichtsbarkeit beruht auf dem Konsensprinzip. Es bedeutet, dass kein Staat gezwungen ist, Streitigkeiten mit anderen Staaten zu lösen, indem er sie einem internationalen Gericht vorlegt.[45] Ebenso wenig besteht für einen Staat in einem anhängigen internationalen Verfahren eine Einlassungspflicht, solange er nicht seine Zustimmung zur Zuständigkeit des *jeweiligen* internationalen Gerichts erteilt hat.[46] Das internationale Gericht ist mithin nur zuständig, wenn die betroffenen Streitparteien sowohl in formeller als auch in materieller Hinsicht ihren Konsens erteilt haben. Der formelle Konsens umfasst die Zustimmung zur Auswahl der Richter, der Entscheidungsgrundlagen[47] und des Verfahrensrechts bzw. zumindest die Zustimmung zur Festlegung dieser Verfahrensaspekte durch eine dritte Partei. Ob der konkrete Streitfall *ratione materiae* und *ratione temporis* der Zuständigkeit des Gerichts unterfällt, ist dann eine Frage des materiellen Konsenses.

Über den Konsens hinaus darf das Gericht keine Entscheidung treffen. Es gilt der Grundsatz „*non ultra petita*".[48]

Ohne Konsens der beteiligten Streitparteien darf ein internationales Gericht nicht in der Sache entscheiden, es muss die Klage vielmehr mangels Zuständigkeit abweisen.[49] Trifft es dennoch eine Sachentscheidung, kann das Urteil u. U. nichtig sein.[50]

---

45 So schon der StIGH im Fall *Status of Eastern Carelia, Advisory Opinion, 1923*, P.C.I.J., Ser. B, No. 5, S. 27; s.a. Rosenne, The Law and Practice of the International Court, Vol. II, S. 563.

46 Rosenne, a.a.O.; v. Mangoldt, ZaöRV 1980, S. 565 mit dem Hinweis auf den Beitrag von Richter Anzilotti während der elften Sitzung des StIGH zur Änderung der Verfahrensordnung, P.C.I.J., sér. D 2, add. 1, S. 83; vgl. auch *Appeal Relating to the Jurisdiction of the ICAO Council, Judgment,* I.C.J. Rep. 1972, S. 56.

47 So müssen die Parteien auch zustimmen, wenn ein Gericht *ex aequo et bono* entscheiden soll, vgl. die Regelung in Art. 38 Abs. 2 IGH-Statut, Art. 293 Abs. 2 SRÜ. Im Gegensatz dazu ist der „*equity*-Grundsatz" als allgemeiner Grundsatz des Völkerrechts *intra legem* stets anzuwenden, vgl. Janis, Equity in International Law, in: Bernhardt (Hrsg.), EPIL II, S. 110 f.; Brownlie, Principles of Public International Law, S. 26.

48 Dieser Grundsatz kann zwar auch im nationalen Recht Anwendung finden, wenn die Parteimaxime gilt, nur im internationalen Recht beruht er jedoch auf dem Konsensprinzip, vgl. G. Fitzmaurice, The Law and Procedure of the International Court of Justice, Vol. II, S. 524; Rosenne, The Law and Practice of the International Court, Vol. II, S. 595.

49 Der Konsens der Streitparteien stellt aber auch die einzige Basis der Gerichtsbarkeit eines

Allerdings steht einem internationalen Gericht die Kompetenz-Kompetenz zu. Das Gericht, nicht die Parteien, entscheidet, ob eine Zuständigkeit besteht oder nicht. Das Konsensprinzip besagt insofern lediglich, dass sich der Staat in irgendeiner Form für einen Streitfall der Gerichtsbarkeit eines internationalen Gerichts unterworfen haben muss. Dass ein Staat in einem konkreten Streitfall dem Gericht seine Zuständigkeit abspricht, das Gericht die Einwände des beklagten Staates[51] aber abweist und seine Zuständigkeit durch das vorhergehende Verhalten des Staates begründet sieht, steht nicht im Widerspruch zum Konsensprinzip.[52] Hat ein Staat seinen Konsens einmal erteilt, ist er daran grundsätzlich gebunden. Dies gilt zumindest, wenn schon Klage erhoben wurde.[53]
Gebunden ist der Staat nach erfolgter Konsenserteilung außerdem an die Entscheidung des internationalen Gerichts. Im Gegensatz zu Verfahren ohne Bindungswirkung bezieht sich der Konsens zur Gerichtsbarkeit eines internationalen Gerichts nicht nur auf die Konstituierung und Befassung des Organs, sondern auch auf die künftige Entscheidung.
Damit diese Bindung nicht zur bloßen Makulatur wird, ist ein unterworfener Staat während und nach Abschluss des Prozesses verpflichtet, alles zu verhindern bzw. nichts zu unternehmen, was die Effektivität des Urteils vereiteln oder beeinträchtigen könnte.[54]

---

internationalen Gerichts dar. Die Staaten sind in der Wahl eines Mittels der *friedlichen* Streiterledigung frei und an Vorgaben oder Einschränkungen anderer Organe nicht gebunden.

50 S.u. 3. Teil B.I.

51 Es ist auch denkbar, dass ein klagender Staat –aus welchen Gründen auch immer– im Laufe des Verfahrens Einwände gegen die Zuständigkeit des Gerichts erhebt – so geschehen im Fall *Or monétaire pris à Rome en 1943, arrêt,* C.I.J. Rec. 1954, S. 29. Der Einwand ist nicht schon von vornherein obsolet, da in der Klageerhebung selbst nicht ohne weiteres der Konsens zu sehen ist. Dies ist nur dann der Fall, wenn der beklagte Staat sich auf die Klage einlässt und somit die Gerichtsbarkeit durch *forum prorogatum* begründet wird; ansonsten steht das formelle Reziprozitätsprinzip einer Zuständigkeitsbegründung entgegen, s.u. 1. Teil C.I.3.a). Im Währungsgold-Fall gründeten die Zweifel des Klägerstaates allerdings auf dem fehlenden Konsens eines dritten Staates, dazu unten 2. Teil A.I.2.

52 Vgl. Merrills, International Dispute Settlement, S. 122.

53 Zur Frage, ob vor Klageerhebung der Konsens wieder zurückgenommen werden kann, s.u. 1. Teil C.II.

54 Vgl. v. Mangoldt, ZaöRV 1980, S. 568; Rosenne, The Law and Practice of the International Court, Vol. III, S. 1458.

b) *Konsensprinzip als Ausdruck der souveränen Gleichheit der Staaten – Abgrenzung zur innerstaatlichen Gerichtsbarkeit*

Im Gegensatz zur internationalen Gerichtsbarkeit beruht die innerstaatliche Gerichtsbarkeit nicht auf dem Konsensprinzip. Die innerstaatliche Gerichtsbarkeit ergibt sich aus der staatlichen Hoheitsgewalt, sie ist Ausdruck der inneren Souveränität des Staates.[55] In einer rechtsstaatlichen Demokratie stellt die Judikative neben der Legislative und der Exekutive einen Teil eben dieser Staatsgewalt dar.[56] Der Staat schafft Einrichtungen, die verbindliche Entscheidungen treffen, wenn eine Streitpartei Klage vor dem nach den Gesetzen des Staates zuständigen Gericht erhebt. Gerichte sind somit Organe der Rechtspersönlichkeit „Staat", durch die der Staat Hoheitsgewalt ausübt.[57] Die Gerichtsbarkeit des Staates dient der Wahrung und Durchsetzung der Rechtsordnung. Der einzelne Bürger ist der Gerichtsbarkeit nicht aufgrund eigener Willenserklärung, sondern durch staatliche Anordnung unterworfen. Einzige Ausnahme hiervon bilden die auf dem Willen der Parteien beruhenden Schiedsgerichte. Außer im Rahmen derartiger privater Gerichte, bestimmt der Staat Richter, Verfahren und Rechtsgrundlagen der Entscheidung. Dieses Hoheitsverhältnis zwischen Bürger und Staat ist Kennzeichen der innerstaatlichen Gerichtsbarkeit. Somit stellt sich die innerstaatliche Gerichtsbarkeit als eine „obligatorische Gerichtsbarkeit" dar, wie sie auf internationaler Ebene nicht existiert und nicht existieren kann.[58]

Die Gerichtsbarkeit eines internationalen Gerichts besteht nicht *ipso facto*. Die internationale Gemeinschaft definiert sich durch die souveräne Gleichheit ihrer Mitglieder, der Staaten. Dementsprechend können die Staaten nicht übereinander zu Gericht sitzen: *par in parem non habet iudicium*.[59] Da aber auch keine

---

55 V. Glahn, Law Amongst Nations, S. 146.

56 Vgl. z.B. Art. 20 Abs. 2 GG.

57 Wittmann, Das Problem des Obligatorums in der internationalen Gerichtsbarkeit, S. 21.

58 S.u. 1. Teil A.II.2.c).

59 Castro Rial, States, Sovereign Equality, in: Bernhardt (Hrsg.), EPIL IV, S. 683. Dies gilt allerdings nur für *acta iure imperii*, nicht für *acta iure gestionis*. In jüngerer Zeit ist die Staatenpraxis aber auch von diesem Grundsatz abgewichen, wenn „Schurkenstaaten" oder nach der euphemistischen Diktion „Problemstaaten" (vgl. SZ vom 21./22. Juni 2000) von nationalen Gerichten zu Schadensersatzzahlungen wegen der Verletzung von völkerrechtlichem *ius cogens* verurteilt wurden: So gab 1994 ein U.S. District Court der Klage des amerikanischen Juden Princz statt, der während der deutschen Besatzungszeit in der CSSR Zwangsarbeit leisten musste und dafür Schadensersatz verlangte. Das U.S. Court of Appeals for the District of Columbia Circuit als nächsthöhere Instanz teilte diese Auffassung jedoch nicht und gewährte der Bundesrepublik Deutschland Immmunität, ILM 1994, S. 1485 ff.; dazu Reimann, MichJIL 1995, S. 403 ff. und Zimmermann, MichJIL 1995, S. 433 ff.; s.a. U.S. Court of Appeal for the Second Circuit, *Bruce Smith v. Socialist People's Libyan Arab Yamahiriya*, ILM 1997, S. 102 ff.

übergeordnete Hoheitsgewalt existiert, welche die Staaten an ein Gerichtssystem binden könnte,[60] kann Grundlage für die Schaffung eines Rechtsprechungsorgans der zwischenstaatlichen Rechtsordnung nur der übereinstimmende Wille der sich unterwerfenden Staaten selbst sein. So statuiert auch die sog. *Riphagen*-Formel in der *Friendly Relations Declaration:*

> „Internationale Streitigkeiten werden auf der Grundlage der souveränen Gleichheit der Staaten und in Übereinstimmung mit dem Grundsatz der freien Wahl der Mittel beigelegt. Die Inanspruchnahme oder die Annahme eines in freier Übereinkunft von den Staaten gewählten Verfahrens zur Beilegung bestehender oder künftiger Streitigkeiten, in denen sie Partei sind, wird nicht als unvereinbar mit der souveränen Gleichheit angesehen.[61]

Die Begründung internationaler Gerichtsbarkeit beruht auf Staatenkonsens und ist Ausdruck der Souveränität der Staaten.[62] Schon auf der 1. Haager Friedenskonferenz erklärte Baron Descamps zur internationalen Schiedsgerichtsbarkeit:

> „A voluntary system of jurisprudence in origin as well as in jurisdic-

---

Das oberste griechische Gericht, der Areopag, wies durch ein am 4. Mai 2000 veröffentlichtes Urteil den Revisionsantrag der Bundesrepublik Deutschland gegen das erstinstanzliche Urteil des Landgerichts Livadia zurück, das die Bundesrepublik zur Zahlung von Schadensersatz wegen Kriegsverbrechen während des 2. Weltkriegs verurteilt hatte. Der griechische Völkerrechtler S k o r d a s vertrat die Auffassung, die griechischen Richter hätten sich dabei am amerikanischen Recht orientiert (FAZ vom 9. Mai 2000, S. 6).
Im Jahr 1996 wurde der amerikanische „Foreign Sovereign Immunities Act“ (28 U.S.C.A. § 1605) dahin gehend ergänzt, dass für Schurkenstaaten Ausnahmen vom Grundsatz der Staatenimmunität vorgesehen sind. Die Änderung ist unter <http://caselaw.lp.findlaw.com/casecode/uscodes/28/parts/iv/chapters/9.../section_1605.htm> abrufbar. Ein amerikanisches Gericht verurteilte im Juli 2000 den Iran zu Schadensersatz in Höhe von 327 Millionen Dollar wegen eines Terroraktes in Israel, bei dem zwei Amerikaner ums Leben kamen und der nach Überzeugung des Richters durch vom Iran finanzierte und ausgebildete Terroristen verübt wurde, FAZ vom 13. Juli 2000.

60 Dass ein Staat aber aufgrund seiner Verfassung zur Unterwerfung unter die internationale Gerichtsbarkeit verpflichtet sein könnte, ist eine andere Frage. Ob eine solche Verpflichtung für die Bundesrepublik Deutschland besteht, ist umstritten, s.u. Fn. 251.

61 Deklaration über die Grundsätze des Völkerrechts betreffend die freundschaftlichen Beziehungen und die Zusammenarbeit zwischen Staaten in Übereinstimmung mit der Satzung der Vereinten Nationen vom 24.10.1974 (GA Res. 2625 [XXV]), 2. Grundsatz, 5. Abs., engl.: „International disputs shall be settled on the basis of the sovereign equality of States and in accordance with the principle of free choice of means. Recourse to, or acceptance of, a settlement procedure freely agreed to by States with regard to existing or future disputes to which they are parties shall not be regarded as incompatible with sovereign equality.“; v. M a n g o l d, ZaöRV 1980, S. 560.

62 R o s e n n e, The Law and Practice of the International Court, Vol. II, S. 563; B r o w n l i e, Principles of Public International Law, S. 714.

tion, it agrees with the just demands of sovereignty, of which it is only an enlightened exercise. For, if there is no power superior to the States which can force a judge upon them, there is nothing to oppose their selection of an arbitrator by common agreement to settle their disputes,...“[63]

Und in einer Rede vor der UN-Generalversammlung bemerkte der damalige Präsident des Internationalen Gerichtshofs Bedjaoui:

„The respect for the sovereignty of States is echoed in the cardinal principle of consensualism.“[64]

In Ausübung ihrer Souveränität begeben sich die Staaten gleichzeitig eines Teils ihrer Souveränität, wenn sie internationale Gerichte schaffen und Gerichtsgewalt auf diese übertragen.[65]
Während Zuständigkeitsfragen im innerstaatlichen Bereich eher die sachliche und örtliche Zuständigkeit, d.h. die Kompetenzabgrenzung zwischen mehreren Gerichten betreffen, gibt es im internationalen Bereich selten mehr als ein Gericht, dessen Zuständigkeit begründet sein könnte.[66] Dass im innerstaatlichen Rechtssystem überhaupt ein zuständiges Gericht existiert, steht i.d.R. nicht in Frage.[67] Im internationalen Bereich ist hingegen nach dem grundsätzlichen Bestehen von Gerichtsbarkeit zu fragen.[68]

---

63 Scott, The Reports to the Hague Conferences, S. 55.

64 Rede vom 15. Oktober 1996, abgedruckt in: YBICJ 1996-97, S. 212.

65 Rosenne, The Law and Practice of the International Court, Vol. II, S. 529.

66 Da diese Konstellation aber theoretisch denkbar ist, müssen die Staaten bei der Unterwerfung unter eine Gerichtsbarkeit deren Tragweite im Hinblick auf andere Gerichtsbarkeiten selbst bestimmen, um möglicherweise sich widersprechende internationale Entscheidungen zu vermeiden. Die EMRK enthält ein Kumulationsverbot, Art. 35 Abs. 2 lit. a), d.h. die Klage wird als unzulässig abgewiesen, wenn sie bei einem anderen Gericht anhängig ist oder war. Generelle Subsidiarität des eigenen Streiterledigungsmechanismus sieht das Seerechtsübereinkommen in seinem Art. 282 vor. Für den IGH hingegen ist diesbezüglich keine Regelung getroffen, so dass die Staaten entsprechende Vorbehalte anderweitiger Streiterledigung zu ihren Unterwerfungserklärungen machen müssen. Gängige Abgrenzungskriterien sind z.B. das Subsidiaritätsprinzip (Vorrang vor universellen Gerichten) und das Spezialitätsprinzip (Vorrang speziellerer vor allgemeineren bzw. umfassenderen Gerichten), vgl. aber die anderweitige Regelung in Art. 282 SRÜ: „If the States Parties which are parties to a dispute concerning the interpretation or application of this Convention have agreed, through a general, regional or bilateral agreement or otherwise, that such dispute shall, at the request of any party to the dispute, be submitted to a procedure that entails a binding decision, that procedure shall apply in lieu of the procedures provided for in this Part, unless the parties to the dispute otherwise agree.“, s. dazu Treves, ZaöRV 1995, S. 438.

67 Vgl. die dissentierenden Meinungen von Winiarski und Badawi im Fall *Anglo-Iranian Oil Co., Interim Protection, Order of 5 July 1951*, I.C.J. Rep. 1951, S. 96 f.: „The

Internationale Gerichte stehen in keinem Hierarchieverhältnis. Ihre Aufgabe besteht vielmehr darin festzustellen, ob überhaupt und falls ja, in welchem Umfang ein Staat der internationalen Gerichtsbarkeit zugestimmt, d.h. Konsens erteilt und damit auf einen Teil seiner Hoheitsgewalt verzichtet hat.

c) Konsensprinzip als Gegenstück zur „obligatorischen Gerichtsbarkeit"?

Während sich –wie gesehen– die innerstaatliche Gerichtsbarkeit insofern als obligatorisch darstellt, als sie dem Bürger vom Staat vorgegeben wird, kann es im internationalen Bereich eine so verstandene obligatorische Gerichtsbarkeit nicht geben. Gerichte, denen die Staaten automatisch unterworfen sind, existieren nicht, da keine Instanz vorhanden ist, die sie schaffen könnte. Nur die Staaten selbst sind in der Lage, zwischenstaatliche Gerichte zu errichten. Grundlage internationaler Gerichtsbarkeit ist immer ein Vertrag, sie beruht auf dem Willen der Parteien.[69] Doch stellt sie damit auch das Gegenstück zur obligatorischen Gerichtsbarkeit dar? Auf die innerstaatliche Schiedsgerichtsbarkeit träfe dies terminologisch zu. Beruht die Unterwerfung der Parteien auf deren Konsens, liegt gerade keine obligatorische im Sinne einer vorgegebenen Gerichtsbarkeit vor.

Die Definition der innerstaatlichen darf freilich nicht mit der der internationalen obligatorischen Gerichtsbarkeit gleichgesetzt werden.[70] Der Begriff „obligatorische Gerichtsbarkeit" wird auch im zwischenstaatlichen Bereich verwendet.[71] Art. 36 Abs. 2 IGH-Statut bestimmt:

---

question of the jurisdiction of the national tribunal does not in practice arise;...in municipal law, there is always some tribunal which has jurisdiction."

68 Vgl. G. Fitzmaurice, The Law and Procedure of the International Court of Justice, Vol. II, S. 437: „...[W]hereas in the domestic field jurisdictional issues present themselves directly or indirectly mainly as conflicts of jurisdiction, i.e. as questions of forum, this is not at all the case in the international field...The usual question is not which of various competing forums is the correct one, but whether any tribunal at all has jurisdiction."; Oxman, in: Damrosch (Hrsg.), The International Court of Justice at a Crossroads, S. 337.

69 Mosler schreibt, internationale Gerichtsbarkeit sei deshalb „nach ihrem Rechtsgrund immer noch Schiedsgerichtsbarkeit" (in: Jekewitz (Hrsg.), Festschrift für K. J. Partsch, S. 254); zu beachten ist aber, dass es sich hierbei um eine innerstaatliche Begriffsdefinition handelt – zur unterschiedlichen Verwendung von Rechtsbegriffen im innerstaatlichen und internationalen Bereich vgl. Fn. 70; zur Definition von Schiedsgerichtsbarkeit im internationalen Bereich, oben 1. Teil A.I.2.

70 Dazu Rosenne, The Law and Practice of the International Court, Vol. II, S. 529; Berber, Lehrbuch III, S. 74.

71 Rosenne warnt vor der Verwendung des Begriffs: „This is sometimes called the „compulsory jurisdiction" – a phrase which is misleading since it causes the voluntary nature

> „Die Vertragsparteien können jederzeit erklären, dass sie die Zuständigkeit des Gerichtshofs von Rechts wegen und ohne besondere Übereinkunft gegenüber jedem Staat, der dieselbe Verpflichtung übernimmt, für alle Rechtsstreitigkeiten über folgende Gegenstände als obligatorisch anerkennen:...“[72]

Obligatorische Gerichtsbarkeit im Sinne von Art. 36 Abs. 2 IGH-Statut ist gekennzeichnet durch die Fähigkeit einer Partei, einseitig Klage vor dem IGH zu erheben. Sie setzt allerdings zwei Zustimmungsschritte der Parteien voraus. Einerseits müssen die Staaten einen formellen Konsens erteilen, mit dem sie Gericht, Verfahren und Richter anerkennen. Damit begründen die Parteien die Zuständigkeit *ratione personae.*[73] Dieser sog. Verfahrenskonsens ist für den IGH durch dessen Statut vorweggenommen. Mitglieder der UNO sind kraft Art. 93 Abs. 1 UN-Charta automatisch Vertragsparteien des IGH-Statuts. Um die Zuständigkeit auch *ratione materiae* zu begründen, ist darüber hinaus in materieller Hinsicht Konsens erforderlich, den die Parteien im Rahmen des Art. 36 Abs. 2 IGH-Statut durch jeweils einseitige Unterwerfung erklären.

Dementsprechend spricht man in der internationalen Gerichtsbarkeit trotz des Konsenserfordernisses ganz allgemein von „obligatorischer Gerichtsbarkeit“, wenn die Parteien *ante hoc* ihre Zustimmung erteilt haben, wodurch im konkreten Streitfall ein Beteiligter einseitig[74] das Verfahren in Gang setzen kann.[75] So stellen auch die Unterwerfung durch Schiedsvertrag,[76] durch kompromissarische Klausel[77] oder in Fakultativprotokollen[78] Fälle obligatorischer Gerichtsbarkeit

---

of the acceptance to the jurisdiction to be overlooked.“, The World Court, S. 85, vgl. auch Rosenne, The Law and Practice of the International Court, Vol. II, S. 575; allerdings benutzt Rosenne ebenfalls den Begriff „compulsory jurisdiction“; s.a. Treves, ZaöRV 1995, S. 426.

72 Engl.: „The States parties to the present Statute may at any time declare that they recognize as compulsory ipso facto and without special agreement, in relation to any other State accepting the same obligation, the jurisdiction of the Court in all legal disputes concerning:...“; franz.: „Les Etats parties au présent Statut pourront, à n'importe quel moment, déclarer reconnaître comme obligatoire de plein droit et sans convention spéciale, à l'egard de...“

73 Voraussetzung für die Zuständigkeit des IGH *ratione personae* ist aber zusätzlich, dass die Beteiligten überhaupt parteifähig sind (Art. 34 IGH-Statut).

74 Einseitige Klageerhebung kann es auch im Rahmen nicht obligatorischer Gerichtsbarkeit geben (vgl. Wittmann, Das Problem des Obligatorums in der internationalen Gerichtsbarkeit, S. 63 f.), wenn die Zuständigkeit durch das sog. *forum prorogatum* begründet werden soll. Allerdings fehlt es in diesem Fall gerade an der Konsenserteilung *ante hoc.*

75 Die Bindungswirkung der Entscheidung ist hingegen Kennzeichen jeder internationalen Gerichtsbarkeit, vgl. oben 1. Teil A.I.1.

76 Dazu ausführlicher unten 1. Teil C.I.1.c)aa)(2)(a)(aa).

77 Unten 1. Teil C.I.1.c)aa)(2)(a)(bb).

dar,[79] sofern sie nicht nur eine politische Verpflichtung enthalten, die erst im konkreten Streitfall durch eine *ad hoc* Zustimmung konkretisiert werden muss.
Auch die internationale Schiedsgerichtsbarkeit kann obligatorisch konzipiert sein. Entsprechende Schiedsverträge oder kompromissarische Klauseln sehen vor, dass eine Partei das Verfahren einseitig in Gang setzen kann.[80] Bezüglich der Zusammensetzung des Schiedsgerichts besteht zunächst nur ein *pactum de negotiando*. Können sich die Parteien in dieser Hinsicht nicht einigen, trifft eine dritte Person an ihrer statt eine Auswahl.[81] Das Europäische Übereinkommen zur friedlichen Beilegung von Streitigkeiten[82] überträgt die Aufgabe der Ersatzbestellung beispielsweise einer von den Parteien betrauten Regierung oder, wenn sich die Parteien auch in dieser Hinsicht nicht einigen können, dem Präsidenten des IGH, Art. 21. Ähnliches gilt für den Fall, dass keine Einigung über die anzuwendenden Rechtsgrundlagen und das Verfahren zustande kommt. In dieser Situation finden nach Möglichkeit die Verfahrensregelungen des Vierten Teils des Haager Abkommens zur friedlichen Erledigung internationaler Streitfälle Anwendung, die Entscheidung erfolgt auf der Grundlage der für die Parteien geltenden völkerrechtlichen Verträge, subsidiär nach den allgemeinen Grundsätzen des Völkerrechts oder wiederum subsidiär *ex aequo et bono*. Auf Antrag einer Partei kann das Schiedsgericht tätig werden, Art. 25.
Erfolgt der Konsens durch einen *ad hoc* Kompromiss[83] oder *post hoc* durch *forum prorogatum*,[84] spricht man von „fakultativer Gerichtsbarkeit".
Ursprünglich hatte das Juristenkomitee, das das Statut des IGH erarbeitete, ein Konzept obligatorischer Gerichtsbarkeit im engeren Sinne entwickelt, [85] das auch schon in den Vorarbeiten zum Statut des StIGH diskutiert worden war. Jedes UNO-Mitglied sollte nicht nur automatisch Partei des IGH-Statuts sein, sondern auch schon der Gerichtsbarkeit des IGH unterworfen sein. Mit dem Beitritt

---

78 Unten 1. Teil C.I.1.c)aa)(2)(a)(cc).

79 Vgl. Rosenne, The World Court, S. 85; vgl. auch G. Fitzmaurice, The Law and Procedure of the International Court of Justice, Vol. II, S. 499.

80 Bisweilen findet sich für die obligatorische Schiedsgerichtsbarkeit auch die Bezeichnung „institutionalisierte Schiedsgerichtsbarkeit", während die fakultative Schiedsgerichtsbarkeit als „isoliert" charakterisiert wird, s. z.B. Lammasch, Die Lehre von der Schiedsgerichtsbarkeit, S. 56; v. Mangoldt, in: Mosler/Bernhardt (Hrsg.), Judicial Settlement of International Disputes, S. 424.

81 Auch hier zeigt sich wieder, wie stark internationale Gerichtsbarkeit und Schiedsgerichtsbarkeit einander angenähert sind. Dennoch rechtfertigt die theoretische Möglichkeit, bei der Schiedsgerichtsbarkeit selbst für jeden Einzelfall Richter, Rechtsgrundlagen und Verfahren zu bestimmen, eine Differenzierung.

82 UNTS, Vol. 320, S. 243.

83 Ausführlich dazu unten 1. Teil C.I.1.d).

84 Ausführlich dazu unten 1. Teil C.I.1.e).

85 Ausführlich dazu unten 1. Teil B.II.6.

zur UNO hätten die Staaten gleichzeitig ihre formelle und materielle Zustimmung zur Gerichtsbarkeit des IGH erklärt.

Mit Inkrafttreten des 11. Zusatzprotokolls zur EMRK ist im Rahmen der EMRK eine derartige Form obligatorischer Gerichtsbarkeit entstanden.[86] Diese wird z.T. als „true compulsory jurisdiction“ bezeichnet,[87] wohl weil der natürliche Wortsinn eine solche Bedeutung näherlegt.[88]

Gegen eine Vorschrift, die ein „allgemeines Obligatorum“ und damit obligatorische Gerichtsbarkeit im engeren Sinne innerhalb der Vereinten Nationen mit sich gebracht hätte, stellten sich vor allem die Großmächte, die eine zu große Einschränkung ihrer Souveränität fürchteten. So findet sich in der UN-Charta keine dem Art. 33 EMRK n.F. vergleichbare Vorschrift. Auch Art. 33 Abs. 1 UN-Charta ist eine automatische Unterwerfung der Staaten unter eine umfassende Gerichtsbarkeit des IGH nicht zu entnehmen. Zwar konkretisiert Art. 33 UN-Charta die Verpflichtung der Staaten aus Art. 2 Ziff. 3 UN-Charta, Streitigkeiten im Wege der friedlichen Streitbeilegung zu regeln. Die gerichtliche Streiterledigung stellt dabei aber nur eine von mehreren Möglichkeiten dar. Aus Art. 36 Abs. 3 UN-Charta ergibt sich freilich, dass die Staaten im Falle zwischenstaatlicher Streitigkeiten „im allgemeinen“ den IGH anrufen sollen. Dies bringt jedoch keine rechtliche Verpflichtung mit sich, sondern ist lediglich als politisches Prinzip[89] zu verstehen. Auch eine Empfehlung des Sicherheitsrates vermag den Parteienkonsens nicht zu ersetzen. Wie sieben Richter in einem Sondervotum zum Urteil des IGH im Korfu-Fall feststellten, ergibt sich aus einer „Empfehlung“[90] im Sinne von Art. 36 Abs. 1 UN-Charta, ausgehend von der Wortlautbedeutung keine Rechtspflicht.[91] Daran ändert auch die Tatsache nichts, dass Empfehlungen nach Art. 36 Abs. 1 UN-Charta einen Beschluss erfordern und Beschlüsse des Sicherheitsrates gemäß Art. 25 UN-Charta bindende Wir-

---

86 S.u. Teil 1 C.I.1.c)bb)(1).

87 Z.B. Shahabuddeen, in: Muller u.a. (Hrsg.), The International Court of Justice, S. 7; Rosenne, The Law and Practice of the International Court, Vol. II, 727; vgl. auch Steinberger, Judicial Settlement of International Disputes, in: Bernhardt (Hrsg.), EPIL III, S. 49: er bezeichnet diejenige Gerichtsbarkeit, die nur durch einen Akt begründet wird als „obligatory *strictu senso*“ – im Gegensatz zur „optional jurisdiction“, zu deren Begründung neben der Ratifikation der Vertragsurkunde noch ein weiterer freiwilliger Akt der Unterwerfung zu erfolgen hat.

88 Kelsen, The Law of the United Nations, S. 522 ff.

89 Vgl. Rosenne, The World Court, S. 82.

90 Engl.: „recommendations“; franz.: „recommandations“.

91 *Détroit de Corfou, exception préliminaire, arrêt, 1948,* C.I.J. Rec. 1947-48, S. 32: „...[I]l nous paraît pas possible d'admettre une interprétation selon laquelle cet article aurait introduit, sans le dire, un cas nouveau de juridiction obligatoire.“; vgl. auch G. Fitzmaurice, The Law and Procedure of the International Court of Justice, Vol. I, S. 100.

kung haben.[92] Wie Fitzmaurice ausführt, setzt eine Empfehlung zwar einen Beschluss voraus, bringt aber keinen Beschluss i.S.v. Art. 25 UN-Charta mit sich, der bindende Wirkung hätte.[93] Aus der UN-Charta ergibt sich somit keine Unterwerfung der Staaten unter die Gerichtsbarkeit des IGH.[94] Während die Zuständigkeit des EGMR *ratione personae* und *ratione materiae* durch einen einzigen Akt der Konsenserklärung erfolgt, basiert die sog. „obligatorische Gerichtsbarkeit" des IGH auf zwei nacheinander vorzunehmenden Konsensschritten. So verstanden hat selbst die obligatorische internationale Gerichtsbarkeit ihre Grundlage stets im Konsens der beteiligten Streitparteien, so dass das Konsensprinzip nicht im Gegensatz zum Begriff der obligatorischen Gerichtsbarkeit steht. Wenn z.B. Grewe von Art. 36 Abs. 2 IGH-Statut als einem „fakultativen Obligatorum"[95] spricht, beschreibt er damit zutreffend den Charakter der obligatorischen Gerichtsbarkeit im Völkerrecht, während im natürlichen Sprachgebrauch der Begriff als Oxymoron anmuten mag.

B. Die Entwicklung der internationalen Gerichtsbarkeit und die Herkunft des Konsensprinzips

I. Historische Erscheinungsformen internationaler Gerichtsbarkeit von der Antike bis zum Spätmittelalter

1. Die Anfänge

Die historische Darstellung internationaler Gerichtsbarkeit mit der Antike beginnen zu lassen, erscheint nicht unproblematisch, ist doch die Frage umstritten, ob zu diesem Zeitpunkt überhaupt schon von völkerrechtlichen Beziehungen und in Konsequenz dazu von Erscheinungsformen internationaler Gerichtsbarkeit gesprochen werden kann. Zweifel bestehen insofern, als zumindest noch

---

92 So aber das Argument Großbritanniens im Fall *Détroit de Corfou, exception préliminaire, arrêt, 1948,* C.I.J. Rec. 1947-48, S. 17.

93 „...Article 25 applied only where the ‚decision' took a mandatory form..." und „the real distinction is not between ‚decisions' and ‚recommendations', but between decisions involving an order, instruction, or injunction, and decisions merely involving a recommendation.", Vol. I, S. 101.

94 Die Bestimmung „The jurisdiction of the Court comprises...all matters specifically provided for in the Charter of the United Nations..." in Art. 36 Abs. 1 IGH-Statut ist somit hinfällig, vgl. unten 1. Teil C.I.1.c)bb)(1)(c).

95 S. 780; vgl. auch Baudissin/Platzöder, AöR 1974, S. 41: „...[D]ie Zuständigkeit des Weltgerichts ist nur eine fakultativ-obligatorische, da in Art. 36 das sog. „Konsens-Prinzip" aufrechterhalten worden ist."

keine souveränen Staaten im heutigen Sinne existierten. Bei einem Völkerrechtsverständnis, das nur souveräne Staaten als mögliche Subjekte des Völkerrechts ansieht, müsste sich die Betrachtung auf den Zeitraum ab dem Westfälischen Frieden beschränken.[96] Nun kannten aber auch die Antike sowie die Folgezeit schon Herrschaftsverbände, die sich in derartiger Autonomie gegenüberstanden, dass ihre Rechtsbeziehungen nicht als rein interne bezeichnet werden können. Die Vorstellung von einer völkerrechtlichen Ordnung muss nicht zwingend mit der Erscheinungsform des souveränen Staates verbunden werden.[97] Rechtfertigen lässt sich nur eine Unterscheidung zwischen „modernem" und „klassischem" Völkerrecht.

Die Struktur der früheren unterscheidet sich stark von der der heutigen Streiterledigung. Bis zum 20. Jahrhundert, das zum ersten Mal universelle Kriegsverbote aufbrachte, galt Gewalt als ein legitimes Mittel zur Durchsetzung eigener Interessen. Nichtsdestotrotz finden sich schon im klassischen Völkerrecht Ausprägungen der verbindlichen Streitentscheidung durch Schiedsentscheid. Umstritten ist jedoch, wann genau zum ersten Mal die Schiedsgerichtsbarkeit in der Völkerrechtsgeschichte auftauchte. Einige Autoren datieren ihre Anfänge auf die Zeit um ca. 2600 v. Chr.[98] Tatsächlich lässt sich aber nur ein einziger Schiedsspruch in dieser Zeit nachweisen – im Streit zwischen den Königen von Lagasch und Umma in Mesopotamien.[99] Schiedsrichter war König Mesilim von Kisch, dessen Schiedsspruch sich auf eine Eingebung der Göttin Kadi, Göttin des Rechts, gründete, die ebenfalls nur eine Entscheidung der die betroffenen Streitparteien schützenden Gottheiten geoffenbart haben soll. Schon dieser Fall ist nicht ganz unumstritten, erwogen wird auch, dass es sich um einen Fall bloßer Mediation, der Intervention o.ä. handelte.[100]

---

96 Eine Auseinandersetzung mit den Vertretern dieser Auffassung findet sich bei Preiser, AVR 1954, S. 257 ff. = Macht und Norm in der Völkerrechtsgeschichte, S. 127 ff.; s.a. Phillipson, The International Law and Custom of Ancient Greece and Rome, S. 27, 31, 46 ff.

97 Grewe, Epochen der Völkerrechtsgeschichte, S. 27; nach Preiser, JZ 1956, S. 737 = Macht und Norm in der Völkerrechtsgeschichte, S. 105 kann man von einer Völkerrechtsordnung bereits dann sprechen, „wenn unabhängige, in kulturellen, wirtschaftlichen und politischen Beziehungen stehende Staaten sich gegenseitig als autonome Rechtssubjekte gleichen Ranges anerkennen und bei Abschluß und Ausführung ihrer zwischenstaatlichen Abreden wie auch bei der Befolgung des im Staatenverkehr Üblichen von der Vorstellung bestimmt sind, sie seien zur Einhaltung des Vereinbarten oder stillschweigend Geltenden auch rechtlich verpflichtet und diese Vereinbarung sei unabänderlich."

98 Waser, Das zwischenstaatliche Schiedsgericht, S. 16; De Taube, RdC 1932-IV, S. 17.

99 Tod, International Arbitration amongst the Greeks, S. 171, datiert den Entscheid allerdings auf das Jahr 4000 v. Chr. vor.

100 Vgl. z.B. Nussbaum, Geschichte des Völkerrechts, S. 2; De Taube, RdC 1932-IV, S. 12; Ziegler, Völkerrechtsgeschichte, S. 15; einen Überblick über die verschiedenen

Darüber hinaus fehlen Belege für weitere Fälle von Schiedsgerichtsbarkeit,[101] auch wenn die Existenz schiedsgerichtlicher Praxis aufgrund des nachgewiesenen völkerrechtlichen Verkehrs im alten Orient wahrscheinlich ist.[102]

2. *Das antike Griechenland als Hochstätte internationaler Schiedsgerichtsbarkeit*

Zahlreiche Fälle von Schiedsgerichtsbarkeit sind aber aus der Zeit der griechischen Polis bekannt.[103] Einige von ihnen stammen wiederum aus dem Umfeld der Götterwelt. Die griechische Mythologie überliefert Schiedsfälle zwischen Göttern, deren Streitigkeiten ebenfalls durch eine Gottheit beigelegt wurden. Man nimmt heute an, dass Götter und Göttinnen jeweils einen Stadtstaat personifizierten und durch diese etwas ungewöhnliche Art von Schiedssprüchen intermunizipale Streitigkeiten gelöst wurden.[104]
Ein religiöser Hintergrund findet sich auch bei den sog. „Amphiktyonien". Darunter verstand man Bündnisse griechischer Stadtstaaten um ein gemeinsames Heiligtum. Die beteiligten Staaten übernahmen vertraglich die Verpflichtung, ein bestimmtes Heiligtum zu schützen. Bekanntestes Beispiel ist das Bündnis zum Schutz des Tempels von Delphi, dem größten Heiligtum Griechenlands. In bestimmten Streitfällen wurde der Amphiktyonie oder sogar dem Orakel selbst das Amt des Schiedsrichters übertragen.[105] In Anlehnung an die enthusiastischen Schilderungen römischer Schriftsteller wie Cicero oder Tacitus[106] war in der älteren Völkerrechtslehre zunächst die Auffassung verbreitet, diese Schiedsgerichtsbarkeit habe in der Form eines ständigen Gerichtshofs stattgefunden, der *ex officio* entschied. Heute wird diese Vorstellung abgelehnt.[107] Man geht vielmehr davon aus, dass es zwar eine obligatorische Schiedsgerichtsbarkeit im en-

---

anderen Deutungsmöglichkeiten gibt Preiser, AVR 1954, S. 268 = Macht und Norm in der Völkerrechtsgeschichte, S. 136 ff.

101 De Taube, RdC 1932-IV, S. 12 f.

102 Tod, International Arbitration amongst the Greeks, S. 62.

103 So zählt De Taube (RdC 1932-IV, S. 14) z.B. allein zwischen der Mitte des 7. Jahrhunderts bis zur Mitte des 2. Jahrhunderts v. Chr. ungefähr 110 Schiedssprüche; diese Zahl ist allerdings nicht unbestritten, zu Recht weist Nussbaum (Geschichte des Völkerrechts, S. 8) darauf hin, dass viele dieser Fälle aus der Zeit nach 338 v. Chr. stammen, d.h. aus einer Zeit, in der die griechische Unabhängigkeit durch die Makedonier bereits beendet worden war und die griechischen Städte nicht mehr als eigenständige Völkerrechtssubjekte bezeichnet werden können.

104 De Taube, RdC 1932-IV, S. 15.

105 Waser, Das zwischenstaatliche Schiedsgericht, S. 24.

106 So Raeder, L'arbitrage international chez les Hellènes, S. 174.

107 Lammasch, Die Lehre von der Schiedsgerichtsbarkeit, S. 24.

geren Sinne gab, sich diese aber auf die Ahndung von Verletzungen der von der Amphiktyonie geschützten Regeln beschränkte.[108] Jeder darüber hinausgehende Schiedsspruch erforderte eine vorherige Unterwerfung der betroffenen Stadtstaaten.[109]
Die religiöse Basis der geschilderten Schiedsentscheide ist nach *De Taube* nicht als einzige Wurzel der griechischen Schiedspraxis anzusehen.[110] Ausgangspunkt für die Begründung internationaler Gerichtsbarkeit waren seiner Ansicht nach vielmehr die Regelungen des „Fremdenrechts", d.h. die Regelungen der Rechtsbeziehungen eines Fremden zu dem Staat, in dem er sich aufhielt. Aus dem Fremdenrecht entstand ein internationales Privatrecht und zur Lösung daraus erwachsender Konflikte die Schiedsgerichtsbarkeit. Diese fand schließlich sowohl im Verhältnis zwischen Einheimischen und Fremden, als auch zwischen den Staaten Anwendung. Schiedsentscheide erfolgten dabei nicht nur auf der Grundlage eines *ad hoc* Kompromisses, man kannte auch schon die Konsenserteilung *ante hoc*. So enthielten zahlreiche Friedens- und Bündnisverträge zwischen dem 5. und dem 2. Jahrhundert v. Chr. kompromissarische Klauseln.[111] Diese beschränkten sich allerdings auf Streitigkeiten zwischen griechischen Stadtstaaten.[112] Die „Barbaren", d.h. alle Nichtgriechen, galten in der hellenistischen Ideologie als „natürliche Feinde".[113] In der völkerrechtlichen Praxis gab es zwar durchaus intensive vertragliche Beziehungen mit nichthellenistischen Staaten, der schiedsgerichtlichen Streiterledigung wurden diese aber für unwürdig erachtet. Eine Ausnahme lässt sich nur im Verhältnis zu den Makedoniern feststellen, deren Expansion schließlich das Ende der griechischen Unabhängigkeit und den Niedergang der internationalen Schiedsgerichtsbarkeit bedeutete.[114]

---

108 Raeder, L'arbitrage international chez les Hellènes, S. 169.

109 Raeder, L'arbitrage international chez les Hellènes, S. 173, 175; die Idee eines ständigen, obligatorischen Gerichtshofs war den Griechen jedoch nicht fremd. Plutarch überliefert z.B. die –freilich vergeblichen– Bemühungen des Perikles, auf einem panhellenistischen Kongress die Grundlagen eines dauerhaften Friedens zwischen den griechischen Stadtstaaten und Kolonien zu schaffen, abgesichert durch die Errichtung eines Schiedshofs, vgl. De Taube, RdC 1932-IV, S. 38; Raeder, a.a.O., S. 176 ff.

110 De Taube, RdC 1932-IV, S. 22.

111 Zur Begrifflichkeit unten 1. Teil C.I.1.b). Beispiele bei Tod, International Arbitration amongst the Greeks, S. 65 ff.; Raeder, L'arbitrage international chez les Hellènes, S. 179 ff.; Phillipson, The International Law and Custom of Ancient Greece and Rome, S. 410 f., Ralston, International Arbitration from Athens to Locarno, S. 156 f.

112 Nussbaum, Geschichte des Völkerrechts, S. 8; Waser, Das zwischenstaatliche Schiedsgericht, S. 27.

113 Ziegler, Völkerrechtsgeschichte, S. 33; Nussbaum, Geschichte des Völkerrechts, S. 6.

114 De Taube, RdC 1932-IV, S. 41.

3. *Der Niedergang der internationalen Schiedsgerichtsbarkeit unter makedonischer und römischer Herrschaft*

In der Schlacht von Chaironeia 338 v. Chr. eroberte König Philipp II. von Makedonien Griechenland. In der Folgezeit bestand die Institution der Schiedsgerichtsbarkeit zwar weiterhin, das von Philipp II. zur Beilegung griechischer Streitigkeiten errichtete Schiedsgericht übte jedoch eine den griechischen Städten auferlegte, fremdbestimmte Schiedstätigkeit aus.[115] Die Abweichung von der vorher praktizierten und heute einzig denkbaren Form der Parteiunterwerfung durch Konsenserteilung erklärt sich dadurch, dass die griechischen Stadtstaaten ihre Stellung als eigenständige, souveräne Gemeinwesen verloren hatten. Die Schiedsgerichtsbarkeit diente als Herrschaftsinstrument gegenüber den abhängigen Staaten[116] und verlor damit grundsätzlich ihren „internationalen" Charakter. Gleichwohl lassen sich auch Fälle nachweisen, in denen die Parteien sich freiwillig der Schiedsgerichtsbarkeit unterwarfen,[117] dies war aber nicht die Regel.[118] Nach dem Tod Alexanders des Großen, Sohn und Nachfolger Philipps II., im Jahr 323 v. Chr. entstanden zahlreiche Föderationen, so der Aitolische und der Achaiische Bund, die sich der Schiedsgerichtsbarkeit als Streitschlichtungsinstrument bedienten.[119] Mal nahm diese die Form einer autoritativen Gerichtsbarkeit unter der Ägide des Konföderationsrates an, mal lag ihr der Konsens der betroffenen Parteien zugrunde.[120]

Unter der römischen Vorherrschaft (ab ca. 168 v. Chr.) lässt sich von der Schiedsgerichtspraxis ein ähnliches Bild wie zur Zeit der makedonischen Eroberung zeichnen. Zwar sind Formen von Schiedsgerichtsbarkeit zu verzeichnen, doch war das angewandte Recht oftmals römisches Recht, waren die Rechtsbeziehungen nicht die zwischen souveränen Rechtssubjekten, sondern diejenigen eines Herrschers zu seinen Vasallen. So stellt auch die sog. „Pax romana" keinen Friedensvertrag im Sinne eines internationalen Vertrages dar. Vielmehr handelte es sich um eine den Eroberten von ihren Eroberern aufoktroyierte Ordnung.[121] Völkerrechtliche Vereinbarungen und schiedsgerichtliche Regelungsinstrumente waren mit dem imperialistischen Streben Roms nicht vereinbar.[122]

---

115 Schlochauer, Arbitration, in: Bernhardt (Hrsg.), EPIL I, S. 217.

116 Nussbaum, Geschichte des Völkerrechts, S. 8 f.

117 Vgl. das Beispiel bei Raeder, L'arbitrage international chez les Hellènes, S. 200.

118 Vgl. Nussbaum, Geschichte des Völkerrechts, S. 8 f.

119 Tod, International Arbitration amongst the Greeks, S. 180; Nussbaum, Geschichte des Völkerrechts, S. 9.

120 Hiervon gehen zumindest Tod, International Arbitration amongst the Greeks, S. 180 und Raeder, L'arbitrage international chez les Hellènes, S. 235, aus.

121 De Taube, RdC 1932-IV, S. 49 f.

122 Waser, Das zwischenstaatliche Schiedsgericht, S. 16; De Taube, RdC 1932-IV, S. 50; Ralston, International Arbitration from Athens to Locarno, S. 168.

Durchaus bereitwillig übernahm der römische Senat immer wieder die Rolle des Schiedsrichters, sobald ein Konflikt zwischen zwei Staaten zur Lösung anstand, dessen Ausgang römische Interessen beeinflussen konnte.[123] Nie jedoch hat sich Rom selbst der Entscheidung einer dritten Partei unterworfen. Streitigkeiten wurden angesichts der militärischen Überlegenheit Roms stets mit Waffengewalt beendet.[124] Auch waren die schiedsgerichtlichen Entscheidungen Roms wohl in einigen Fällen reine Machtsprüche, auf einen gerechten Ausgang nicht bedacht.[125]
Anzumerken ist jedoch, dass die römischen Herrscher den unterworfenen Staaten eine relativ große Freiheit zugestanden, sofern ihre eigene Interessen nicht berührt waren.[126] Die Schiedsgerichtsbarkeit überlebte –wenn auch nicht im Verhältnis zu den römischen Besatzern– so doch zumindest als Streitschlichtungsinstrument der griechischen Staaten untereinander.[127] Zudem spielte die Schiedsgerichtsbarkeit im römischen Privatrecht eine große Rolle.[128] Obgleich im internationalen Bereich die Schiedsgerichtsbarkeit unter römischer Vorherrschaft nur in begrenztem Maße zum Tragen kam, war somit dafür gesorgt, dass sie als Institution nicht aus dem öffentlichen Leben verschwand und unter den günstigeren Bedingungen des Mittelalters wieder aufleben konnte.

4. Das Mittelalter – Blütezeit der Schiedsgerichtsbarkeit

a) Die verschiedenen Bereiche schiedsgerichtlicher Praxis

Im römischen Privatrecht hatte die Schiedsgerichtsbarkeit eine derartige Bedeutung angenommen, dass diese Einrichtung auch in den kleinen, neu entstandenen germanischen Einzelreichen des Frühmittelalters zumindest aus dem privaten Bereich der friedlichen Streiterledigung nicht mehr wegzudenken war.[129] Der

---

123 Dies von Zeit zu Zeit auch aufgrund eines Kompromisses der Streitparteien, Raeder, L'arbitrage international chez les Hellènes, S. 203.

124 De Taube, RdC 1932-IV, S. 51.

125 Lammasch, Die Lehre von der Schiedsgerichtsbarkeit, S. 26.

126 Raeder, L'arbitrage international chez les Hellènes, S. 211.

127 Bemerkenswert ist in diesem Zusammenhang der Freundschaftsvertrag zwischen den kleinasiatischen Städten Ephesus und Sardes aus dem Jahr 98 v. Chr. Dieser enthielt eine kompromissarische Klausel mit dem Inhalt, im Konfliktfall einen Schiedsentscheid herbeizuführen. Ausgewählt wurden die Richter aus einer von den Parteien bereits vorher erstellten Liste, Raeder, L'arbitrage international chez les Hellènes, S. 211. Bei dieser Vorgehensweise drängt sich der Vergleich mit dem Ständigen Schiedshof auf, der 1899 auf der 1. Haager Friedenskonferenz geschaffen wurde, De Taube, RdC 1932-IV, S. 53.

128 De Taube, RdC 1932-IV, S. 51 ff.

129 De Taube, RdC 1932-IV, S. 57; Ralston, International Arbitration from Athens to

Einmarsch der „Barbaren“ aus dem Norden im Zuge der Völkerwanderung und der Untergang des weströmischen Reiches im Jahr 476 n. Chr. bedeuteten somit nicht das Ende der schiedsgerichtlichen Praxis schlechthin, wohl aber das der zwischenstaatlichen Schiedsgerichtsbarkeit. Den germanischen Stammesreichen des Frühmittelalters mangelte es an der für das Bestehen von Schiedsgerichtsbarkeit erforderlichen Intensität und Verrechtlichung ihrer Beziehungen, der Imperialismus des Fränkischen Reiches war dem Schiedsgedanken ebenso wenig zuträglich, wie das Weltherrschaftsstreben Roms es gewesen war.[130]

Die internationale Schiedsgerichtsbarkeit erlebte erst im Hochmittelalter eine neuerliche Blütezeit. Freilich kann man immer noch nicht von souveränen „Staaten“ im modernen Sinne sprechen.[131] Zu unterscheiden ist zwischen den feudalistisch organisierten Personenverbänden, die in Zentraleuropa im Deutschen Reich vereint waren, und den unabhängigen Herrschaftsverbänden außerhalb des Reichs wie z.B. England und Frankreich. Letztere erfüllten –haftet man nicht an dem neuzeitlichen Verständnis von „Staat“ und „Völkerrecht“– die Voraussetzungen, die man an den Begriff „Rechtssubjekte des Völkerrechts“ knüpft,[132] so dass die Schiedsgerichtsbarkeit, die sich in diesem Bereich äußerst lebhaft entwickelte, den Begriff „internationale Schiedsgerichtsbarkeit“ verdient. Doch auch zwischen den Gliedern des Deutschen Reichs, Fürsten und freien Städten, entwickelte sich ein reger Austausch in Form von Verträgen, Bündnissen und Schiedskompromissen. Für Nussbaum[133] war das Deutsche Reich allerdings eine „große Monarchie“, weshalb er in den zwischenverbandlichen Beziehungen keine internationalen Beziehungen sieht. Folgte man dieser Auffassung, könnte man in diesem Bereich ebenso wenig von internationaler Gerichtsbarkeit sprechen. Hier trifft man jedoch wiederum auf einen zu engen Völkerrechtsbegriff.[134] Das Deutsche Reich wies ein kompliziertes Geflecht von Abhängigkeiten und Verpflichtungen auf, die auf dem Lehnswesen beruhten. Es existierten Souveränitätsformen, die als abgestufte, geteilte oder hierarchisch angeordnete Souveränitäten bezeichnet werden können.[135] So stand das Recht, die inneren und äußeren Angelegenheiten souverän zu regeln, nicht ausschließlich dem Kaiser zu, sondern ebenso den unter seiner Autorität stehenden Gliedern des Reiches. Weder Kaiser noch Papst, weder Lehnsherr noch Vasall waren Organe juristischer Personen, ihre Rechtsbeziehungen waren vielmehr persona-

---

Locarno, S. 174.

130 Waser, Das zwischenstaatliche Schiedsgericht, S. 16.

131 Grewe, Epochen der Völkerrechtsgeschichte, S. 57.

132 S. dazu die Definition von Preiser, oben Fn. 97.

133 S. 24.

134 So Grewe, Epochen der Völkerrechtsgeschichte, S. 31.

135 Preiser, History of the Law of Nations: Basic Questions and Principles, in: Bernhardt (Hrsg.), EPIL II, S. 721.

lisiert. „Souveränität“ verstand sich daher noch als personale, nicht als territoriale Souveränität. Je unaufhaltsamer der Niedergang von Kaiser- und Papsttum wurde, umso mehr Souveränitätsrechte erlangte der Fürst, bis er in seiner Person schließlich alle Souveränitätsmerkmale der späteren Nationalstaaten vereinigte.[136] In dem Maße, in dem die Souveränität der Fürsten zunahm, sind auch ihre Schiedskompromisse verstärkt dem internationalen Bereich zuzuordnen. Eine strenge Abgrenzung zwischen internem Recht, internationalem Privatrecht und Völkerrecht lässt sich jedenfalls nicht durchführen. Da z.T. staatliche Hoheitsrechte mit dem Lehen vom Grundherrn an den Lehnsmann weitergegeben wurden und somit Privatleute öffentliche Rechte innehatten, brachte das Lehnswesen eine Verflechtung von Privat- und Staatsrecht[137] sowie von Lehens- und Völkerrecht mit sich.[138] Man kann insofern zumindest von quasi-völkerrechtlichen Beziehungen sprechen. Dies gilt umso mehr, als die in Lehnsbindungen stehenden Herrschaftsträger Rechtsbeziehungen nicht nur miteinander, sondern ebenso mit ausländischen Herrschern eingingen.
Die „Pulverisierung“ der Macht hatte jedenfalls eine Zunahme der potentiellen Schiedsparteien, gleichzeitig aber auch eine Zunahme der potentiellen Konflikte zur Folge.[139] In diesem Klima florierte die Schiedsgerichtsbarkeit. Besonders intensiv wurde sie schon im 11. Jahrhundert n. Chr. in Norditalien und wenig später in der Schweiz betrieben.[140]
Das Reich selbst unterwarf sich in seinen zwischenstaatlichen Beziehungen grundsätzlich nicht der Schiedsgerichtsbarkeit. Bezeichnend ist aber, dass selbst Kaiser Friedrich Barbarossa im Friedensvertrag mit der lombardischen Liga, die in Norditalien eine Vorreiterrolle im Bereich der schiedsrichterlichen Praxis eingenommen hatte, im sog. Vertrag von Montebello 1175 eine kompromissarische Klausel akzeptierte.[141]
Fruchtbar für die Entwicklung internationaler Schiedsgerichtsbarkeit war zudem der Einfluss der Kirche. Innerkirchliche Streitigkeiten waren schon seit langem schiedsgerichtlich beigelegt worden. Die Position vieler Geistlicher –Bischöfe und Reichsäbte– als Lehnsherren trug zur Stärkung des schiedsgerichtlichen Gedankens auch in weltlichen Angelegenheiten bei, da diese Fürstbischöfe zur Lösung ihrer Streitfälle gerne auf die ihnen aus dem kirchlichen Alltag bekann-

---

136 Ullmann, VJIL 1971, S. 358.

137 De Taube, RdC 1932-IV, S. 65 f.; Waser, Das zwischenstaatliche Schiedsgericht, S. 29.

138 Grewe, Epochen der Völkerrechtsgeschichte, S. 91; Ziegler, Völkerrechtsgeschichte, S. 95.

139 Waser, Das zwischenstaatliche Schiedsgericht, S. 29.

140 Waser, Das zwischenstaatliche Schiedsgericht, S. 34.

141 De Taube, RdC 1932-IV, S. 63. Zum Begriff der „kompromissarischen Klausel“ unten 1. Teil C.I.1.c)aa)(2)(a)(bb).

ten Schiedsgerichte zurückgriffen.[142] Freilich sind diese Vorgänge wiederum nur begrenzt dem öffentlichen und unter noch größeren Vorbehalten dem internationalen, völkerrechtlichen Bereich zuzuordnen. Nichtsdestotrotz förderten sie die Ausbreitung des Schiedsgedankens zwischen eigenständigen Gemeinwesen.

b) Schiedsgerichtsbarkeit im Spannungsfeld zwischen Fürstensouveränität und päpstlicher Autorität

Augenfälligste Besonderheit des Mittelalters im Bereich des Schiedswesens ist der Versuch der Päpste, auch in weltlichen Angelegenheiten über die Könige der Christenheit zu Gericht zu sitzen. Der Jurisdiktionsbereich der Kirche war eröffnet, wenn durch einen Eid verbürgte vertragliche Verpflichtungen verletzt wurden. Da der Eid ein kirchliches Sakrament darstellte, fiel die Feststellung und Sanktionierung von Verstößen in den kirchlichen Aufgabenbereich.[143] Die Päpste des Hochmittelalters angefangen mit Gregor IX. über Innozenz IV. bis zu Bonifaz VIII. verfolgten aber zudem einen Suprematsanspruch über alle Christen der *res publica christiana*, durch den sie sich berechtigt sahen, als *iudices mundi* eine universelle, obligatorische Gerichtsbarkeit im engsten Sinne auszuüben, eine Gerichtsbarkeit also, die ihnen *ex officio* zustand und nicht auf dem Konsens der Parteien basierte.[144] Zunächst sollte sich diese lediglich auf kirchliche Fragen erstrecken, sie wurde bald aber auf nahezu alle weltlich-politischen Bereiche ausgedehnt, waren doch alle Fragen in irgendeiner Weise moralischer Art.[145] So existierte für eine gewisse Zeit eine Form der internationalen Gerichtsbarkeit,[146] wie sie weder zuvor noch später jemals wieder anerkannt wurde. Fraglich ist, wie es dazu kommen konnte, dass der Papst diese Funktion ausübte. Erwägenswert wäre, den Grund dafür in der fehlenden Staatensouveränität zu suchen. Richtig ist, dass es eine territoriale Souveränität, die Kennzeichen des modernen Staates ist, im Mittelalter nicht gab und gerade die Souveränität des

---

142 N u s s b a u m, Geschichte des Völkerrechts, S. 27; D e T a u b e, RdC 1932-IV, S. 61.

143 N u s s b a u m, Geschichte des Völkerrechts, S. 20.

144 R a l s t o n, International Arbitration from Athens to Locarno, S. 175. Wegen der fehlenden Konsenserteilung meint D e T a u b e (RdC 1932-IV, S. 75), nicht von „internationaler“ Schiedsgerichtsbarkeit sprechen zu können; dieser Auffassung schließt sich W i t t m a n n, Das Problem des Obligatorums in der internationalen Gerichtsbarkeit, S. 554, an. Dem ist mit Vorsicht zu begegnen. Der Konsens der Parteien ist –wenngleich normalerweise Grundlage der internationalen Gerichtsbarkeit– nicht zwangsläufig Voraussetzung für die Anerkennung einer Entscheidung als Entscheidung der internationalen Gerichtsbarkeit. Es kommt vielmehr darauf an, ob die Entscheidung die Parteien bindet, s.o. 1. Teil A.I.1.

145 D e T a u b e, RdC 1932-IV, S. 75.

146 oder zumindest die Konzeption einer solchen Gerichtsbarkeit, berücksichtigt man den erheblichen Widerstand gegen die Schiedssprechung durch den Papst, s.u.

Staates als Grundlage des Konsensprinzips ausgemacht wurde.[147] Das Mittelalter kannte jedoch die personale Souveränität des Fürsten,[148] weshalb es problematisch sein könnte, das Phänomen der päpstlichen obligatorischen Gerichtsbarkeit ausschließlich mit dem Mangel an staatlicher Souveränität erklären zu wollen.[149] Zu beachten ist aber, dass die Entwicklung von einem Geflecht teilautonomer Herrschaftsträger zum souveränen Fürsten als Regenten einer gebietsbezogenen *res publica* erst mit Beginn der Neuzeit (ab dem 15. Jahrhundert) erfolgen konnte, als Kaiser- und Papsttum sich bereits im Niedergang befanden.[150] Die Fürstensouveränität diente gerade als Mittel im Kampf gegen die Aufrechterhaltung der kaiserlichen und päpstlichen Autorität.[151]

Hinzu kommt aber, dass die päpstliche Jurisdiktionsgewalt nur dort anerkannt wurde, wo der Glaube an die Rechtmäßigkeit des päpstlichen Suprematsanspruchs bestand. Solange also der Papst als Nachfolger Petri als Inhaber göttlicher Gewalt in allen Bereichen des öffentlichen Lebens galt,[152] war es für die Fürsten schwierig, einerseits ihre personale Souveränität damit zu begründen, die Macht aufgrund göttlicher Verfügung, d.h. aus der Hand Gottes erhalten zu haben, gleichwohl Einschränkungen ihrer Souveränität durch Schiedssprüche des Stellvertreters Gottes nicht hinnehmen zu wollen.[153] Während die Autorität des Papstes im Bereich der Vermittlung und guten Dienste nie in Zweifel gezogen wurde,[154] regte sich gegenüber der päpstlichen Gerichtsbarkeit trotzdem der Widerstand der weltlichen Herrscher. So hatte beispielsweise Papst Bonifaz VIII. Eduard I. von England und Philipp den Schönen von Frankreich im Jahre 1298 n. Chr. nach Rom zitiert, um deren Streitigkeiten im Wege der Schiedsentscheidung aus der Welt zu räumen. Beide Herrscher lehnten das päpstliche Ansinnen ab, schlossen jedoch einen Kompromiss, wonach der Papst als Privatperson das Schiedsrichteramt übernehmen sollte. Als dieser sein Urteil dennoch auf die Autorität seines Amtes stützte, verweigerte Philipp die Befolgung des Richterspruchs.[155]

---

[147] S.o. 1. Teil A.II.2.b).

[148] S.o. 1. Teil B.I.4.a).

[149] Vgl. die Argumentation Ullmanns, VJIL 1971, S. 358 ff.

[150] Vgl. K. Ipsen, in: K. Ipsen, Völkerrecht, S. 20.

[151] Steinberger, Sovereignty, in: Bernhardt (Hrsg.), EPIL IV, S. 501; von so geringer Bedeutung, wie Ullmann, Fn. 149, glauben machen möchte, war das Fehlen territorialer Souveränität für die Existenz der päpstlichen obligatorischen Gerichtsbarkeit daher nicht.

[152] Ullmann, VJIL 1971, S. 359.

[153] Ullmann, VJIL 1971, S. 362.

[154] Steinberger, Sovereignty, in: Bernhardt (Hrsg.), EPIL IV, S. 503; Grewe, Epochen der Völkerrechtsgeschichte, S. 121.

[155] Nussbaum, Geschichte des Völkerrechts, S. 21 f.; Grewe, Epochen der Völkerrechtsgeschichte, S. 120; De Taube, RdC 1932-IV, S. 75 f.

War die päpstliche Schiedsgerichtsbarkeit somit nicht ebenfalls vom Konsens der Parteien abhängig? In gewisser Weise mag dies zutreffen, der Konsens bezog sich allerdings auf die Frage der *Durchsetzbarkeit* des Urteils, nicht auf die *Begründung* der Gerichtsbarkeit an sich. Es handelt sich um eine Frage, die sich auch für die durch Konsens begründete Gerichtsbarkeit stellt.[156] Anders ausgedrückt, bezog sich die Zustimmung der Streitparteien nur darauf, dass dem Papst die Ausübung des Schiedsrichteramtes schon *ex officio* zustand. Nicht der Konsens begründete die päpstliche Jurisdiktionsgewalt, deren Grundlage findet sich vielmehr in der göttlichen Autorität des Papstes. Die Rolle des Arbiter musste ihm nicht mehr übertragen werden, der Konsens konnte sie lediglich bestätigen.
Der päpstliche Suprematsanspruch konnte indes, wie schon mehrfach angedeutet, nie in vollem Umfang verwirklicht, die Dyarchie Kaiser/Papsttum nie zugunsten der Kirche beendet werden, wenngleich es vor allem unter den weniger mächtigen Fürsten durchaus Parteigänger des päpstlichen Machtstrebens gab.[157] Allerdings gilt dies auch im umgekehrten Fall. Wurden römisch-deutsche Kaiser von Zeit zu Zeit in Streitigkeiten mit Beteiligung christlicher Herrscher als Schiedsrichter tätig, handelten sie dabei niemals *ex officio*, sondern stets auf der Grundlage eines Kompromisses der Streitparteien.[158]

II. Die Neuzeit – Entwicklung der modernen internationalen Gerichtsbarkeit

1. Die Entstehung des souveränen Staates als Grundlage des Konsensprinzips

Erscheinungsformen obligatorischer internationaler Gerichtsbarkeit im engsten Sinne wie im Mittelalter sind im modernen Völkerrecht nicht anzutreffen und auch nicht denkbar.
Während sich im Spätmittelalter und zu Beginn der Neuzeit im Zuge des Niedergangs von Kaiser- und Papsttum die Konzeption der Fürstensouveränität herauskristallisiert hatte, war der darauffolgende Zeitabschnitt von der Entstehung souveräner Territorialstaaten geprägt. Zu dieser Entwicklung kam es vor dem

---

[156] Vgl. z.B. die Nichtbeachtung des IGH-Urteils durch die USA im Fall *Military and Paramilitary Activities in and against Nicaragua (Nicaragua v. United States of America)*; allerdings stützten die USA die Nichtbeachtung gerade auf die Behauptung, ihr Konsens zur Begründung der Gerichtsbarkeit habe nicht vorgelegen, vgl. die Argumentation der USA, *Jurisdiction and Admissibility, Judgment*, I.C.J. Rep. 1984, S. 397 ff. Zu weiteren Beispielen unten 3. Teil B.IV.

[157] Grewe, Epochen der Völkerrechtsgeschichte, S. 121; Nussbaum, Geschichte des Völkerrechts, S. 78.

[158] Grewe, Epochen der Völkerrechtsgeschichte, S. 121.

Hintergrund des Zeitalters der Aufklärung, das eine intellektuelle Revolution mit sich brachte.[159] Papst und weltliche Herrscher konnten sich nicht mehr auf den göttlichen Ursprung ihrer Macht berufen, vielmehr wurde die Macht als vom Volke ausgehend angesehen. Damit galt nunmehr der Grundsatz der Volkssouveränität.[160]

Während die Konzeption der Volkssouveränität zunächst nur eine Abkehr von der Begründung weltlicher Macht durch Gottes Gnaden bedeutete und das Volk nach der Machterlangung an der Legislativgewalt nicht mitwirkte, wurde der Herrscher mit zunehmender Demokratisierung auf die Rolle des Volksrepräsentanten beschränkt. Dass der Papst sowie die weltlichen Herrscher Recht und Gesetz den Bürgern aufoktroyierten, wurde nicht mehr hingenommen. Der Konsens der Bürger verdrängte bei der Rechtsetzung den Glauben an die päpstliche und kaiserliche Autorität von Gottes Gnaden.[161] Angemessener Rahmen für diese Machtverschiebung war der Territorialstaat.

Dies erforderte indes einen langen Entwicklungsprozess. Selbst die den Westfälischen Frieden von 1648 begründenden Verträge von Münster und Osnabrück bezeichnen noch die souveränen Fürsten als Vertragspartner.[162] Zwar wurden völkerrechtliche Verträge in immer stärkerem Maße als den Staat bindend betrachtet, diese Vorstellung realisierte sich jedoch zunächst nur durch die Praxis, Verträge nach dem Tod eines Fürsten durch den nachfolgenden Herrscher bestätigen zu lassen. Erst gegen Ende des 18. Jahrhunderts galt der Staat selbst als Kontinuum mit eigener Rechtspersönlichkeit, dem völkerrechtliche Verträge zugerechnet werden konnten.[163] Insgesamt bedurfte es somit mehrerer Jahrhunderte bis die ursprüngliche personale Souveränität des Fürsten sich durch die Lehre von der Souveränität des Volkes zur territorialen Souveränität des Staates transformierte.

Es sind also der Gedanke der Volkssouveränität und die Verabschiedung von der göttlichen Legitimation staatlicher Gewalt, die in der modernen Staatenwelt eine aus sich selbst heraus bestehende, nicht auf Konsens beruhende Gerichtsbarkeit ausschließen. Gerichtsbarkeit kann nur begründet werden, wenn der Staat seinen Konsens erklärt – vertreten durch seine Organe, die wiederum das Volk repräsentieren.

Die Konsenserteilung ist damit zum Prinzip geworden.

---

[159] K. Ipsen, in: K. Ipsen, Völkerrecht, S. 22; Ullmann, VJIL 1971, S. 366.

[160] „[T]he power is located down below and raises", Ullmann, VJIL 1971, S. 367.

[161] Ullmann, VJIL 1971, S. 366.

[162] K. Ipsen, in: K. Ipsen, Völkerrecht, S. 21.

[163] Steinberger, Sovereignty, in: Bernhardt (Hrsg.), EPIL IV, S. 507.

2. *Der Nationalismus als Hindernis der Schiedsgerichtsbarkeit*

Eine Intensivierung des völkerrechtlichen Verkehrs war mit der Entstehung souveräner Territorialstaaten zunächst nicht verbunden. Dementsprechend tendierte auch die Zahl der Schiedsgerichtsfälle zu Beginn der Neuzeit gegen Null.[164] Die Souveränität des Staates stellte sich in ihren Anfängen nämlich als absolute Souveränität dar. Der Staat galt als unabhängig gegenüber fremden Mächten und impermeabel gegenüber jeglicher Einwirkung fremder Gewalten.[165] Diese Sicht der Dinge brachte nationalistische Bestrebungen mit sich, die eine Abschottung nach außen bedeuteten.

Im Gegensatz dazu hatte sich unter den Völkerrechtsgelehrten schon frühzeitig die Vorstellung durchgesetzt, dass sich die Friedenssicherung auf Dauer nur durch souveränitätsbeschränkende völkerrechtliche Regelungen bewerkstelligen ließe. In der Theorie entstanden ehrgeizige Konzeptionen völkerrechtlicher Beziehungen, die in ihren Ausmaßen die Realitäten der heutigen Staatenwelt weit hinter sich lassen. Genannt seien z.B. die Friedenspläne des 17. Jahrhunderts aus der Feder des französischen Gelehrten Eméric Crucé und des Herzogs von Sully. Beiden schwebte ein Streiterledigungsmechanismus im Rahmen einer Weltorganisation vor.[166] Aus dem Jahre 1713 stammt der Vorschlag Abbé Saint Pierres zur Errichtung eines ständigen Schiedsgerichts.[167]

Nur ganz allmählich fand die Erkenntnis, dass sich die Staaten in Gleichheit gegenüberstehen und Interdependenzen unausweichlich sind, auch in der Staatenpraxis ihren Niederschlag.[168] Der erste moderne Schiedskompromiss wurde 1794 zwischen Großbritannien und den USA geschlossen.

---

164 Lammasch, Die Lehre von der Schiedsgerichtsbarkeit, S. 28; Waser, Das zwischenstaatliche Schiedsgericht, S. 19; Grewe, Epochen der Völkerrechtsgeschichte, S. 235; Preiser, History of the Law of Nations: Ancient Times to 1648, in: Bernhardt (Hrsg.), EPIL II, S. 743.

165 Steinberger, Sovereignty, in: Bernhardt (Hrsg.), EPIL IV, S. 508; Grewe, Epochen der Völkerrechtsgeschichte, S. 198.

166 Nussbaum, Geschichte des Völkerrechts, S. 85 f.; Schlochauer, Arbitration, in: Bernhardt (Hrsg.), EPIL I, S. 218; Preiser, History of the Law of Nations: Ancient Times to 1648, in: Bernhardt (Hrsg.), EPIL II, S. 744.

167 Waser, Das zwischenstaatliche Schiedsgericht, S. 20; Schlochauer, Arbitration, in: Bernhardt (Hrsg.), EPIL I, S. 218.

168 Schlochauer, Arbitration, in: Bernhardt (Hrsg.), EPIL I, S. 218; Waser, Das zwischenstaatliche Schiedsgericht, S. 41.

3. *Die ersten Zeugnisse moderner Schiedsgerichtsbarkeit: Der Jay-Vertrag und seine Nachfolger*

Wegbereiter für die zahlreichen Schiedsverträge des 19. Jahrhunderts[169] war der Jay-Vertrag aus dem Jahre 1794. Der amerikanische Außenminister John Jay hatte Großbritannien diesen „Treaty of Amity, Commerce and Navigation“ –so der offizielle Titel– vorgeschlagen, um Differenzen zwischen den USA und dem ehemaligen Mutterland zu beseitigen, die sich als Folge des amerikanischen Unabhängigkeitskrieges ergeben hatten. Art. 5 des Vertrages[170] sah die Bildung einer Kommission vor, die die Grenze zwischen Kanada und den Vereinigten Staaten am Fluss St. Croix im Wege eines Schiedsentscheides festlegen sollte. Gemäß den Art. 6 und 7[171] wurden zwei weitere Kommissionen eingesetzt, um Schadensersatzansprüche zu regeln. Die Kommissionen hatten allerdings nur britische und amerikanische Mitglieder, so dass den Jay-Entscheiden weniger der Charakter von Schiedsentscheiden als von politischen Verhandlungen zukam. Obgleich zudem vor allem der zweiten Kommission nur geringer Erfolg in der Sache beschieden war und die durch sie zu regelnden Ansprüche erst in einem außerhalb des Schiedsverfahrens geschlossenen Globalentschädigungsabkommen abgegolten wurden,[172] ist der Jay-Vertrag ein Meilenstein in der Geschichte der internationalen Gerichtsbarkeit. Sämtliche Streitigkeiten, die in der Folgezeit zwischen Großbritannien und den Vereinigten Staaten aufkamen, wurden –abgesehen von dem Krieg im Jahre 1812– mittels Schiedsentscheid beigelegt.[173] Genannt sei nur der sog. Alabama-Fall, der durch den Washingtoner Vertrag von 1871 der Schiedsgerichtsentscheidung zugeführt wurde.[174] Zur Lösung standen wiederum Schadensersatz- und Grenzfragen an, Fragen, die in der europäischen Öffentlichkeit von so großem Interesse waren, dass auch dem Streiterledigungsverfahren durch Schiedsentscheid wieder viel Beachtung geschenkt wurde. Die Bedeutung des Falles liegt vor allem in der Tatsache, dass es sich um ein echtes „third party settlement“ handelte[175] und Großbritannien die festgelegte Schadensersatzsumme zahlte, obwohl der Schiedsentscheid von dem britischen Schiedsrichter nicht mitgetragen wurde.[176] Dass zwei derart bedeutende Staaten ihre Konflikte durch nichtinteressierte Drittstaaten lösen lassen und

---

169 Vgl. z.B. Moore, History and Digest, Vol. I-VI.

170 Oellers-Frahm/Wühler, Dispute Settlement, S. 162.

171 Oellers-Frahm/Wühler, Dispute Settlement, S. 162-164.

172 Moore, History and Digest, Vol. I, S. 298.

173 Lammasch, Die Lehre von der Schiedsgerichtsbarkeit, S. 30 f.; Grewe, Epochen der Völkerrechtsgeschichte, S. 427.

174 Moore, History and Digest, Vol. I, S. 547 ff.

175 Das Schiedsgericht bestand aus drei Staatsangehörigen neutraler Staaten sowie nur jeweils einem Briten und Amerikaner.

176 Rosenne, The World Court, S. 5; Moore, History and Digest, Vol. I, S. 665 f.

die gefundene Entscheidung sogar befolgt wird, trug zur Popularität der Schiedsgerichtsbarkeit bei, und bald fand sie auch im innereuropäischen Raum wieder Anwendung. So entschied im Jahre 1872 der spätere französische Präsident, Marschall Mac Mahon, im Streit zwischen Großbritannien und Portugal um die Delagoa-Bay.[177] 1885 wurde Papst Leo XIII. von Deutschland und Spanien zur Lösung der Differenzen um die Karolinen- und Pelew-Inseln als Schiedsrichter bestellt.[177]
Diese ersten modernen Schiedsentscheide wurden jedoch ausschließlich auf der Grundlage einer *ad hoc* Unterwerfung der Parteien gefällt. Eine Zuständigkeitsbegründung *ante hoc* findet sich erstmals 1874 in dem sog. „Berner Vertrag" zur Gründung eines Weltpostvereins.[178] Damit setzte parallel zur *ad hoc* Schiedsgerichtsbarkeit die Entwicklung der obligatorischen internationalen Gerichtsbarkeit ein, die anzukurbeln man sich auf den Haager Friedenskonferenzen bemühte.

4. *Die Haager Friedenskonferenzen von 1899 und 1907*

Schon auf der ersten Haager Friedenskonferenz 1899 wurde der Versuch unternommen, die Bedeutung der Konsenserteilung *ante hoc* gegenüber der *ad hoc* Schiedsgerichtsbarkeit zu stärken. So präsentierte die russische Regierung zunächst einen Entwurf, wonach sich die Mitgliedsstaaten *ante hoc* für bestimmte Streitfälle der Schiedsgerichtsbarkeit unterwerfen sollten. Nach dem Vorbild des Berner Vertrags von 1874[179] sah der russische Vorschlag die obligatorische Schiedsgerichtsbarkeit zur Auslegung und Anwendung bestimmter Verträge vor.[180] Spezielle Schadensersatzfragen hielt der Entwurf ebenfalls für geeignet, der Konsenserteilung *ante hoc* unterstellt zu werden.[181] In beiden Fällen sollten die Staaten der Gerichtsbarkeit aber nur dann unterworfen sein, wenn nicht ihre vitalen Interessen oder ihre Ehre berührt wären. Bereits der Konventionsentwurf des von der Konferenz eingesetzten Komitees verzichtete jedoch auf die Einführung einer wie auch immer gearteten *ante hoc* Unterwerfung.[182] Auf der Grund-

---

177 Grewe, Epochen der Völkerrechtsgeschichte, S. 610. Weitere Beispiele bei Ralston, International Arbitration from Athens to Locarno, S. 208 ff.

178 Art. 127, vgl. Oellers-Frahm/Wühler, Dispute Settlement, S. 818.

179 S.o.; Vgl. „explanatory note" der russischen Delegation zu Art. 10 des Entwurfs, Scott, The Reports to the Hague Conferences, S. 100.

180 Art. 10 Abs. 2, Scott, The Reports to the Hague Conferences, S. 93.

181 Art. 10 Abs. 1, Scott, The Reports to the Hague Conferences, S. 92.

182 Art. 16, vgl. den „Report to the Conference from the Third Commission on Pacific Settlement of International Disputes" von Baron Descamps, Scott, The Reports to the Hague Conferences, S. 56.

lage des Abkommens zur friedlichen Erledigung internationaler Streitfälle,[183] wurde schließlich der sog. „Ständige Schiedshof" errichtet, der noch heute existiert. Dieser Schiedshof soll freilich nur das *ad hoc* Schiedsverfahren erleichtern. Genau genommen kommt ihm nicht der Charakter eines ständigen Gerichts zu, da für jede Streitigkeit ein neues Schiedsgericht gebildet wird und lediglich eine Liste möglicher Schiedsrichter und ein ständiges Sekretariat existieren. Der Entscheidung jeder einzelnen Streitigkeit durch ein Schiedsgericht muss der Konsens der Parteien zugrunde liegen. Immerhin folgte der Gründung des Ständigen Schiedshofs eine Vielzahl von Schiedskompromissen, so dass zumindest die freiwillige Schiedsgerichtsbarkeit nicht in Vergessenheit geriet.[184]
Die Frage der obligatorischen Gerichtsbarkeit spielte wieder auf der zweiten Haager Friedenskonferenz von 1907 eine zentrale Rolle. So fand der Vorschlag einer allgemeinen obligatorischen Gerichtsbarkeit, den die Dominikanische Republik einreichte[185] und der auch von der dänischen Delegation unterstützt wurde,[186] in dem sog. Komitee A zur Erörterung der obligatorischen Gerichtsbarkeit zwar noch allgemeine Ablehnung und wurde nicht einmal zur Beratung angenommen.[187] Diverse andere Entwürfe, die eine weniger umfassende obligatorische Gerichtsbarkeit statuierten,[188] wurden hingegen schon eingehender diskutiert.[189] Schließlich gelangte ein von Großbritannien und den USA mitgetragener portugiesischer Antrag zur Abstimmung, demzufolge die Mitgliedstaaten mit Ratifizierung des revidierten Abkommens zur friedlichen Erledigung internationaler Streitfälle automatisch in bestimmten Bereichen der Gerichtsbarkeit unterworfen sein sollten.[190] Obwohl die für die obligatorische Gerichtsbarkeit vorgesehenen Materien insgesamt eher von geringerer Bedeutung waren,[191] stimm-

---

183 Art. 20.

184 Zwischen 1900 und 1914 wurden ca. 120 Schiedsverträge geschlossen, vierzehn Fälle wurden zwischen 1902 und 1920 unter Inanspruchnahme des Sekretariats und der Richterliste des Ständigen Schiedshofs entschieden, 50 weitere Fälle unabhängig davon, vgl. Hudson, International Tribunals, S. 7.

185 Scott, The Reports to the Hague Conferences, S. 475.

186 Scott, The Reports to the Hague Conferences, S. 475 f.

187 Lammasch, Die Lehre von der Schiedsgerichtsbarkeit, S. 67 f.

188 Vgl. die Entwürfe Brasiliens, Serbiens, Schwedens, Großbritanniens und der USA bei Scott, The Reports to the Hague Conferences, S. 471 f., 474, 482, 486.

189 Vgl. den Bericht von Baron Guillaume zur Diskussion im Komitee, Scott, The Reports to the Hague Conferences, S. 369.

190 Scott, The Reports to the Hague Conferences, S. 472, 479.

191 Vgl. Lammasch, Die Lehre von der Schiedsgerichtsbarkeit, S. 75. Abgesehen von der wichtigen Frage der Schadensersatzansprüche fielen z.B. die Auslegung und Anwendung von Vertragsbestimmungen in folgenden Bereichen darunter: internationaler Arbeiterschutz, Maßregeln zur Verhinderung von Zusammenstößen auf hoher See, Entlohnung und Nachlass verstorbener Seeleute u.ä.

ten nicht alle Staaten zu, und die vorgeschlagene Regelung fand ob des Einstimmigkeitserfordernisses keinen Eingang in das Abkommen. Es blieb nur die grundsätzliche Befürwortung der obligatorischen Gerichtsbarkeit und die Aufforderung an die Staaten, bestimmte Streitfälle der obligatorischen Gerichtsbarkeit zu unterstellen.[192]
Ebenso scheiterten die Bemühungen zur Schaffung eines ständigen Gerichts. Das Komitee B hatte einen Entwurf für ein derartiges Gericht ausgearbeitet, die konkrete Zusammensetzung des neuen Gerichts jedoch noch offen gelassen. Zwar wurde der Empfehlung des Komitees, den Entwurf zu verabschieden, Folge geleistet. Da sich die Staaten aber nicht auf die Auswahl der Richter einigen konnten, scheiterte das Vorhaben schließlich doch noch.
Einem dritten Projekt der zweiten Haager Friedenskonferenz war ebenfalls kein Erfolg beschieden. Man hatte die Einsetzung eines Oberprisengerichts beschlossen, dessen Zuständigkeit obligatorisch sein sollte, sofern es um Differenzen ging, die sich aus der Beschlagnahme fremder Schiffe ergaben. Das Prisengericht nahm seine Arbeit jedoch nie auf, da sich die Staaten auch hier nicht auf die Besetzung der Richterbank verständigen konnten.

5. *Der Ständige Internationale Gerichtshof*

Das Verdienst, neben der internationalen Schiedsgerichtsbarkeit die internationale Gerichtsbarkeit im engeren Sinne begründet zu haben, kommt dem Völkerbund zu. Mit dem Ständigen Internationalen Gerichtshof gelang es erstmals, ein ständiges internationales Gericht zu schaffen, das über alle Fragen des internationalen Rechts entscheiden konnte – vorausgesetzt, die Staaten hatten in vollem Umfang ihren Konsens zu seiner Zuständigkeit erteilt. Die Konsenserteilung musste in zwei Schritten erfolgen. Anders als die Mitglieder der UN-Charta waren die Völkerbundsmitglieder nicht automatisch Mitglieder des StIGH-Statuts, vielmehr war ein ausdrücklicher Beitritt erforderlich. Neben diesem formellen Konsens musste Konsens auch in materieller Hinsicht erteilt werden, durch den die Staaten bestimmte Streitfälle dem StIGH unterstellten. Wie das IGH-Statut enthielt schon das Statut des StIGH ein fakultatives Obligatorum, das den Staaten die Möglichkeit eröffnete, sich durch einseitige Erklärung für sämtliche Streitigkeiten der Zuständigkeit des StIGH zu unterwerfen. Die Aufnahme dieser Bestimmung stellte allerdings nur einen Kompromiss dar zwischen den Befürwortern obligatorischer Gerichtsbarkeit im engeren Sinne und den Staaten, die um ihre Souveränität besorgt waren.
Im Vorfeld hatten, ungeachtet der schlechten Erfahrungen auf den Haager Friedenskonferenzen, zahlreiche Entwürfe wieder die Einführung obligatorischer

[192] Vgl. Final Act der zweiten Haager Friedenskonferenz, Scott, The Reports to the Hague Conferences, S. 215.

Gerichtsbarkeit im engeren Sinne im Blick gehabt, d.h. eine Konsenserteilung in nur einem Schritt.[193] Auch das Juristenkomitee, das vom Völkerbundsrat zur Erarbeitung des Statuts eingesetzt worden war, hatte zunächst in Betracht gezogen, dass die Staaten mit Ratifizierung des Statuts in bestimmten Bereichen automatisch auch die Zuständigkeit des StIGH begründen sollten.[194] Tatsächlich diente u.a. der Entwurf von 1907 als Diskussionsgrundlage. Allerdings wurde von einigen Mitgliedern des Juristenkomitees schon Art. 14 der Völkerbundssatzung als Hindernis betrachtet,[195] wonach ein Gerichtshof errichtet werden sollte, der aber nur für Streitigkeiten zuständig sein sollte, die ihm von den Parteien unterbreitet werden. Innerhalb des Juristenkomitees wurde diese Ansicht noch verworfen, weshalb sich auch in dem ersten, den Völkerbundsmitgliedern vorgelegten Entwurf die automatische Unterwerfung derjenigen Staaten fand, die das Statut unterzeichnen. Vor allem die Großmächte konnten sich mit einem solchen Vorschlag jedoch nicht anfreunden,[196] so dass schließlich die auf Anregung des Schweizer Delegierten Max Huber vom brasilianischen Delegierten Fernandes eingebrachte Fassung angenommen wurde,[197] deren sog. Fakultativklausel eine einseitige *ante hoc* Unterwerfung unter die Gerichtsbarkeit des StIGH ermöglichte, aber nicht zur Pflicht machte.

6. *Der Internationale Gerichtshof und jüngere Entwicklungen*

Der Gedanke, ein Gericht mit obligatorischer Gerichtsbarkeit im engeren Sinne zur Verfügung zu haben, war trotz der Misserfolge auf den Haager Friedenskonferenzen und bei der Errichtung des StIGH offenbar so verlockend, dass man ihn auch bei der Ausarbeitung des IGH-Statuts nicht gleich von Anfang an fallen lassen wollte.

Das von der britischen Regierung bereits im Jahre 1941 initiierte und im Jahre 1943 konstituierte sog. „London Committee"[198] hatte die Einführung obligatorischer Gerichtsbarkeit durch das Statut eines internationalen Gerichts noch als verfrüht abgelehnt.[199] Ebenso verhielt es sich mit den Vorschlägen, die Großbri-

---

193 So z.B. der Entwurf der neutralen Staaten Dänemark, Niederlande, Norwegen, Schweden und Schweiz, dessen Art. 21 lautete: „The Court shall have power to try Members of the League of Nations without their previous consent, on all matters relating to the following:...", P.C.I.J., Documents, S. 309 ff.

194 Hudson, La Cour Permanente de Justice Internationale, S. 188.

195 Vgl. P.C.I.J., Procès-Verbaux, S. 228, 231, 233.

196 Hudson, La Cour Permanente de Justice Internationale, S. 129; Lloyd, AJIL 1985, S. 29.

197 League of Nations, Documents, S. 100, 168.

198 Auch „Informal Inter-Allied Committee" genannt, die UdSSR sowie die USA beteiligten sich allerdings nicht.

199 Stattdessen wurde erwogen, die Mitgliedschaft in der neu zu schaffenden internationalen

tannien, die USA und die UdSSR im Anschluss an die Konferenz von Dumbarton Oaks 1944 vorlegten. Die Großmächte widersetzten sich vehement der Konsenserteilung in nur einem Schritt.
Innerhalb der Washingtoner Juristenkommission, die zur Vorbereitung der Konferenz von San Franzisko das Statut für einen internationalen Gerichtshof ausarbeiten sollte, kam es zu lebhaften Diskussionen über die Frage der Zuständigkeit des Gerichts. Wieder gelangten ähnliche Vorschläge wie auch schon während der Vorarbeiten zum Ständigen Schiedshof und zum StIGH auf die Tagesordnung. Es waren vor allem die kleinen Staaten, die die obligatorische Gerichtsbarkeit gerne im Statut verankert gesehen hätten. Großbritannien, die USA und die UdSSR sprachen sich hingegen für die Übernahme der Bestimmungen aus Art. 36 Abs. 2 StIGH-Statut aus, wollten sie doch in diesem Moment keine derart massiven Einschränkungen ihrer Souveränität hinnehmen.[200] Da man sich nicht auf ein einheitliches Konzept verständigen konnte, wurden der Konferenz von San Franzisko zwei unterschiedliche Entwürfe vorgelegt. Der erste Vorschlag beinhaltete lediglich die Möglichkeit für die Staaten, sich freiwillig der obligatorischen Gerichtsbarkeit zu unterwerfen, laut dem zweiten Vorschlag hätte der Beitritt zum Statut eine automatische Unterwerfung unter die Gerichtsbarkeit mit sich gebracht. Obgleich die Mehrheit der Experten die automatische obligatorische Gerichtsbarkeit befürwortet hatte, riet der Bericht der Juristenkommission zur Verabschiedung des ersten Entwurfs, ließen doch die Ergebnisse der Konferenz von Dumbarton Oaks die Erfolgsaussichten des zweiten Entwurfs als zu gering erscheinen.[201]
Ein ähnliches Bild zeichnete sich auf der Konferenz von San Franzisko 1945. Das erste von der Kommission IV zur Bearbeitung rechtlicher Fragen eingesetzte Komitee präferierte mit seiner großen Mehrheit zwar die Einführung obligatorischer Gerichtsbarkeit im engeren Sinne.[202] Angesichts der ablehnenden Haltung der Großmächte plädierte ein weiterer zur Lösung der Konfliktlage bestellter Unterausschuss aber für die Übernahme des Art. 36 StIGH-Statut.[203] Die kleineren Staaten hatten sich aus Furcht vor einem Scheitern der gesamten internationalen Organisation schließlich doch dem Willen der großen Staaten untergeordnet.

Organisation von der freiwilligen Akzeptanz der obligatorischen Gerichtsbarkeit abhängig zu machen, vgl. Marston, in: Lowe/M.Fitzmaurice (Hrsg.), Fifty Years of the International Court of Justice, S. 50.

200 UNCIO, Vol. XIV, S. 151, 166.

201 UNCIO, Vol. XIV, S. 840.

202 Vgl. den „Report of Rapporteur of Comittee IV/1 to Commission IV“ in: Department of State, United States of America (Hrsg.), The United Nations Conference on International Organization, S. 842.

203 Department of State, United States of America (Hrsg.), The United Nations Conference on International Organization, S. 842 f.

Während somit die Unterwerfung unter die Gerichtsbarkeit des IGH noch in zwei Konsensschritten erfolgen muss, deuten sich in jüngster Zeit Tendenzen an, zumindest auf regionaler Ebene die automatische Unterwerfung, d.h. die Konsenserteilung in nur einem Schritt zu fördern.
Zwar blieb das schweizerische „model of a treaty for conciliation, judicial settlement and arbitration" von 1960,[204] das als Alternative zur Vorlage beim IGH immerhin die Möglichkeit eines Zwangskompromisses zur Einrichtung eines Schiedsgerichts vorsah, ein bloßer Entwurf. Zu einem Zwangskompromiss kann es aber beispielsweise aufgrund des Europäischen Übereinkommens zur friedlichen Beilegung von Streitigkeiten kommen, wenn sich die Parteien nicht innerhalb von drei Monaten auf einen Kompromiss geeinigt haben (Art. 25). Außerdem sind seit Inkrafttreten des 11. Zusatzprotokolls zur EMRK deren Mitglieder automatisch der Gerichtsbarkeit des EGMR unterworfen. Auch die Mitglieder des SRÜ unterliegen grundsätzlich einer obligatorischen (Schieds-) Gerichtsbarkeit. Die unterschiedlichen Arten der heute üblichen Unterwerfungspraxis sollen im folgenden näher beleuchtet werden.

[204] Oellers-Frahm/Wühler, Dispute Settlement, S. 83 ff.

C. Erteilung und Widerruf des Konsenses

I. Die Erteilung des Konsenses

1. Die Arten der Konsenserteilung

a) Die Unterscheidung zwischen formellem und materiellem Konsens

Ein internationales Gericht kann nur dann in einem Streitfall entscheiden, wenn die Parteien sowohl in formeller als auch in materieller Hinsicht Konsens erteilt haben. Das bedeutet, dass die Parteien einerseits die Zusammensetzung des Gerichts, das Verfahren und die Entscheidungsgrundlagen konsentieren, sich andererseits aber auch für den bestimmten Streitfall der Gerichtsbarkeit unterwerfen müssen. Die Unterscheidung zwischen *formellem* und *materiellem* Konsens ist nicht unbedingt gebräuchlich, meist wird eine Umschreibung gewählt, wie z.B. bei Rosenne:

> „...recognition of the Court as an organ instituted for the purpose *jus dicere* and in order that the State accepting its jurisdiction should have the ability to appear before it, and determination of the competence of the Court, that is its being invested with the right to solve concrete cases.“[205]

Mit der Erteilung des formellen Konsenses verschafft sich ein Staat *ratione personae* Zugang zu einem internationalen Gericht. Wenngleich diese Formulierung nicht falsch ist, ist sie doch in dreierlei Hinsicht mit Vorsicht zu genießen. Erstens: „Zugang“ darf nicht dahingehend missverstanden werden, dass der formelle Konsens nur auf Seiten des Klägers vorliegen muss. Auch der Beklagte muss sich in formeller Hinsicht der Gerichtsbarkeit unterworfen haben.
Zweitens: Hat ein Staat *ratione personae* Zugang zu einem internationalen Gericht, bedeutet dies nicht, dass das Gericht damit auch schon *ratione personae* zuständig ist. Hat nämlich eine der Streitparteien einen Vorbehalt *ratione personae* erklärt und die Entscheidung von Streitigkeiten gegenüber dem in Frage stehenden Staat in seiner *materiellen* Konsenserteilung ausgeschlossen, fehlt es an der Zuständigkeit *ratione personae*, auch wenn beide Staaten sich formell der

---

205 The Law and Practice of the International Court, Vol. II, S. 544; vgl. auch E. Lauterpacht, in: Lowe/M. Fitzmaurice (Hrsg.), Fifty Years of the International Court of Justice, S. 466: „...these sources of the Court's competence – the immediately consensual and the more remotely consensual...“. Bei Magiera, JIR 1974, S. 273 f. findet sich die Unterscheidung zwischen „Statut-Zustimmung“ und „Fall-Zustimmung“. Daran anknüpfend spricht Thirlway von einem „consent to Statute" und „consent to case", in: Bernhardt (Hrsg.), Interim Measures, S. 18.

Gerichtsbarkeit unterworfen haben.[206] Das ist zu bedenken, wenn der IGH von seiner Zuständigkeit *ratione personae* und *ratione materiae* spricht.[207] Da die Zuständigkeit *ratione personae* auch den personalen Aspekt der materiellen Unterwerfung betrifft, soll hier zur besseren Abgrenzung zwischen dem formellen und dem materiellen Konsens unterschieden werden.
Drittens: Dem formellen Konsens kommt eine zweifache Funktion zu. Er ist einerseits eine Zugangsvoraussetzung von Seiten des Gerichts gegenüber potentiellen Kläger- und Beklagtenstaaten. Andererseits stellt er aber auch eine Zuständigkeitsvoraussetzung dieser Staaten gegenüber dem internationalen Gericht dar. Dieser Aspekt wird von der Bezeichnung „Zugang" nicht erfasst. Der materielle Konsens fällt lediglich in die letzte Kategorie.
Die Unterwerfung kann in zwei Schritten geschehen, möglich ist aber auch eine Konsenserteilung in nur einem Schritt. Dass allerdings eine strikte Unterscheidung zwischen formellem und materiellem Konsens nicht immer möglich ist, wird am Beispiel des Seerechtsübereinkommens zu zeigen sein.[208]

b) Die Unterwerfung ante hoc, ad hoc und post hoc

Je nachdem, ob der Konsens vor, anlässlich bzw. zwecks oder nach der Klageerhebung gegeben wird, spricht man von einer Unterwerfung *ante hoc*, *ad hoc* oder *post hoc*. Auf die Streitentstehung als relevantem Zeitpunkt für diese Abgrenzung abzustellen,[209] erscheint hingegen als dogmatisch unsauber.
Zwar werden die Staaten wohl in der Regel einen *ad hoc* Kompromiss schließen, sollte bereits ein konkreter Streitfall vorliegen. Und in der Tat muss man stets von einer Unterwerfung *ante hoc* sprechen, haben sich die Staaten der internationalen Gerichtsbarkeit unterworfen, bevor ein konkreter Streitfall entstanden ist. Es ist den Staaten aber auch angesichts eines konkreten Streitfalles unbenommen, sich auf den Abschluss eines Schiedsvertrages zu einigen, der es ihnen erlaubt, sämtliche Streitfälle einseitig vor ein internationales Gericht zu bringen. Dabei kann dann der bereits entstandene Streitfall miterfasst sein, sofern die Parteien ihn nicht *ratione temporis* oder *ratione materiae* aus dem Anwendungsbereich des Unterwerfungsvertrages ausgeschlossen haben. Dem Ver-

---

206 Vgl. auch Elkind, Interim Protection, S. 170 f.: „There are two basic aspects of jurisdiction *ratione personae:* the first involves the access of the plaintiff or applicant to the court; the second involves the authority of the court over the defendant or the respondent."

207 Vgl. z.B. *Application of the Convention on the Prevention and Punishment of the Crime of Genocide, Provisional Measures, Order of 8 April 1993,* I.C.J. Rep. 1993, S. 11.

208 S.u. 1. Teil C.I.1.c)aa)(1).

209 Vgl. z.B. Treves, ZaöRV 1995, S. 426, der auf diese Weise eine Abgrenzung zwischen obligatorischer und fakultativer Gerichtsbarkeit erreichen möchte; kritisch dazu Eitel, ZaöRV 1995, S. 454.

trag käme in diesem Fall sowohl die Wirkung einer *ad hoc* Unterwerfung zu, nämlich in Bezug auf den schon entstandenen Streitfall, als auch –in Hinblick auf künftige Konflikte– die einer *ante hoc* Unterwerfung.
Auch für die Unterwerfung *post hoc* ist allein der Zeitpunkt der Klageerhebung ein taugliches Abgrenzungskriterium, andernfalls wäre die Unterwerfung *post hoc* nicht von der Unterwerfung *ad hoc* zu unterscheiden.[210] Wiewohl die Zeitspanne zwischen Streitentstehung und Klageerhebung bei der *ad hoc* Unterwerfung im Vergleich zur Unterwerfung *post hoc* geringer ausfällt, muss ja auch hier zunächst ein Streit entstanden sein, bevor es zur Unterwerfung kommen kann, bezieht sich die *ad hoc* Unterwerfung doch stets auf einen konkreten Streitfall.
Dogmatisch korrekt ist es deshalb, einheitlich auf die Klageerhebung als relevanten Zeitpunkt abzustellen. Verfährt man auf diese Art und Weise, kann eine Unterwerfung auch dann noch als *ante hoc* erfolgt gelten, wenn sie nach der Entstehung eines Streitfalles zustande kommt. Dies gilt selbst für den Fall, dass sich die Unterwerfungserklärung der Parteien ausschließlich auf diese eine Streitigkeit bezieht, vorausgesetzt die Einigung ermöglicht eine einseitige Klageerhebung.[211]
Ist hingegen Inhalt des Vertrages, dass der Streit von einem internationalen Gericht gelöst werden soll, liegt mithin der Willensentschluss der Streitparteien zur Klageerhebung bereits in der Vereinbarung und muss dieser Wille dem Gericht nur noch notifiziert werden, handelt es sich um einen *ad hoc* Kompromiss. Sind sich die Parteien dementsprechend einig, den Konflikt auf jeden Fall gerichtlich beilegen zu wollen, kann die Notifizierung des Kompromisses auch einseitig erfolgen, da der Notifizierung nur noch die Wirkung einer Mitteilung an das Gericht zukommt, die Willensäußerung selbst ist im Vertrag enthalten.

---

210 Vgl. auch die vorsichtige Formulierung bei G. Fitzmaurice: „It is...technically preferable to consider the matter from the point of view of the stage at which consent is given – whether in advance of the dispute arising...; at the time when it arises (or more accurately at the moment of its reference to the Court) –i.e. *ad hoc*; and in the case of the respondent State's consent, after reference of the matter to the Court...", Vol. II, S. 496. Nach dem hier vertretenen Standpunkt muss aber auch bei der *ante hoc* Unterwerfung vom Zeitpunkt der Klageerhebung ausgegangen werden.

211 Einen derartigen Vertrag stellten die sog. „Doha Minutes" im Fall *Délimitation maritime et questions territoriales entre Qatar et Bahreïn (Qatar c. Bahreïn)* dar, auf die Katar seine Klage vor dem IGH stützte, *compétence et recevabilité, arrêt,* C.I.J. Rec. 1995, S. 6 ff. Der IGH stellte fest, dass die „Doha Minutes" die Möglichkeit einseitiger Klageerhebung vorsahen, sollte die saudiarabische Vermittlung fehlschlagen, C.I.J. Rec. 1995, S. 20 f.

Allerdings ist die Entscheidung sehr umstritten, v.a. bzgl. der Auslegung des Vertrages als verbindliche Grundlage für die Klageerhebung besteht Uneinigkeit, vgl. dazu Rosenne, LJIL 1995, S. 161 ff. sowie E. Lauterpacht, in: Lowe/M. Fitzmaurice (Hrsg.), Fifty Years of the International Court of Justice, S. 465 ff. und Evans, ICLQ 1995, S. 691 ff.

c) *Unterwerfung ante hoc*

aa) *Zweistufige Konsenserteilung*

Wird der Konsens in zwei Stufen erklärt, erfolgt in der Regel zunächst die Unterwerfung in formeller Hinsicht, wenngleich dies nicht immer zwingend ist.[212] Erklären die Parteien erst ihre Unterwerfung *ratione materiae*, impliziert dies die Verpflichtung, den formellen Konsens alsbald folgen zu lassen, da nur so die Voraussetzungen für eine einseitige Klageerhebung geschaffen werden können. So bestimmt z.B. das Europäische Übereinkommen zur friedlichen Streiterledigung in seinem Art. 3:

> „Die Hohen Vertragsschließenden Parteien, welche nicht Parteien des Statuts des Internationalen Gerichtshofs sind, treffen die erforderlichen Maßnahmen, um Zutritt zum Internationalen Gerichtshof zu erhalten."[213]

Unterlässt ein Staat einen der beiden Konsensschritte bis zur Klageerhebung der gegnerischen Streitpartei und holt er die unterlassene Konsenserteilung erst nach, wenn die Klage bereits anhängig ist, handelt es sich um einen Konsens *ad hoc* bzw. *post hoc*. Dies gilt auch, wenn der materielle Konsens schon vorliegt und es ausnahmsweise noch am formellen Konsens mangelt. Hat es der Staat in der Hand, ob er seinen Konsens erteilt und sei es nur der formelle Konsens, so entscheidet er –den konkreten Streit vor Augen– letztendlich darüber, ob er in materieller Hinsicht das Gericht befassen möchte oder nicht.

(1) *Die Erteilung des formellen Konsenses*

Den formellen Konsens zur Gerichtsbarkeit *des Internationalen Gerichtshofs* können die Staaten auf zweierlei Arten erteilen. Erstens durch Mitgliedschaft im Statut des IGH, sei es automatisch aufgrund ihrer Mitgliedschaft in der UN-Charta, Art. 93 Abs. 1 UN-Charta,[214] oder durch Beitritt zum Statut, Art. 93 Abs. 2 UN-Charta, 35 Abs. 1 IGH-Statut, zu den von der Generalversammlung fest-

---

[212] Vgl. aber Art. 36 Abs. 1 IGH-Statut: engl.: „The states parties to the present Statute may at any time declare..."; franz.: „Les Etats parties au présent Statut pourront, à n'importe quel moment, déclarer..."

[213] Engl.: „The High Contracting Parties which are not parties to the Statute of the International Court of Justice shall carry out the measures necessary to enable them to have access thereto."; franz.: „Les Hautes Parties contractantes qui ne sont pas parties au Statut de la Cour internationale de Justice prendront les mesures nécessaires pour avoir accès à la Cour."

[214] Deutschland ist seit dem 18. September 1973 Mitglied der UNO. Eine Übersicht über den aktuellen Stand der UNO-Mitgliedschaften findet sich im jährlich herausgegebenen Jahrbuch des IGH, vgl. z.B. YBICJ 1997-1998, S. 63 ff.

gelegten Bedingungen.[215] Zweitens durch allgemeine oder besondere Erklärung gemäß Art. 35 Abs. 2 IGH-Statut, SR-Resolution 9 (1946) vom 15. Oktober 1946.[216]

Der Streiterledigungsmechanismus *des Seerechtsübereinkommens* ist dadurch gekennzeichnet, dass er die Anerkennung mehrerer internationaler Gerichte zulässt. Seine Systematik weicht von der des IGH-Statuts ab. Zwar bestimmt auch Art. 20 ISGH-Statut, dass der Zugang zum Internationalen Seegerichtshof allen Vertragsstaaten offen steht. Da das Statut integrierter Bestandteil des Seerechtsübereinkommens ist, haben die Staaten mit Unterzeichnung des Seerechtsübereinkommens Zugang zum Internationalen Seegerichtshof. Dass *dieses* Gericht, also der Internationale Seegerichtshof, einen Streitfall, der die Auslegung und Anwendung des Seerechtsübereinkommens betrifft, entscheiden soll, haben die Parteien damit noch nicht festgelegt. Auch mit Unterzeichnung des IGH-Statuts gesteht ein Staat dem IGH noch keinerlei materielle Entscheidungskompetenz zu. Der Unterschied zum SRÜ besteht aber darin, dass dessen Mitgliedstaaten mit Vertragsunterzeichnung sehr wohl schon materiellen Konsens erteilen, wenn sie bestimmen, dass über die Auslegung und Anwendung des Seerechtsübereinkommens eine dritte Instanz verbindlich entscheiden soll. Art. 288 Abs. 1 SRÜ statuiert:

> „Ein Gerichtshof oder Gericht nach Artikel 287 ist für jede Streitigkeit über die Auslegung oder Anwendung dieses Übereinkommens zuständig, die ihm in Übereinstimmung mit diesem Teil unterbreitet wird.“[217]

Mit Unterzeichnung des Seerechtsübereinkommens gilt die Gerichtsbarkeit des allgemeinen Schiedshofs gemäß Art. 287 Abs. 3 SRÜ als anerkannt:

> „Ist ein Vertragsstaat Partei einer nicht von einer gültigen Erklärung erfassten Streitigkeit, so wird angenommen, dass er dem Schiedsverfahren in Übereinstimmung mit Anlage VII zugestimmt hat.[218]

---

215 Z.Z. sind nur die Schweiz und Nauru Mitgliedstaaten im Statut ohne Mitglieder der UN-Charta zu sein: Die Schweiz aufgrund der GV-Resolution 91 (I) vom 11. Dezember 1946 und Erklärung vom 28. Juli 1948, Nauru aufgrund der GV-Resolution 42/41 vom 18. November 1987 und Erklärung vom 29. Januar 1988; vor ihrem Beitritt zur UNO waren Japan, Liechtenstein und San Marino ebenfalls lediglich Mitglieder des IGH-Statuts, YBICJ 1997-1998, S. 69.

216 Vgl. dazu unten 1. Teil C.I.1.c)bb)(2).

217 Engl.: „A court or tribunal referred to in article 287 shall have jurisdiction over any dispute concerning the interpretation or application of this Convention which is submitted to it in accordance with this part.“; franz.: „Une cour ou un tribunal visé à l'article 287 a compétence pour connaître de tout différend relatif à l'interpretation ou à l'application de la Convention qui lui est soumis conformément à la présente partie.“

218 Engl.: „A State Party, which is party to a dispute not covered by a declaration in force,

Gibt jedoch ein Staat eine besondere Erklärung gemäß Art. 287 Abs. 1 *lit. a)* SRÜ ab, erteilt er Konsens zur Gerichtsbarkeit des Internationalen Seegerichtshofs. Dann nämlich soll die Entscheidung durch *dieses* Gericht auf der Grundlage *seiner* Verfahrensvorschriften erfolgen.
Dies gilt auch für den IGH. Gibt ein Staat eine Erklärung nach Art. 287 Abs. 1 *lit. b)* SRÜ ab, überträgt er die Zuständigkeit auf den IGH. Aber welche Qualität kommt diesem Konsens zu? Bestätigt ein Staat durch die Erklärung des Art. 287 Abs. 1 lit. a) SRÜ die kompromissarische Klausel des Art. 288 SRÜ und erteilt damit materiellen Konsens? Man könnte die Funktion der Erklärung so beurteilen, bedenkt man, dass die Staaten den formellen Konsens zur Gerichtsbarkeit des IGH bereits durch ihre Mitgliedschaft im IGH-Statut[219] erteilt haben. Fehlt eine Unterwerfung unter das Statut, kann der IGH nicht tätig werden. Andererseits ist bereits mit Unterzeichnung des Seerechtsübereinkommens die Unterwerfung unter das allgemeine Schiedsgericht erfolgt, so dass die Parteien schon erklärt haben, Streitfälle, die das Seerechtsübereinkommen betreffen, von einer dritten Instanz verbindlich klären zu lassen. Insofern liegt also schon ihre materielle Zustimmung vor. Mit der Erklärung nach Art. 287 Abs. 1 lit. b) SRÜ bestimmen sie lediglich, dass andere Richter diese Funktion wahrnehmen sollen. Ist das Inhalt des formellen Konsenses?[220] Eigentlich nicht: formeller Konsens beinhaltet die abstrakte Anerkennung der Verfahrensregeln, Entscheidungsgrundlagen und der Richter. Das ist mit Unterzeichnung des SRÜ und gleichzeitiger Annahme der Anlage VI bzw. der Unterzeichnung des IGH-Statuts geschehen. Wie sich anhand dieser Problematik zeigt, lässt sich die Unterscheidung zwischen formellem und materiellem Konsens nicht immer durchhalten, sie ist auch vornehmlich akademischer Art. Ob man die Erklärung nach Art. 287 Abs. 1 SRÜ als Ergänzung des formellen oder des materiellen Konsenses betrachtet, ist letztlich Definitionssache. Am besten wäre es wohl wegen der besonderen Struktur des seerechtlichen Streiterledigungsmechanismus von einem

---

shall be deemed to have accepted arbitration in accordance with Annex VII."; franz.: „Un Etat Partie qui est partie à un differend non couvert par une déclaration en vigueur est réputé avoir accepté la procédure d'arbitrage prévue à l'annexe VII."

219 Bzw. durch Erklärung gemäß Art. 35 Abs. 2 IGH-Statut, SR-Resolution 9 (1946).

220 Vgl. dazu Treves, ZaöRV 1995, S. 429, der die Frage allerdings von einer anderen Seite betrachtet und darin eher ein Problem der obligatorischen Gerichtsbarkeit sieht: „The main difference between „compulsory" jurisdiction of the ICJ and the Tribunal is that the compulsory jurisdiction of the Court is optional, while that of the Tribunal is not – even though it depends...on an option...[T]he Tribunal may be...seized without any previous declaration of acceptance on the basis of the rules of the Convention conferring the power to settle disputes to third party binding decisions – but on the condition that the Tribunal has been chosen among the various bodies to which such power is recognized."

Konsens *sui generis* zu sprechen.[221] Dieser Konsens *sui generis* stellt die Verbindung zwischen formellem und materiellem Konsens her.
Nichtvertragsparteien haben gemäß Art. 20 Abs. 2 Anl. VI SRÜ die Möglichkeit, in anderen Übereinkünften die Zuständigkeit des Internationalen Seegerichtshofs anzuerkennen.[222]
Art. 287 Abs. 1 SRÜ sieht zudem die Option vor, ein Schiedsgericht gemäß Anlage VII bzw. ein besonderes Schiedsgericht gemäß Anlage VIII anzuerkennen. Die Staaten haben zumindest die Möglichkeit, sich bei Anrufung des Gerichts in einem gesonderten Kompromiss noch über die Schiedsrichter und das Verfahren zu einigen. Gelingt ihnen keine entsprechende Einigung, können die Richter von einer dritten Instanz[223] gemäß Art. 3 lit. d), e) SRÜ, Anl. VII bzw. Anl. VIII bestimmt und das Verfahren vom Schiedsgerichtshof gemäß Art. 5 SRÜ, Anl. VII, Art. 4 Anl. VIII selbst festgelegt werden.
Es ist allgemeines Kennzeichen der internationalen Schiedsgerichtsbarkeit, dass die Streitparteien gewisse Einflussmöglichkeiten auf das Verfahren, die Besetzung der Richterbank und die Entscheidungsgrundlagen haben. Insofern gilt im Bereich der Schiedsgerichtsbarkeit der Grundsatz der zweistufigen Konsenserteilung, ein Grundsatz, der durch die Möglichkeit eines Zwangs- bzw. Ersatzkompromisses relativiert wird.[224]

(2) Die Erteilung des materiellen Konsenses

Der materielle Konsens kann, erfolgt er erst in einem zweiten Schritt, in Verträgen oder in bestimmten Fällen auch durch einseitige Unterwerfungserklärung erteilt werden.

(a) Unterwerfung in Verträgen

Dass die Bestimmung des materiellen Zuständigkeitsbereichs in einem Vertrag erfolgen kann, sieht z.B. das IGH-Statut ausdrücklich in seinem Art. 36 Abs. 1 Alt. 2 vor:[225]

---

221 Vgl. z.B. Rosenne, in: Platzöder/Verlaan (Hrsg.), The Baltic Sea, S. 212: „specific consent“.

222 Sofern dies geschieht, handelt es sich um Schiedsverträge, kompromissarische Klauseln oder Fakultativprotokolle, die allerdings eine einstufige Konsenserteilung enthalten, es sei denn die Unterwerfung eines Streitfalles wird ausdrücklich von einer Zustimmung der Streitparteien im konkreten Einzelfall abhängig gemacht.

223 Nämlich einer dritten Person bzw. einem dritten Staat, die bzw. der von den Parteien bestimmt wird. Erfolgt auch auf diesem Weg keine Bestimmung, nimmt der ISGH-Präsident die entsprechenden Ernennungen für das Schiedsgericht bzw. der UN-Generalsekretär für das besondere Schiedsgericht vor.

224 S.o. 1. Teil A.II.2.c).

225 Eine Übersicht über die Verträge, die eine Unterwerfung unter die Gerichtsbarkeit des IGH i.S.v. Art. 36 Abs. 1 IGH-Statut enthalten, findet sich im Jahrbuch des IGH, vgl. z.B.

„Die Zuständigkeit des Gerichtshofs erstreckt sich auf alle...in geltenden Verträgen und Übereinkommen besonders vorgesehenen Angelegenheiten.“[226]

Auch Art. 21 des ISGH-Statuts (Anl. VI SRÜ) bestimmt in seiner zweiten Alternative:

„Die Zuständigkeit des Gerichtshofs erstreckt sich...auf alle in einer sonstigen Übereinkunft, die dem Gerichtshof die Zuständigkeit überträgt, besonders vorgesehenen Angelegenheiten.“[227]

In der Staatenpraxis haben sich drei Formen der Unterwerfung in einem Vertrag herausgebildet: die Unterwerfung durch Schiedsvertrag, kompromissarische Klausel oder Fakultativprotokoll. Darin liegt jedoch keine Unterwerfung *ante hoc*, wenn die Klageerhebung von einem späteren Konsens des Beklagten abhängig gemacht wird.[228] In diesem Fall stellt der Vertrag nur einen *pactum de contrahendo* dar. Zwar sind die Vertragspartner nach dem *bona fides*-Prinzip verpflichtet, einen Kompromiss auch tatsächlich abzuschließen.[229] Die Möglichkeiten, eine Einigung zu verhindern, sind in der Praxis jedoch erheblich, so dass derartige Unterwerfungsklauseln keine echte Konsenserteilung beinhalten. Nur wenn die Staaten die Gerichtsbarkeit *ipso facto* akzeptieren, liegt eine *ante hoc* Unterwerfung vor. Dies gilt gleichermaßen für die internationale Gerichtsbarkeit im engeren Sinne wie für die internationale Schiedsgerichtsbarkeit.
Erfolgt die *ante hoc* Unterwerfung, ohne dass bereits ein Streitfall vorliegt, müssen die Staaten in Schiedsverträgen, kompromissarischen Klauseln und Fakultativprotokollen *abstrakt* bestimmen, für welche Fälle sie die Zuständigkeit eines internationalen Gerichts *ratione materiae, ratione personae* und *ratione tempo-*

YBICJ 1997-1998, S. 125 ff.

226 Engl.: „The jurisdiction of the Court comprises...all matters specially provided for...in treaties or conventions in force.“; franz.: „La compétence de la Cour s'étend...à tous les cas spécialement prévus...dans les traités et conventions en vigueur.“

227 Engl.: „The jurisdiction of the Tribunal comprises...all matters specifically provided for in any other agreement which confers jurisdiction on the tribunal.“; franz.: „Le Tribunal est compétent...toutes les fois que cela est expressément prévu dans tout autre accord conférant compétence au Tribunal.“

228 Dies ist z.B. nach Art. XXVII Abs. 2 des Freundschafts-, Handels- und Schiffahrtsvertrages, den die Bundesrepublik Deutschland im Jahr 1954 mit den USA abgeschlossen hat, UNTS Vol. 273, S. 3 ff., für die Vorlage beim IGH der Fall.

229 In der Präambel der *model rules*, die die International Law Commission zum Schiedsverfahren erarbeitet hat, heißt es: „...[A]ny undertaking to have recours to arbitration in order to settle a dispute between States constitutes a legal obligation which must be carried out in good faith.“ Vgl. auch Steinberger, Judicial Settlement of International Disputes, in: Bernhardt (Hrsg.), EPIL III, S. 47; Oellers-Frahm, Compromis, in: Bernhardt (Hrsg.), EPIL I, S. 712.

ris akzeptieren. Wie oben dargestellt,[230] kann es auch *ante hoc* Unterwerfungen geben, die sich auf nur einen, bereits entstandenen Streitfall beziehen. Sie erscheinen vornehmlich in der Form sog. *„framework agreements“*.[231] Kennzeichen eines *framework agreements* ist es, dass zwar Konsens über einen Dissens vorliegt, die Parteien sich also über das Bestehen eines Streits einig sind, diesen zunächst aber nicht näher definieren können. Das *agreement* kann vorsehen, dass den Staaten die Möglichkeit zukommen soll, einseitig Klage zu erheben.[232] Bei Klageerhebung muss der Streitgegenstand dann genau bestimmt werden.[233] Wie man einen solchen Vertrag einzuordnen hat, ist unklar. Er könnte unter den Begriff des Kompromisses gefasst werden, wie es der IGH bisweilen tut.[234] In diesem Fall muss man aber den *ante hoc* Kompromiss in der Gestalt des *framework agreements* von dem *ad hoc* Kompromiss abgrenzen. Möchte man diese Überschneidung vermeiden, böte sich auch die Bezeichnung als besonderer Schiedsvertrag an.

(aa) Schiedsverträge

Ist nämlich Gegenstand des Vertrages allein die Unterwerfung der Vertragspartner unter die Gerichtsbarkeit eines internationalen Gerichts, spricht man gemeinhin von einem Schiedsvertrag. Die Vertragspartner können sich für bestimmte oder sämtliche zwischen ihnen entstehende Streitfälle der Gerichtsbarkeit unterwerfen. Multilaterale Schiedsverträge sind z.B. der *General Act for the Pacific Settlement of International Disputes* und das Europäische Übereinkommen zur friedlichen Beilegung von Streitigkeiten, welches die Grundlage für die Klageerhebung Liechtensteins gegen Deutschland im Jahr 2001 darstellte.[235] Das

230 1. Teil C.I.1.

231 Vgl. Rosenne, LJIL 1995, S. 164, 172; The Law and Practice of the International Court, Vol. II, S. 672. Sieht das *framework agreement* nicht die Möglichkeit einseitiger Klageerhebung vor, sondern verpflichtet die Parteien oder rät zur gemeinsamen Klageerhebung, stellt es nur einen *pactum de contrahendo* bzw. *de negotiando* dar, gerichtet auf den Abschluss eines *ad hoc* Kompromisses.

232 Ein Beispiel aus der jüngsten Rechtsprechung ist der Fall *Délimitation maritime et questions territoriales entre Qatar et Bahreïn*, s. Fn. 211; *framework agreements* waren auch der *Act of Lima*, Grundlage für die Klageerhebung im Fall *Droit d'asile, arrêt*, C.I.J. Rec. 1950, S. 266 ff., sowie das *Washington Agreement* im Fall *Arbitral Award Made by the King of Spain on 23 December 1906, Judgment*, I.C.J. Rep. 1960, S. 192 ff.; vgl. Rosenne, LJIL 1995, S. 164, 172 ff.

233 Vgl. Art. 39 Abs. 2 S. 2 der VerfO des IGH.

234 Unter den Fällen, die dem Gerichtshof durch „special agreement“ vorgelegt wurden, listet der IGH z.T. auch diejenigen auf, die auf der Grundlage eines *framework agreements* dem IGH vorgelegt wurden, z.B. der Fall *Droit d'asile*.

235 *Certain Property, Application*, <http://www.icj-cij.org/icjwww/idecisions.htm>; auch im Fall *North Sea Continental Shelf* hätte das Europäische Übereinkommen zur friedlichen

Europäische Übereinkommen enthält in seinem Art. 1 lit. a)-d) eine dem Art. 36 Abs. 2 lit. a)-d) entsprechende Auflistung der Fälle, in denen die Zuständigkeit des IGH eröffnet sein soll. Die Ähnlichkeit mit Art. 36 Abs. 2 IGH-Statut ändert aber nichts daran, dass es sich bei dem Vertrag um eine eigenständige Unterwerfungsgrundlage unabhängig von einer Unterwerfung nach Art. 36 Abs. 2 IGH-Statut handelt. Derartige Formulierungen sind in Verträgen nach Art. 36 Abs. 1 IGH-Statut gebräuchlich, um den materiellen Unterwerfungsbereich zu kennzeichnen.[236]

(bb) Kompromissarische Klauseln

In Abgrenzung zum Schiedsvertrag spricht man von einer kompromissarischen Klausel, wenn ein Vertrag vorliegt, der inhaltlich eine völlig andere Materie regelt, seine Anwendung und Auslegung aber der verbindlichen Entscheidung durch ein Gericht unterstellt. Eine kompromissarische Klausel findet sich z.B. in Art. IX der Völkermordkonvention. In allen zehn Klagen Jugoslawiens gegen die am Kosovo-Einsatz beteiligten Staaten berief sich Jugoslawien auf die Völkermordkonvention als Grundlage für die Zuständigkeit des IGH, so auch in der Klage gegen die Bundesrepublik.[237]

Beilegung von Streitigkeiten als Grundlage dienen können. Deutschland und Dänemark bzw. Deutschland und die Niederlande einigten sich dann aber auf einen Kompromiss, vgl. *Judgment,* I.C.J. Rep. 1969, S. 6 ff.

236 Im Fall *Actions armées frontalières et transfrontalières* musste der IGH über eine ähnliche Vertragsbestimmung entscheiden: Art. 31 des Pact of Bogotá lautet: „In conformity with Article 36, paragraph 2, of the Statute..., the High Contracting Parties declare that they recognize, in relation to any other American State, the jurisdiction of the Court as compulsory *ipso facto*, without the necessity of any special agreement so long as the present treaty is in force, in all disputes of a juridical nature that arise among them concerning:

(a) The interpretation of a treaty;

(b) Any question of international law;

(c) The existence of any fact which, if established, would constitute the breach of an international obligation;

(d) The nature or extent of the reparation to be made for the breach of an international obligation.

Trotz der Ähnlichkeit zwischen Art. 31 des Paktes und Art. 36 Abs. 2 IGH-Statut und obwohl beide Staaten auch Erklärungen nach Art. 36 Abs. 2 IGH-Statut abgegeben hatten, entschied der IGH, dass es sich um zwei unterschiedliche Kompetenzgrundlagen handelt, *compétence et recevabilité, arrêt*, C.I.J. Rec. 1988, S. 88; vgl. dazu auch Merrills, BYIL 1993, S. 200; Rosenne, The Law and Practice of the International Court, Vol. II, S. 670 f.

237 *Licéité de l'emploi de la force (Yougoslavie c. Allemagne), mesures conservatoires, ordonnance du 2 juin 1999*, Tz. 2. Der englische Text der relevanten Urteilspassage findet

Das am 11. Dezember 2001 in Kraft getretene UN-Abkommen zum Schutz bestimmter Fischarten enthält eine kompromissarische Klausel, die dem allgemeinen Schiedsgericht nach Anl. VII SRÜ die Zuständigkeit überträgt, sofern die Parteien nicht ein anderes Verfahren nach Teil XV des SRÜ gewählt haben.[238] Wenn auch naturgemäß das Bedürfnis nach einer zentralen Entscheidungsinstanz zur einheitlichen Interpretation und Anwendung des Vertrages bei multilateralen Verträgen ungleich größer ist, finden sich kompromissarische Klauseln auch in einigen bilateralen Verträgen: So z.B. in dem Konsularvertrag, den die Bundesrepublik Deutschland 1956 mit Großbritannien abgeschlossen hat,[239] sowie in dem Notenwechsel zwischen der Bundesrepublik und Island aus dem Jahr 1961.[240] Die Unterwerfungsklausel dieses Notenwechsels bildete die Grundlage für die Klage Deutschlands gegen Island, als Island im Jahr 1971 die durch den Notenwechsel zustande gekommene Übereinkunft kündigte und abweichend von den Vereinbarungen seine Wirtschaftszone von 12 auf 50 Seemeilen auszudehnen versuchte.[241]

(cc) Fakultativprotokolle

Während die kompromissarische Klausel Bestandteil des Vertrages ist, stellt sich ein Fakultativprotokoll als Annex zum Vertrag dar. Für die Vertragsparteien besteht somit nur die Option, der Unterwerfung unter ein internationales Gericht zuzustimmen. Ein Staat, der vor einer Unterwerfung zurückschreckt, kann zumindest den Hauptvertrag unterzeichnen. Darin liegt der Vorteil eines Fakultativprotokolls.[242] Der Verzicht auf die Ratifizierung des Unterwerfungsproto-

---

sich in ILM 1999, S. 1076. Der authentische französische Text ist im Internet unter <http://www.icj-cij.org/cijwww/cdecisions.htm> veröffentlicht.

238 „Agreement for the Implementation of the Provisions of the United Nations Convention on the Law of the Sea of 10 December 1982 Relating to the Conservation and Management of Straddling Fish Stocks and Highly Migratory Fish Stocks", vom 8. September 1995, Art. 30, ILM 1995, S. 1542 ff.

239 Art. 41 Abs. 1 lit. b), UNTS Vol. 330, S. 287.

240 UNTS Vol. 409, S. 47 ff.

241 *Fisheries Jurisdiction (Federal Republic of Germany v. Iceland), Jurisdiction of the Court, Judgment*, I.C.J. Rep. 1973, S. 49 ff.

242 Bisweilen versuchen die Staaten, diesen Vorteil auch zu erreichen, wenn ein Vertrag mit einer kompromissarischen Klausel versehen ist: Sie erklären bei Ratifizierung des Vertrages einen Vorbehalt zu der Unterwerfungsklausel – so geschehen bei der Unterzeichnung der Völkermordkonvention durch die USA. Die USA erklärten zu Art. IX: „...[B]efore any dispute to which the United States is a party may be submitted to the jurisdiction of the International Court of Justice under this Article, the specific consent of the United States is required in each case.", BGBl. 1990 II, S. 8.

Ob ein solcher Vorbehalt zulässig ist, ist umstritten. So hatten auch gegen den amerikanischen Vorbehalt zehn Staaten protestiert.

kolls mindert freilich die Effektivität der Vertragsbestimmungen. Immerhin bewirkt die Unterzeichnung des Vertrages aber eine rechtliche Bindung, die wünschenswerter ist, als wenn ein Staat sich dem Vertragsinhalt völlig entzieht. Nichtsdestotrotz war die nach 1945 häufig gewählte Form der Unterwerfung durch Fakultativprotokoll eher ein Zeichen für den stetigen Rückzug der Staaten aus der internationalen Gerichtsbarkeit.[243] So konnten sich beispielsweise die Signatarstaaten der Wiener Diplomatenrechtskonvention 1961 und der Konvention über Spezialmissionen 1969 nur auf eine derartige Form der Unterwerfung einigen. Auch der Wiener Konsularrechtskonvention von 1963 wurde lediglich ein Fakultativprotokoll beigefügt. Auf eben dieses Protokoll stützte die Bundesrepublik Deutschland ihren Antrag auf Erlass einer einstweiligen Anordnung im Fall *LaGrand*.[244]

(b) Einseitige Unterwerfungserklärungen

Die Möglichkeit, internationale Gerichtsbarkeit durch eine einseitige Unterwerfungserklärung zu begründen, fand sich in Art. 46 Abs. 1 EMRK a.F. Mit Inkrafttreten des 11. Zusatzprotokolls ist diese Vorschrift entfallen, im Rahmen der EMRK besteht nunmehr eine obligatorische Gerichtsbarkeit im engeren Sinne.[245]

Auch Art. 287 SRÜ sieht die Möglichkeit vor, durch eine besondere Erklärung die Zuständigkeit des Internationalen Seegerichtshofs, des IGH oder eines Schiedsgerichts anzuerkennen.[246]

Schließlich enthält das IGH-Statut in seinem Art. 36 Abs. 2 die Zuständigkeitsbegründung durch einseitige Unterwerfungserklärung:[247]

---

243 In letzter Zeit konnte zumindest insofern ein etwas gegenläufiger Trend festgestellt werden, als viele Staaten ihre Vorbehalte zu kompromissarischen Klauseln zurückgezogen haben und die Zahl der Klagen vor dem IGH erheblich gestiegen ist, s. Shahabuddeen, in: Muller u.a. (Hrsg.), The International Court of Justice, S. 22 f., sowie Couvreur, ebd., S. 99, der von einem „revival of the ICJ" spricht.

244 *LaGrand (Germany v. United States of America), Order of 3 March 1999,* I.C.J. Rep. 1999, S. 9 ff.

245 S. dazu oben 1. Teil A.II.2.c).

246 Zur besonderen Rechtsnatur dieser Erklärung, vgl. oben 1. Teil C.I.1.c)aa)(1).

247 Die einseitige Unterwerfungserklärung nach Art. 36 Abs. 2 IGH-Statut wird bisweilen auch als „Fakultativklausel" bezeichnet. Der Name stammt aus der Zeit des StIGH, als ein Fakultativprotokoll zum Statut existierte, das die Unterwerfung der das Protokoll unterzeichnenden Staaten nach Art. 36 Abs. 2 StIGH-Statut erleichtern sollte, indem es den Inhalt einer Unterwerfung formulierte. Heute gibt es kein Protokoll mehr, vielmehr formulieren die Staaten ihre Unterwerfung stets selbst. Die Bezeichnung „Fakultativklausel" entspricht daher nicht mehr ihrer ursprünglichen Bedeutung, vgl. Lawson, AJIL 1952, S. 230; Merrills, BYIL 1979, S. 88; Alexandrov, Reservations in Unilateral Declarations, S. 9. Da die Unterwerfung nach Art. 36 Abs. 2 IGH-Statut weiterhin freiwillig er-

„Die Vertragsstaaten dieses Statuts können jederzeit erklären, daß sie die Zuständigkeit des Gerichtshofs von Rechts wegen und ohne besondere Übereinkunft gegenüber jedem anderen Staat, der dieselbe Verpflichtung übernimmt, für alle Rechtsstreitigkeiten über folgende Gegenstände als obligatorisch anerkennen:

a) die Auslegung eines Vertrags;

b) jede Frage des Völkerrechts;

c) das Bestehen jeder Tatsache, die, wäre sie bewiesen, die Verletzung einer internationalen Verpflichtung darstellt;

d) Art und Umfang der wegen Verletzung einer internationalen Verpflichtung geschuldeten Wiedergutmachung."[248]

Im Verhältnis zur Völkerbundszeit mag die geringe Zahl der Erklärungen beklagenswert erscheinen, die gemäß Art. 36 Abs. 2 IGH-Statut abgegeben wurden: Während die Bereitschaft gestiegen ist, sich in bilateralen Verträgen der Gerichtsbarkeit des IGH für bestimmte Fälle zu unterwerfen, gilt dies nicht für einseitige Unterwerfungserklärungen. Hatten noch mehr als zwei Drittel aller Völkerbundsmitglieder die Erklärung gemäß Art. 36 Abs. 2 StIGH-Statut abgegeben, ist nunmehr lediglich ein Drittel der UNO-Mitgliedstaaten der Gerichtsbar-

---

folgt, erscheint der Begriff jedoch durchaus zeitgemäß.

248 Engl.: „The states parties to the present Statute may at any time declare that they recognize as compulsory ipso facto and without special agreement, in relation to any other state accepting the same obligation, the jurisdiction of the Court in all legal disputes concerning:

a) the interpretation of a treaty;

b) any question of international law;

c) the existence of any fact which, if established, would constitute a breach of an international obligation;

d) the nature or extent of the reparation to be made for the breach of an international obligation."

franz.: „Les Etats parties au présent Statut pourront, à n'importe quel moment, déclarer reconnaître comme obligatoire de plein droit et sans convention spéciale, à l'egard de tout autre Etat acceptant la même obligation, la juridiction de la Cour sur tous les différends d'ordre juridique ayant pour objet:

a) l'interprétation d'un traité;

b) tout point de droit international;

c) la réalité de tout fait qui, s'il était établi, constituerait la violation d'un engagement international;

d) la nature ou l'étendue de la réparation due pour la rupture d'un engagement international."

keit des IGH nach Art. 36 Abs. 2 IGH-Statut unterworfen.[249] Betrachtet man freilich lediglich die Zahl der Unterwerfungserklärungen zum IGH seit dessen Gründung, ist durchaus ein Anstieg zu verzeichnen. Auffällig ist nicht zuletzt die Entwicklung in Europa. Zur Zeit des Kalten Krieges hatten nur westeuropäische Staaten entsprechende Erklärungen abgegeben, jetzt sind auch einige osteuropäische Staaten unterworfen,[250] so dass aus Europa mittlerweile 19 Unterwerfungserklärungen vorliegen. Eine Erklärung der Bundesrepublik Deutschland steht jedoch noch aus.[251]

(aa) Rechtsnatur einseitiger Unterwerfungserklärungen

Problematisch ist die Bestimmung der rechtlichen Natur einseitiger Unterwerfungserklärungen. Sie werden einseitig, unabhängig von der Unterwerfung anderer Staaten abgegeben. Insofern beinhalten sie zunächst Konsens im Sinne einer Zustimmung zur Gerichtsbarkeit eines internationalen Gerichts, nicht jedoch im Sinne einer Willensübereinstimmung. Wirkung entfalten sie aufgrund des Reziprozitätserfordernisses freilich erst, wenn auch ein anderer Staat eine entsprechende Unterwerfungserklärung abgegeben hat. In diesem Zusammenhang ist in Fällen, die der IGH zu entscheiden hatte, bereits mehrfach die Frage aufgetaucht, ob die jeweilige Erklärung dem Klagegegner zugehen muss oder ob ihre Hinterlegung beim UN-Generalsekretär ausreicht, um eine Klage zu ermöglichen.

Einen Hinweis könnte Art. 36 Abs. 4 IGH-Statut geben, der bestimmt:

> „Die Erklärungen sind beim Generalsekretär der Vereinten Nationen zu hinterlegen; dieser übermittelt den Vertragsparteien dieses Statuts und dem Kanzler des Gerichtshofs eine Abschrift."[252]

---

249 Z.Z. haben 64 von 189 UNO-Mitgliedstaaten eine Erklärung nach Art. 36 Abs. 2 IGH-Statut abgegeben, vgl. <http://www.icj-cij.org/icjwww/ibasicdocuments/ibasictext. htm>.

250 Bulgarien seit dem 24. Juni 1992, Estland seit dem 21. Oktober 1991, Polen seit dem 25. März 1996 und Ungarn seit dem 22. Oktober 1992.

251 Ob Deutschland gemäß Art. 24 Abs. 3 GG („Zur Regelung zwischenstaatlicher Streitigkeiten wird der Bund Vereinbarungen über eine allgemeine, umfassende, obligatorische, internationale Schiedsgerichtsbarkeit beitreten.") verfassungsrechtlich verpflichtet wäre, eine solche Erklärung abzugeben, ist umstritten; verneinend: Baudissin/Platzöder, AöR 1974, S. 32 ff; bejahend: Blumenwitz, GYIL 1978, S. 228 ff.; Niedermeier, Der Beitritt der Bundesrepublik Deutschland zum Statut des Internationalen Gerichtshofs, S. 76 m.w.N.

252 Engl.: „Such declarations shall be deposited with the Seretary-General of the United Nations, who shall transmit copies thereof to the parties to the Statute and to the Registrar of the Court."; franz.: „Ces déclarations seront remises au Secrétaire général des Nations unies, qui en transmettra copie aux parties au présent Statut ainsi qu'au Greffier de la Cour."

Fraglich ist jedoch, ob der Übermittlung im Sinne dieser Vorschrift konstitutive Wirkung zukommen soll. Sie könnte auch lediglich informatorischen Charakter haben.
Eine entsprechende Konstellation lag im Fall *Frontière terrestre et maritime entre le Cameroun et le Nigéria (Cameroun c. Nigéria)*[253] vor. Kamerun hatte am 3. März 1994 eine Unterwerfungserklärung nach Art. 36 Abs. 2 IGH-Statut beim UN-Generalsekretär hinterlegt und am 29. März 1994 Klage gegen das schon seit 1965 unterworfene Nigeria erhoben. Die Mitteilung durch den Generalsekretär an die Staaten des IGH-Statuts erfolgte jedoch erst elf einhalb Monate nach der Hinterlegung. Zum Zeitpunkt der Klageerhebung war die kamerunische Erklärung Nigeria damit noch nicht bekannt. Nigeria bestritt deshalb die Wirksamkeit der Erklärung als Grundlage einer Klage[254] und das, obwohl der IGH bereits im Jahr 1957 im Fall *Right of Passage over Indian Territory* festgestellt hatte:

> „...[B]y the deposit of its Declaration of Acceptance with the Secretary-General, the accepting State becomes a Party to the system of the Optional Clause in relation to the other declarant States...it is on that very day that the consensual bond, which is the basis of the Optional Clause, comes into being between the States concerned."[255]

Nach Ansicht Nigerias war diese Rechtsprechung aufgrund der Entwicklungen im Vertragsrecht überholt. So bestimmt Art. 78 lit. c) der 1969 kodifizierten Wiener Vertragsrechtskonvention:

> „Sofern der Vertrag oder dieses Übereinkommen nichts anderes vorsieht, gilt für Notifikationen und Mitteilungen, die ein Staat aufgrund dieses Übereinkommens abzugeben hat, folgendes:
>
> ...
>
> c) werden sie einem Verwahrer übermittelt, so gelten sie erst in dem Zeitpunkt als von dem Staat, für den sie bestimmt sind, empfangen, zu dem dieser...von dem Verwahrer unterrichtet wurde."[256]

---

[253] *Exceptions préliminaires, arrêt,* C.I.J. Rec. 1998, S. 275 ff.

[254] *Exceptions préliminaires, arrêt,* C.I.J. Rec. 1998, S. 290.

[255] *Preliminary Objections, Judgment,* I.C.J. Rep. 1957, S. 146; s.a. *Temple of Preah Vihear, Preliminary Objections,* I.C.J. Rep. 1961, S. 31.

[256] Engl.: „Except as the treaty or the present Convention otherwise provide, any notification or communication to be made by any State under the present Convention shall:

...

c) if transmitted to a depositary, be considered as received by the State for which it was intended only when the latter State has been informed by the depositary...";

Der IGH maß Art. 79 WVRK jedoch nicht die Bedeutung zu, die ihm Nigeria zufolge zukommt. Die Vorschrift regle lediglich die Modalitäten der Übermittlung, der Zeitpunkt des Inkrafttretens ergebe sich hingegen aus Art. 16 und 24 WVRK. Außerdem sehe das IGH-Statut für Erklärungen nach Art. 36 Abs. 2 andere Formen der Hinterlegung und Übermittlung vor als das Recht der Verträge.[257] Einzige Bedingung für das Wirksamwerden der Erklärung sei die Hinterlegung beim Generalsekretär:

> „Tout Etat partie au Statut, en acceptant la juridiction de la Cour conformément au paragraphe 2 de l'article 36, accepte cette juridiction dans les relations avec les Etats ayant antérieurement souscrit à la même clause. En même temps, il fait une offre permanente aux autres Etats parties au Statut n'ayant pas encore remis la déclaration d'acceptation. Le jour où l'un de ces Etats accepte cette offre en déposant à son tour sa déclaration d'acceptation, le lien consensuel est établi et aucune autre condition n'a besoin d'être remplie."[258]

Eine weitere Voraussetzung sei nicht im Statut enthalten, die Einführung einer solchen durch den Gerichtshof brächte ein Element der Unsicherheit mit sich.[259] Die dissentierende Meinung von Richter Weeramantry sieht hingegen einen Verstoß gegen die der Gerichtsbarkeit des IGH zugrundeliegende Konsenskonzeption:

> „...runs contrary to the philosophy of consensus on which the structure of the Court's jurisdiction, as well as of this provision, is based."[260]

Die Erklärung nach Art. 36 Abs. 2 IGH-Statut sei zugleich Angebot und An-

---

franz.: „Sauf dans les cas où le traité ou la présente convention en dispose autrement, une notification ou une communication qui doit être faite par un Etat en vertu de la présente convention:

...

c) si elle est transmise à un dépositaire, n'est considerée comme ayant été reçu par l'Etat auquel elle est destinée qu'à partir du moment où cet Etat aura reçu du dépositaire l'information..."

257 *Frontière terrestre et maritime entre le Cameroun et le Nigéria (Cameroun c. Nigéria), exceptions préliminaires, arrêt,* C.I.J. Rec. 1998, S. 293. Auch nach der WVRK sollte die rechtliche Verbindung zwischen den Vertragsstaaten bereits mit der Hinterlegung der Willenserklärungen entstehen, wie der Gerichtshof unter Hinweis auf die Ausführungen der ILC darlegt, C.I.J. Rec. 1998, S. 294. Ein Widerspruch zwischen IGH-Statut und WVRK besteht somit nicht.

258 C.I.J. Rec. 1998, S. 291.

259 C.I.J. Rec. 1998, S. 292, 295 f.; *Right of Passage over Indian Territory, Preliminary Objections, Judgment,* I.C.J. Rep. 1957, S. 147.

260 C.I.J. Rec. 1998, S. 362.

nahme,[261] in nahezu allen nationalen Rechtsordnungen sei der Zugang einer solchen Willenserklärung erforderlich.[262] Richter Weeramantry weist selbst auf die Gefahren eines Vergleichs mit dem nationalen Recht hin, meint aber, das nationale Recht als Erkenntnisquelle für die Auslegung einer „consensual obligation" heranziehen zu müssen. Problematisch an Weeramantrys Argumentation ist aber, dass er unterstellt, der Konsens müsse stets in Form einer vertraglichen Vereinbarung erteilt werden. Auch wenn das Konsensprinzip unzweifelhaft der Gerichtsbarkeit zugrunde liegt, kann die einseitige Zustimmung eines Staates genügen. Grundlage des Konsensprinzips ist die Souveränität der Staaten. Augenscheinlich erfolgt die Unterwerfung nach Art. 36 Abs. 1 IGH-Statut durch Vertrag, dies heißt aber nicht, dass die Unterwerfung nach Art. 36 Abs. 2 IGH-Statut dem gleichen Schema folgen muss. Der souveräne Staat muss sich unterwerfen, damit ein internationales Gericht tätig werden kann. Das tut er aber auch durch seine einseitige Zustimmungserklärung. Eine Erklärung nach Art. 36 Abs. 2 IGH-Statut ist gerade keine auf den Abschluss eines Vertrages im Sinne der WVRK gerichtete Willenserklärung, auch wenn das durch kongruente Erklärungen entstehende Jurisdiktionsband letztlich quasi-vertraglichen Charakter hat.[263] Deshalb sieht das IGH-Statut den Zugang auch nicht als Voraussetzung für die Wirksamkeit der Erklärung an. Zwar wird aufgrund des Reziprozitätserfordernisses das Tätigwerden eines internationalen Gerichts auf Fälle beschränkt, in denen eine korrespondierende Erklärung des gegnerischen Staates vorliegt. Insofern ist aber nicht die Wirksamkeit der Erklärung betroffen, sondern lediglich ihre Auswirkung. Im Fall *Frontière terrestre et maritime entre le Cameroun et le Nigéria* konnte Nigeria dementsprechend verklagt werden, ohne von der kamerunischen Unterwerfungserklärung Kenntnis zu haben.

Die Erklärung nach Art. 36 Abs. 2 IGH-Statut ist eine einseitige Willensäußerung. Für sich genommen hat sie den Charakter eines Blanketts, das seine Ausfüllung erst durch die Zahl und Ausgestaltung der anderen nach Art. 36 Abs. 2 IGH-Statut abgegebenen Unterwerfungen erfährt. Über das Statut wird die nötige Verbindung zwischen den einzelnen Erklärungen hergestellt und das reziproke Jurisdiktionsband begründet. Dem Generalsekretär kommt dabei die Funktion eines Notars zu. Er ist empfangsberechtigt, die Hinterlegung beim Generalsekretär wirkt für und gegen alle Parteien.

---

[261] C.I.J. Rec. 1998, S. 368.

[262] C.I.J. Rec. 1998, S. 370 ff.

[263] Vgl. die Rechtsprechung des IGH im Fall *Military and Paramilitary Activities in and against Nicaragua (Nicaragua v. United States of America), Jurisdiction and Admissibility, Judgment,* I.C.J. Rep. 1984, S. 420; s.a. schon *Compagnie d'électricité de Sofia et de Bulgarie, arrêt, 1939,* C.P.J.I. sér. A/B n° 77, S. 87.

Waldock spricht von einer „consensual relation which is *sui generis*", BYIL 1955-56, S. 254.

(bb) Art. 36 Abs. 5 IGH-Statut und die Nicaragua-Entscheidung des IGH

Nach Art. 36 Abs. 5 IGH-Statut kann eine gemäß Art. 36 Abs. 2 StIGH-Statut abgegebene Erklärung unter bestimmten Voraussetzungen auch für den IGH weitergelten:

> „Nach Artikel 36 des Statuts des Ständigen Internationalen Gerichtshofs abgegebene Erklärungen, deren Geltungsdauer noch nicht abgelaufen ist, gelten nach Maßgabe ihrer Bedingungen für ihre restliche Geltungsdauer im Verhältnis zwischen den Vertragsparteien dieses Statuts als Annahme der obligatorischen Gerichtsbarkeit des Internationalen Gerichtshofs.“[264]

Dies kann indes nur gelten, wenn die Parteien das IGH-Statut unterzeichnet haben, also ihren formellen Konsens in Bezug auf den IGH erklärt haben. Nach der Rechtsprechung des IGH musste dies bereits 1945 geschehen sein, die spätere Mitgliedschaft im IGH-Statut aufgrund der Zugehörigkeit zur UNO soll demnach nicht ausreichen.[265]

Art. 36 Abs. 5 IGH-Statut regelt damit einen Spezialfall, in dem der formelle Konsens dem materiellen folgt. Ob darüber hinaus auf der Grundlage des Art. 36 Abs. 5 IGH-Statut auch Fälle einstufiger Konsenserteilung denkbar sind, ist nach der Entscheidung des IGH im Fall *Military and Paramilitary Activities in and against Nicaragua* umstritten. Nicaragua stützte die Klage auf Art. 36 Abs. 2 IGH-Statut. Um ein Jurisdiktionsband mit der von den USA am 26. August 1946 –unstreitig– abgegebenen Erklärung herzustellen, war eine reziproke Unterwerfungserklärung Nicaraguas erforderlich. Nicaragua führte seine Unterwerfung aus dem Jahr 1929 an, die es gemäß Art. 36 Abs. 5 IGH-Statut auf den IGH übergeleitet sah. Problematisch war, dass Nicaragua zwar im Jahr 1929 erklärt hatte, die Gerichtsbarkeit des StIGH nach Art. 36 Abs. 2 StIGH-Statut anerkennen zu wollen, das Protokoll, das seine Mitgliedschaft im StIGH-Statut begründet hätte, aber nur unterzeichnet und nicht –wie vorgesehen– auch ratifiziert hatte. Im Gegensatz zur UN-Charta sah die Völkerbundssatzung nämlich nicht die automatische Mitgliedschaft im StIGH-Statut vor. Um Mitglied im Statut des StIGH zu werden, mussten die Staaten vielmehr einen gesonderten Konsens ab-

---

[264] Engl.: „Declarations made under Article 36 of the Statute of the Permanent Court of International Justice and which are still in force shall be deemed, as between the parties to the present Statute, to be acceptances of the compulsory jurisdiction of the International Court of Justice for the period which they still have to run and in accordance with their terms.“; franz.: „Les déclarations faites en application de l'article 36 du Statut de la Cour permanente de Justice internationale pour une durée qui n'est pas encore expirée seront considerées, dans les rapports entre parties au présent Statut, comme comportant acceptation de la juridiction obligatoire de la Cour international de Justice pour la durée restant à courir d'après ces déclarations et conformément à leurs termes.“

[265] *Incident aérien du 27 juillet 1955 (Israël c. Bulgarie), arrêt,* C.I.J. Rec. 1959, S. 142.

geben. Nach der Argumentation der USA hatte Nicaragua sich damit nicht wirksam der Gerichtsbarkeit des StIGH unterworfen, so dass Art. 36 Abs. 5 IGH-Statut auf die nicaraguanische Erklärung keine Anwendung finden könne.[266]
Der IGH entschied jedoch:

> „...[S]uch a declaration as that made by Nicaragua had a certain potential effect which could be maintained indefinitely...[267]

und

> „The logic of a system substituting a new Court for the former one without the cause of compulsory jurisdiction in any way suffering in the process resulted in the ratification of the new Statute having exactly the same effects as the ratification of the Protocol of Signature of the former one would have had, that is to say, in the case of Nicaragua, the step from potential commitment to effective commitment."[268]

Die Entscheidung des IGH ist in der Literatur kontrovers diskutiert worden, u.a. auch mit dem ausdrücklichen Hinweis auf den Stellenwert des Konsensprinzips in der sonstigen Rechtsprechung des IGH.[269] Dem Verständnis einiger Autoren zufolge habe Nicaragua mit der Unterzeichnung des IGH-Statuts, d.h. der formellen Konsenserteilung, nach der IGH-Rechtsprechung gleichzeitig seinem materiellen Konsens aus dem Jahr 1929 zur Wirksamkeit verholfen.[270] Die Zustimmung zu Art. 36 Abs. 5 IGH-Statut hätte in diesem Fall die Wirkung einer einstufigen Konsenserteilung.
Zu bedenken ist freilich, dass die Ratifizierung des StIGH-Statuts lediglich dem formellen Konsens zur Wirksamkeit verholfen hätte, mit Abgabe der Unterwerfungserklärung war bereits der materielle Konsens wirksam erteilt worden. Das StIGH-Statut hatte vorgesehen, dass

> „The Members of the League of Nations and the States mentioned in the Annex to the Covenant may, either *when signing or ratifying* the

---

266 *Jurisdiction and Admissibility, Judgment,* I.C.J. Rep. 1984, S. 400.

267 I.C.J. Rep. 1984, S. 404.

268 I.C.J. Rep. 1984, S. 408.

269 So stellt z.B. Oellers-Frahm fest, dass „...vor allem die Handhabung des Grundprinzips der »Zustimmung zur Gerichtsbarkeit« zu schweren Bedenken Anlaß gibt,...", ZaöRV 1987, S. 248; s.a. Pax, Boston College International & Comparative Law Review 1985, S. 509 ff.; Hamilton, George Mason University Law Review 1985, S. 261; Reismann, AJIL 1986, S. 132: „...[I]t takes two to tango."

270 Vgl. Eisemann, AFDI 1984, S. 376: „...[L]a Cour contribue à l'article 36, § 5, de son Statut une portée très grande puisque,...il contribue à *créer* une obligation nouvelle."; Pax, Boston College International & Comparative Law Review 1985, S. 510: „To argue that Article 36 (5) created new rights would be to claim that its purpose was to create consent."

protocol to which the present Statute is adjoint, or at a later moment, declare that they recognize..."[271]

Da Nicaragua seine Erklärung nach Art. 36 Abs. 2 StIGH-Statut abgegeben hatte, als es das Statut unterzeichnet hatte („when signing"), waren alle Wirksamkeitsvoraussetzungen des materiellen Konsenses erfüllt.[272] Richtig ist, dass Nicaragua zu diesem Zeitpunkt weder klagen konnte, noch wirksam hätte verklagt werden können. Der Grund dafür liegt aber im Fehlen des formellen Konsenses, der Nicaragua Zugang zum StIGH verschafft hätte. Art. 36 Abs. 5 IGH-Statut betrifft nur den materiellen Konsens, der formelle Konsens wird gerade durch die Unterzeichnung des IGH-Statuts erteilt. Eine Überleitung der Unterwerfungserklärung Nicaraguas aus dem Jahr 1929 auf den IGH erscheint daher nicht als Verstoß gegen das Prinzip der Zustimmung.
Erlaubt sein soll aber der Hinweis auf den Grundsatz der Staatengleichheit, der mit der Souveränität der Staaten dieselbe Quelle hat wie das Konsensprinzip. Wie auch das IGH-Statut sah das StIGH-Statut für die Verpflichtung von Staaten, die sich gemäß Art. 36 Abs. 2 StIGH-Statut der Gerichtsbarkeit unterworfen hatten, Einschränkungen vor, sofern ein Staat nicht Mitglied im StIGH-Statut war. Die Gleichheit der Staaten gebietet es, dass keine automatische Verpflichtung gegenüber einem Staat eintritt, der nicht Mitglied im Statut ist.[273] Die Qualität der nicaraguanischen Unterwerfung ist daher nicht mit der einer von einem Mitgliedstaat des IGH-Statuts abgegebenen Erklärung nach Art. 36 Abs. 2 IGH-Statut vergleichbar. Insofern könnte sich die mangelnde formelle Zustimmung zum StIGH-Statut doch noch auswirken.

bb) Einstufige Konsenserteilung

In bestimmten Fällen besteht für die Staaten die Möglichkeit, sich in nur einem Schritt der Gerichtsbarkeit eines internationalen Gerichts zu unterwerfen. Mit einer einzigen Unterwerfungshandlung stimmen sie der verbindlichen Streiterledigung durch eine dritte Instanz zu und übertragen gleichzeitig die Entscheidungsgewalt auf ein bestimmtes Gericht, dessen Verfahrensregeln und Entscheidungsgrundlagen, bzw. die Festlegung derselben durch eine dritte Partei sie akzeptieren.

---

271 Hervorhebung von der Verfasserin. Zum differierenden Wortlaut des Art. 36 Abs. 1 IGH-Statut vgl. Fn. 212.

272 Vgl. I.C.J. Rep. 1984, S. 403 f.: „Since Nicaragua had signed the Protocol, its declaration concerning the compulsory jurisdiction of the Permanent Court, which was not subject to ratification, was undoubtedly valid from the moment it was received by the Secretary-General of the League of Nations...The Statute of the Permanent Court did not lay down any set form or procedure to be followed for the making of such declarations,..." So auch Rosenne, The Law and Practice of the International Court of Justice, Vol. II, S. 750 f.

273 Vgl. Art. 35 Abs. 2 IGH/StIGH-Statut.

(1) Ratifizierung eines Vertrages

Die Unterwerfungshandlung kann in der Ratifizierung eines Vertrages liegen, der bereits die Unterwerfung unter ein internationales Gericht enthält, ohne diese von zusätzlichen Erklärungen der Vertragsparteien abhängig zu machen. Die dadurch begründete Gerichtsbarkeit hat den Charakter obligatorischer Gerichtsbarkeit im engeren Sinne.[274]

(a) Die Unterwerfung unter die Gerichtsbarkeit des EGMR als einstufige Konsenserteilung

Einstufige Konsenserteilungen finden sich eher in Verträgen mit begrenztem Regelungsgehalt, da dort die Zahl der möglichen Streitfälle und somit der Bereich der Souveränitätseinschränkung überschaubarer ist. So enthält die EMRK seit Inkrafttreten des 11. Zusatzprotokolls am 1. November 1998 mit ihren Art. 32 ff. Bestimmungen, die die automatische Unterwerfung der Vertragsparteien unter die Gerichtsbarkeit des EGMR vorsehen. Art. 33 EMRK bestimmt:

> „Jede Hohe Vertragspartei kann den Gerichtshof wegen jeder behaupteten Verletzung dieser Konvention und der Protokolle dazu durch eine andere Hohe Vertragspartei anrufen."[275]

Vor Inkrafttreten des 11. Zusatzprotokolls war die Unterwerfung unter die Gerichtsbarkeit in zwei Stufen erfolgt. Der formelle Konsens wurde durch die Ratifizierung der EMRK erteilt, der materielle Konsens durch Abgabe einer besonderen Erklärung nach Art. 46 EMRK a.F.

(b) Einstufige Konsenserteilung im Rahmen des SRÜ mit der Möglichkeit der Derogation gemäß Art. 281 SRÜ

Nachdem mit dem Fakultativprotokoll zu den drei Genfer Seerechtskonventionen von 1958 schlechte Erfahrungen gemacht worden waren, da es lediglich rund 40 Mitgliedstaaten der Seerechtskonventionen unterzeichnet hatten, haben sich die Vertragsparteien des Seerechtsübereinkommens von 1982 grundsätzlich ebenfalls auf ein System obligatorischer Gerichtsbarkeit im engeren Sinne geeinigt.[276] Zwar besteht für die Staaten gemäß Art. 287 SRÜ die Option, zur Rege-

---

[274] S.o. 1. Teil A.II.2.c).

[275] Engl.: „Any High Contracting Party may refer to the Court any alleged breach of the provisions of the Convention and the protocols thereto by another High Contracting Party."; franz.: „Toute Haute Partie contractante peut saisir la Cour de tout manquement aux dispositions de la Convention et de ses protocols qu'elle croira pouvoir être imputé à une autre Haute Partie contractante."

[276] Allerdings mit gewichtigen Ausnahmen im 3. Abschnitt des Teils XV SRÜ, die die obligatorische Gerichtsbarkeit einschränken, vgl. Eiriksson, The International Tribunal for

lung ihrer Streitigkeiten auch andere Gerichte zu bestimmen. Geschieht dies nicht, sind sie aber mit Unterzeichnung des Seerechtsübereinkommens automatisch der Gerichtsbarkeit des allgemeinen Schiedsgerichts nach Annex VII SRÜ unterworfen. In zwei Fällen wurde sogar für den Internationalen Seegerichtshof obligatorische Gerichtsbarkeit im engeren Sinne begründet. Mit Unterzeichnung des Seerechtsübereinkommens übertragen die Vertragsparteien dem Internationalen Seegerichtshof die Zuständigkeit für die Anordnung vorsorglicher Maßnahmen nach Art. 290 Abs. 5 SRÜ und gemäß Art. 292 Abs. 1 HS 2 SRÜ für die Entscheidung über die sofortige Freigabe von Schiffen oder Besatzungen.[277] Die Unterzeichnung des Seerechtsübereinkommens zwingt die Staaten allerdings nicht, auf Dauer in vollem Umfang der Gerichtsbarkeit des allgemeinen Schiedsgerichts unterworfen zu bleiben. Nach Art. 282 SRÜ kann der Streiterledigungsmechanismus des Seerechtsübereinkommens durch ein anderes Mittel verbindlicher Streiterledigung ersetzt werden. Eine Derogation von der verbindlichen Streiterledigung ist damit nicht verbunden, Art. 282 SRÜ ermöglicht nur eine Verschiebung der sachlichen Zuständigkeit.[278] Seit der ersten Entscheidung eines allgemeinen Schiedsgerichts nach Art. 287 Abs. 3 i.V.m. Anl. VII SRÜ zum Fall *Southern Bluefin Tuna (Australia and New Zealand v. Japan)* vom 4. August 2000[279] ist umstritten, unter welchen Voraussetzungen nach Art. 281 SRÜ die Möglichkeit des „opting out" von der verbindlichen Streiterledigung besteht, wenn die Streitparteien beschließen, auf ein Mittel der unverbindlichen Streiterledigung zurückgreifen zu wollen. Art. 281 Abs. 1 SRÜ lautet:

> „Haben Vertragsstaaten, die Parteien einer Streitigkeit über die Auslegung oder Anwendung dieses Übereinkommens sind, vereinbart, deren Beilegung durch ein friedliches Mittel eigener Wahl anzustreben, so finden die in diesem Teil vorgesehenen Verfahren nur Anwendung,

---

the Law of the Sea, S. 15.

277 In den Fällen *M/V „SAIGA" (Saint Vincent and the Grenadines v. Guinea), Application für Prompt Release, Judgment of 4 December 1997, ITLOS Case No. 1,* Tz. 37 ff., *„CAMOUCO" (Panama v. France), Application for Prompt Release, Judgment of 7 February 2000, ITLOS Case No. 5,* Tz. 43 ff., ILM 2000, S. 676 ff. und *Monte Confurco (Seychelles v. France), Judgment of 18 December 2000, ITLOS Case No. 6*, Tz. 56 ff. wurde die Gerichtsbarkeit des ISGH erfolgreich auf Art. 292 Abs. 1 HS 2 SRÜ gestützt. Die Fälle *M/V „SAIGA"* und *Monte Confurco* sind im Internet unter <http://www.itlos.org/start2_en.html> veröffentlicht. Im Fall *Grand Prince (Belize v. France)* verneinte der ISGH hingegen seine Zuständigkeit nach Art. 292 SRÜ, da der Klägerstaat Belize nicht nachweislich Flaggenstaat des zurückgehaltenen Schiffs war, *Application for Prompt Release, Judgment of 20 April 2001, ITLOS Case No. 8,* Tz. 94, unter <http://www.itlos.org/start2_en.html> veröffentlicht.

278 Oxman, AJIL 2001, S. 280.

279 *UN Law of the Sea Arbitral Tribunal, Award of 4 August 2000, Jurisdiction and Admissibility,* ILM 2000, S. 1359 ff.

wenn eine Beilegung durch dieses Mittel nicht erzielt worden ist und wenn die Vereinbarung zwischen den Parteien ein weiteres Verfahren nicht ausschließt."[280]

Die Vertragsparteien können unabhängig von Art. 281 SRÜ gemäß Art. 311 Abs. 3 SRÜ, 41 WVRK stets durch bilaterale Vereinbarung von der verbindlichen Streiterledigung Abstand nehmen.[281] Eine Vertragsänderung ist nicht etwa nach Art. 311 Abs. 3 SRÜ, 41 WVRK ausgeschlossen, weil eine entsprechende Änderung des SRÜ nicht mit seinem „Ziel und Zweck" (Art. 311 Abs. 3 HS 2) vereinbar oder die verbindliche Streiterledigung „ein wesentlicher Grundsatz" (Art. 311 Abs. 3 HS 3 SRÜ) des Seerechtsübereinkommens wäre. Über Art. 281 SRÜ ließe sich bei einer solchen Auslegung doch eine Derogation bewerkstelligen und dies auch noch leichter als in Art. 311 SRÜ vorgesehen, da die Notifikation der Änderung an die anderen Vertragsparteien (gemäß Art. 311 Abs. 4 SRÜ) entfiele. Eine solche Regelung wäre absurd. Die Existenz des Art. 281 SRÜ schließt diese Auslegung aus. Art. 281 SRÜ ist daher so zu verstehen, dass er lediglich eine erleichterte Möglichkeit der Derogation erlaubt, wenn die Parteien sich auf ein anderes Mittel der Streiterledigung einigen und das weitere Verfahren nach dem Seerechtsübereinkommen ausschließen. Wie ein solcher Ausschluss auszusehen hat, war ein besonderer Streitpunkt des Falls *Southern Bluefin Tuna (Australia and New Zealand v. Japan).* Australien und Neuseeland vertraten die Auffassung, Japan verletze seine Verpflichtungen aus Art. 64 und 116-119 des SRÜ zum Schutz des südlichen Blauflossenthunfischs. Die drei Parteien hatten 1993 zusätzlich ein Übereinkommen zur Erhaltung dieser Fischart geschlossen,[282] das verschiedene Möglichkeiten der unverbindlichen Streiterledigung vorsieht. Die verbindliche Streiterledigung bedarf im Rahmen dieses Übereinkommens eines *ad hoc* Konsenses der Parteien (Art. 16):

„1. If any dispute arises between two or more of the Parties concerning the interpretation or implementation of this Convention, those Parties shall consult among themselves with a view having the dispute re-

---

[280] Engl.: „If the States Parties which are parties to a dispute concerning the interpretation or application of this Convention have agreed to seek settlement of the dispute by a peaceful means of their own choice, the procedures provided for in this Part apply only where no settlement has been reached by recourse to such means and the agreement between the parties does not exclude any further procedure."; franz.: „Lorsque les Etats Parties qui sont parties à un différend relatif à l'interprétation ou à l'application de la Convention sont convenues de chercher à le régler par un moyen pacifique de leur choix, les procédures prévues dans la présente partie ne s'applique que si l'on n'est pas parvenu à un règlement par ce moyen et si l'accord entre les parties n'exclut pas la possibilité d'engager une autre procédure."

[281] Oxman, AJIL 2001, S. 297; s.a. unten 1. Teil C.II.

[282] Convention for the Conservation of Southern Bluefin Tuna, May 10, 1993, UNTS 1819, S. 360.

solved by negotiation, inquiry, mediation, conciliation, arbitration, judicial settlement or other peaceful means of their choice. 2. Any dispute of this character not so resolved shall, with the consent in each case of all parties to the dispute, be referred for settlement to the International Court of Justice or to arbitration; but failure to reach agreement on reference to the International Court of Justice or to arbitration shall not absolve parties to the dispute from the responsibility of continuing to seek to resolve it by any of the various peaceful means referred to in paragraph 1 above. 3. ..."

Nach einigen vergeblichen Versuchen, den Streit außergerichtlich beizulegen, beantragten Australien und Neuseeland einerseits die Bildung eines allgemeinen Schiedsgerichts nach Art. 286 Abs. 3 i.V.m. Anl. VII SRÜ und andererseits den Erlass vorsorglicher Maßnahmen durch den bis zur Bildung des Schiedsgerichts zuständigen Internationalen Seegerichtshof.[283] Während der ISGH die Zuständigkeit des Schiedsgerichts *prima facie* bejahte und vorsorgliche Maßnahmen erließ,[284] gelangte das Schiedsgericht nach einer eingehenden Prüfung zur Ablehnung seiner Zuständigkeit.[285]

Das Schiedsgericht sah Art. 16 der trilateralen Thunfischkonvention als Vereinbarung im Sinne des Art. 281 SRÜ an.[286] Es folgte der Argumentation Japans, wonach die zweite Voraussetzung des Art. 281 Abs. 1 SRÜ nicht erfüllt sei, da Art. 16 ein weiteres Verfahren nach der Seerechtskonvention ausschließe.[287] Aus Art. 16 der Thunfischkonvention ergebe sich, dass ein Verfahren nach den Vorschriften des Seerechtsübereinkommens den *ad hoc* Konsens der Parteien erfordere.[288]

Nach der Auslegung des Schiedsgerichts ist eine Derogation von den Vorschriften des SRÜ über die verbindliche Streiterledigung schon dann anzunehmen, wenn andere Mittel der Streiterledigung vorgesehen sind. Richter Keith vertritt

283 Art. 290 Abs. 5 SRÜ.

284 *Provisional Measures, Order of 27 August 1999, ITLOS Cases Nos. 3, 4,* ILM 1999, S. 1624. Der Beschluss erfolgte einstimming, d.h. auch der japanische Richter stimmte dafür.

285 *UN Law of the Sea Arbitral Tribunal, Award of 4 August 2000, Jurisdiction and Admissibility,* Tz. 72, ILM 2000, S. 1392 f.

286 *Award,* Tz. 54, ILM 2000, S. 1388. Vorher hatte das Gericht die grundsätzliche Geltung des Seerechtsübereinkommens bejaht. Nach Auffassung des Schiedsgerichts war sie durch den Abschluss der trilateralen Konvention von 1993 nicht aufgehoben worden. Vielmehr bestehe ein paralleler Anwendungsbereich der Konventionsvorschriften und derjenigen Vorschriften des SRÜ, die den Schutz weit wandernder Fischarten vorsehen und zu diesem Zweck die Hochseefischerei reglementieren. Es liege daher eine Streitigkeit über die Auslegung und Anwendung der Seerechtskonvention vor.

287 *Award,* Tz. 59, ILM 2000, S. 1390.

288 *Award,* Tz. 57, ILM 2000, S. 1389.

in seinem abweichenden Votum hingegen die Auffassung, der Mechanismus des Seerechtsübereinkommens müsse ausdrücklich ausgeschlossen werden.[289] Angesichts der Vielzahl von Verträgen, die eine auch in der Seerechtskonvention enthaltene Materie regeln und die gleichzeitig Mittel der verbindlichen und/oder unverbindlichen Streiterledigung vorsehen,[290] könnte hinsichtlich der Seerechtskonvention nicht mehr von einem strengen System obligatorischer Gerichtsbarkeit gesprochen werden. Auch das Schiedsgericht stellte fest:

> „It thus appears to the Tribunal that UNCLOS falls significantly short of establishing a truly comprehensive regime of compulsory jurisdiction entailing binding decisions."[291]

Möglicherweise wird die Entscheidung des Schiedsgerichts aber ein Einzelfall bleiben. Der Internationale Seegerichtshof hat in jüngster Zeit zu erkennen gegeben, dass er eine andere Auffassung vertritt. Wie schon im Fall *Southern Bluefin Tuna* ordnete er im Fall *The MOX Plant (Ireland v. United Kingdom)* vorsorgliche Maßnahmen gemäß Art. 290 Abs. 5 SRÜ an. Großbritannien hatte argumentiert, die Streitigkeit um die Mischoxid (MOX)-Brennelemente-Fabrik in Sellafield falle auch unter die Vorschriften des EG- und Euratom-Vertrages sowie der Konvention zum Schutz der Meeresumwelt im Nord-Ost-Atlantik. Alle diese Übereinkommen enthielten auch Regelungen zur verbindlichen Streiterledigung. Die Streiterledigung durch das Schiedsgericht sei daher –so der britische Vortrag– gemäß Art. 282 SRÜ ausgeschlossen,[292] der lautet:

> „Haben Vertragsstaaten, die Parteien einer Streitigkeit über die Auslegung oder Anwendung dieses Übereinkommens sind, im Rahmen einer allgemeinen, regionalen oder zweiseitigen Übereinkunft oder auf andere Weise vereinbart, eine solche Streitigkeit auf Antrag einer der Streitparteien einem Verfahren zu unterwerfen, das zu einer bindenden Entscheidung führt, so findet dieses Verfahren anstelle der in diesem Teil vorgesehenen Verfahren Anwendung, sofern die Streitpartei-

---

289 *Award*, ILM 2000, S. 1395 ff.

290 Vgl. Oxman, AJIL 2001, S. 303 ff. und Kwiatkowska, AJIL 2001, S. 169 mit Beispielen.

291 *Award*, Tz. 62, ILM 2000, S. 1390; s.a. Oxman, AJIL 2001, S. 282.

292 *Provisional Measures, Order of 3 December 2001, ITLOS Case No. 10*, Tz. 44, im Internet unter <http://www.itlos.org/start2_en.html> veröffentlicht. Auch im Fall *Southern Bluefin Tuna* war die Anwendung des Art. 282 SRÜ im Raum gestanden, da alle Parteien Unterwerfungserklärungen nach Art. 36 Abs. 2 IGH-Statut abgegeben hatten. Allerdings waren diese Erklärungen mit möglicherweise einschlägigen Vorbehalten versehen, so dass sich Japan nicht darauf berufen hatte, vgl. dazu Eiriksson, The International Tribunal of the Law of the Sea, S. 136 sowie Treves, N.Y.U.J. Int'L L. & Pol. 1999, S. 813 ff.

en nichts anderes vereinbaren."[293]

Der ISGH bejahte hingegen die *prima facie*-Zuständigkeit des zu bildenden Schiedsgerichts. Gemäß Art. 282 SRÜ ließe sich die verbindliche Streiterledigung durch das SRÜ nur dann ausschließen, wenn ein anderes Übereinkommen die verbindliche Streiterledigung von Streitigkeiten zum Gegenstand hätte, die sich aus dem SRÜ selbst ergeben. Sofern die Streitigkeit lediglich sowohl unter das SRÜ als auch unter eine andere Konvention falle und die andere Konvention ein Mittel der verbindlichen Streiterledigung vorsähe, schließe das nicht die Streiterledigung nach dem SRÜ *für Verletzungen der Seerechtskonvention* aus.[294] Ähnlich lässt sich auch im Rahmen des Art. 281 SRÜ argumentieren. Wie auch das Schiedsgericht bestätigt hat, kann die Verletzung von Vorschriften des SRÜ *und* einer anderen Übereinkunft im Raum stehen.[295] Die bloße Tatsache, dass die andere Übereinkunft ein Mittel der Streiterledigung enthält, schließt für die Verletzung des SRÜ noch nicht die Streiterledigung nach dem SRÜ aus. Dies ist vielmehr nur dann der Fall, wenn das andere Übereinkommen ausdrücklich auch die Regelung von Streitfragen, die sich aus dem SRÜ ergeben, auf den eigenen Streiterledigungsmechanismus beschränkt.

(c) Der missverständliche Wortlaut des Art. 36 Abs. 1 IGH-Statut

Zwar statuiert das IGH-Statut in seinem Art. 36 Abs. 1 ebenfalls die Zuständigkeit des IGH für „alle in der Charta der Vereinten Nationen...besonders vorgesehenen Angelegenheiten"[296], in der UN-Charta gibt es indes keine Bestimmung, die eine solche materielle Unterwerfung beinhaltet.[297] Dass sich im IGH-Statut dennoch eine Bezugnahme auf die UN-Charta findet, beruht auf einem redaktionellen Fehler. Hatte man zu Beginn der Verhandlungen noch für bestimmte Fäl-

---

293 Engl.: „If the States Parties which are parties to a dispute concerning the interpretation or application of this Convention have agreed, through a general, regional or bilateral agreement or otherwise, that such dispute shall, at the request of any party to the dispute, be submitted to a procedure that entails a binding decision, that procedure shall apply in lieu of the procedures provided for in this Part, unless the parties to the dispute otherwise agree."; franz.: „Lorsque les Etats Parties qui sont parties à un différend relatif à l'interprétation ou l'application de la Convention sont convenus, dans le cadre d'un accord général, régional ou bilatéral ou de toute autre manière, qu'un tel différend sera soumis, à la demande d'une des parties, à une procédure aboutissant à une décision obligatoire, cette procédure s'applique au lieu de celles prévues dans la présente partie, à moins que les parties en litige n'en conviennent autrement."

294 Tz. 48 ff.

295 Vgl. Fn. 286.

296 Engl.: „all matters specially provided for in the Charter of the United Nations"; franz.: „tous les cas spécialement prévus dans la Charte des Nations unies".

297 Vgl. oben 1. Teil A.II.2.c).

le die obligatorische Gerichtsbarkeit im engeren Sinne erwogen, war letztlich doch darauf verzichtet,[298] die entsprechende Verweisung im IGH-Statut jedoch nicht gestrichen worden.[299] Auch der IGH bemerkte im Fall *Aerial Incident of 10 August 1999 (Pakistan v. India)*:

> „...[T]he United Nations Charter contains no specific provision of itself conferring compulsory jurisdiction on the Court. In particular, there is no such provision in Articles 1, paragraph 3 and 4, 33, 36, paragraph 3, and 92 of the Charter..."[300]

(2) Sonderfall: Art. 35 Abs. 2 IGH-Statut?

Obgleich die Unterwerfung unter die Gerichtsbarkeit des IGH –wie gesehen– in zwei Schritten zu erfolgen hat und Fälle einstufiger Konsenserteilung nicht vorgesehen sind, könnte sich durch die jüngste Rechtsprechung des IGH zu Art. 35 Abs. 2 IGH-Statut quasi durch die Hintertür doch ein solcher Fall eingeschlichen haben. Fraglich ist indes, ob diese Konstruktion in der vom IGH verstandenen Art und Weise auch von den Vätern des IGH-Statuts beabsichtigt war.
Nach Art. 35 Abs. 2 IGH-Statut besteht auch für Nichtmitglieder des Statuts die Möglichkeit, Zugang *ratione personae* zum IGH zu erlangen:

> „Die Bedingungen, unter denen der Zugang zum Gerichtshof anderen Staaten offen steht, werden vorbehaltlich der besonderen Bestimmungen geltender Verträge vom Sicherheitsrat festgelegt;..."[301]

(a) SR-Resolution 9 (1946)

Diese Bedingungen wurden vom Sicherheitsrat in seiner Resolution 9 (1946) vom 15. Oktober 1946 festgelegt:

> „1. The International Court of Justice shall be open to a State which is not a party to the Statute of the International Court of Justice, upon the following condition, namely, that such a State shall previously have deposited with the Registrar of the Court a declaration by which it accepts the jurisdiction of the Court, in accordance with the Charter of

---

298 Vgl. unten 1. Teil B.II.6.

299 Malanczuk, Akehurst's Modern Introduction to International Law, S. 283.

300 *Jurisdiction, Judgment,* Tz. 48, ILM 2000, S. 1132; s.a. oben 1. Teil A.II.2.c).

301 Engl.: „The conditions under which the Court shall be open to other states shall, subject to the special provisions contained in treaties in force, be laid down by the Security council,..."; franz.: „Les conditions auxquelles elle est ouverte aux autres Etats sont, sous réserve des dispositions particulières des traités en vigueur, réglées par le Conseil de sécurité,..."

the United Nations and with the terms of and subject to the conditions of the Statute and Rules of the Court, and undertakes to comply in good faith with the decision or decisions of the Court and to accept all the obligations of a Member of the United Nations under Art. 94 of the Charter;

2. Such declaration may be either particular or general. A particular declaration is one accepting the jurisdiction of the Court in respect only of a particular dispute or disputes which have already arisen. A general declaration is one accepting the jurisdiction generally in respect of all disputes or of a particular class or classes of disputes which have already arisen or which may arise in the future. A State, in making such a general declaration, may, in accordance with Article 36, paragraph 2, of the Statute, recognize as compulsory, *ipso facto* and without special agreement, the jurisdiction of the Court, provided however, that such acceptance may not, without explicit agreement, be relied upon vis-à-vis States parties to the Statute which have made the declaration in conformity with Article 36, paragraph 2, of the Statute of the International Court of Justice.

..."[302]

Gibt ein Staat gemäß dieser Resolution eine besondere oder allgemeine Erklärung ab, erhält er Zugang zum IGH.[303] Die Erklärung beinhaltet folglich den formellen Konsens. Unabhängig davon ist eine materielle Unterwerfung erforderlich, die bei einer allgemeinen formellen Konsenserteilung gemäß Ziff. 2 der Resolution 9 (1946) in Form einer Erklärung im Sinne des Art. 36 Abs. 2 erfolgen kann.[304] Möglich ist auch eine Unterwerfung in einem Vertrag gemäß Art.

302 Abgedruckt in YBICJ 1997-98, S. 69 f.

303 Besondere Erklärungen wurden von Albanien 1947 und Italien 1953 abgegeben, allgemeine Erklärungen von Japan 1951, Kambodscha, Loas, Sri Lanka und Vietnam 1952, Finnland 1953 und 1954, Italien 1955 und der Bundesrepublik Deutschland 1955, 1956, 1961, 1965 und 1971, vgl. YBICJ 1997-98, S. 70.

304 Ein reziprokes Jurisdiktionsband zu einem Mitgliedstaat des Statuts, der eine Erklärung nach Art. 36 Abs. 2 IGH-Statut abgegeben hat, entsteht freilich erst dann, wenn dieser Staat zusätzlich zu seiner Erklärung nach Art. 36 Abs. 2 IGH-Statut seine Zustimmung zu einer Unterwerfung im Verhältnis zu dem Nichtmitgliedstaat erklärt, vgl. Ziff. 2 S. 4 a.E. der Resolution 9 (1946). Dies ergibt sich aus dem Grundsatz der Staatengleichheit und ist schon in Art. 35 Abs. 2, 2. HS IGH-Statut angelegt: engl.: „...in no case shall such conditions place the parties in a position of inequality before the Court."; franz.: „...dans tous les cas, sans qu'il puisse en résulter pour les parties aucune inégalité devant la Cour."

Eine ausdrückliche Vereinbarung zwischen Nichtmitgliedern und Mitgliedern des IGH-Statuts stellt Art. X des sog. „Brüsseler Vertrages" (Vertrag über wirtschaftliche, soziale, und kulturelle Zusammenarbeit und über kollektive Selbstverteidigung) vom 17. März

36 Abs. 1 IGH-Statut.
Demnach erfolgt auch die Konsenserteilung durch Nichtmitgliedstaaten des Statuts grundsätzlich in zwei Stufen.

(b) „vorbehaltlich der besonderen Bestimmungen geltender Verträge"

Eine Ausnahme von diesem Grundsatz scheint der IGH der Wendung „...vorbehaltlich der besonderen Bestimmungen geltender Verträge..." in Art. 35 Abs. 2 IGH-Statut[305] entnehmen zu wollen.
Im Fall *Application of the Convention on the Prevention and Punishment of the Crime of Genocide* war eine Auslegung dieser Passage erforderlich geworden. Der Prozess war aufgrund einer Klage Bosnien-Herzegowinas gegen die Bundesrepublik Jugoslawien (Serbien und Montenegro) am 20. März 1993 initiiert worden. Bosnien-Herzegowina hatte seine Klage auf Art. IX der Konvention über die Verhütung und Bestrafung des Völkermordes (Völkermordkonvention) gestützt, der lautet:

> „Streitfälle zwischen den Vertragschließenden Parteien hinsichtlich der Auslegung, Anwendung oder Durchführung dieser Konvention einschließlich derjenigen, die sich auf die Verantwortlichkeit eines Staates für Völkermord oder eine der sonstigen in Artikel III aufgeführten Handlungen beziehen, werden auf Antrag einer der an dem Streitfall beteiligten Parteien dem Internationalen Gerichtshof unterbreitet."[306]

Da Jugoslawien die Zuständigkeit des IGH bestritt, musste dieser gemäß Art. 36 Abs. 6 IGH-Statut seine Kompetenz-Kompetenz ausüben und darüber entscheiden, ob seine Gerichtsbarkeit begründet war. Gleich zwei Mal hat der IGH über diese Frage entschieden: Am 8. April 1993 bejahte er im Rahmen der Anord-

---

1948, modifiziert durch Protokoll vom 23. Oktober 1954, dar, wonach Belgien, Frankreich, die Bundesrepublik Deutschland, Italien, Luxemburg, die Niederlande und Großbritannien alle unter Art. 36 Abs. 2 IGH-Statut fallenden Streitigkeiten dem IGH unterbreiten.

305 Engl.: „...subject to the special provisions contained in treaties in force..."; franz.: „...sous réserve des dispositions particulières des traités en vigueur..."

306 Engl.: „Disputes between the Contracting Parties relating to the interpretation, application or fulfilment of the present Convention, including those relating to the responsibility of a State for genocide or for any of the other acts enumerated in article III, shall be submitted to the International Court of Justice at the request of any of the parties to the dispute."; franz.: „Les différends entre les Parties contractantes relatifs à l'interprétation, l'application ou l'exécution de la présente Convention, y compris ceux relatifs à la responsabilité d'un Etat en matière de génocide ou de l'un quelconque des autres actes énumérés à l'article III, seront soumis à la Cour internationale de Justice, à la requête d'une Partie au différend."

nung vorläufiger Maßnahmen zunächst seine Zuständigkeit *prima facie*.[307] Die endgültige Zulässigkeitsentscheidung erfolgte dann am 11. Juli 1996:

> „...[E]lle a compétence en espèce pour assurer l'application de la convention sur le génocide aux faits pertinents qui se sont déroulés depuis le début du conflit dont la Bosnie-Herzégovine a été le théâtre."[308]

Eine Zuständigkeitsbegründung durch *forum prorogatum*[309] hatte der IGH aufgrund der jugoslawischen Einwände abgelehnt,[310] wohl aber seine Gerichtsbarkeit auf der Grundlage des Art. IX Völkermordkonvention begründet gesehen. Ob diese Entscheidung Bestand haben kann, ist mehr als zweifelhaft.
Um die Zuständigkeit des IGH zu begründen, hätten Bosnien-Herzegowina *und* Jugoslawien in formeller und in materieller Hinsicht Konsens erteilt haben müssen. Seitens Bosnien-Herzegowinas ließ sich diese Voraussetzung rasch bejahen. Als Mitglied der UNO war es automatisch Mitglied des IGH-Statuts (Art. 93 Abs. 2 UN-Charta), so dass formeller Konsens vorlag. Der materielle Konsens ergab sich aus der kompromissarischen Klausel des Art. IX Völkermordkonvention, deren Vertragsstaat Bosnien-Herzegowina war und ist.[311] Im Gegensatz dazu gestaltete sich die Konstellation im Fall Jugoslawiens wesentlich schwieriger. Schon das Vorliegen einer materiellen Unterwerfung war strittig. Wäre Jugoslawien ebenfalls Mitglied der Völkermordkonvention gewesen, hätte ein Jurisdiktionsband zwischen Jugoslawien und Bosnien-Herzegowina existiert. Die Frage der Mitgliedschaft war jedoch nicht unproblematisch. Zwar hatte die Sozialistische Föderative Republik Jugoslawien die Völkermordkonvention am 29. August 1950 ratifiziert, der völkerrechtliche Status der am 27. April 1992 neu gegründeten Bundesrepublik Jugoslawien ist indes ungeklärt. Ob die Bundesrepublik Jugoslawien mit der alten Sozialistischen Republik Jugoslawien subjektidentisch ist[312] und damit eine unmittelbare Geltung der Völkermordkonvention

---

307 *Provisional Measures, Order of 8 April 1993*, I.C.J. Rep. 1993, S. 14, 342.

308 *L'application de la convention pour la prévention et la répression du crime de génocide, exceptions préliminaires, arrêt*, C.I.J. Rec. 1996 (II), S. 617.

309 Dazu unten 1. Teil C.I.1.e).

310 I.C.J. Rep. 1993, S. 341 f.; C.I.J. Rec. 1996 (II), S. 620 f.

311 Zwar war auch in Bezug auf Bosnien-Herzegowina umstritten, ob es automatisch mit der Unabhängigkeit am 6. März 1992 oder erst mit der Note über die Nachfolge vom 29. Dezember 1992 Vertragsstaat geworden ist. Da jedoch auch im letzteren Fall die Klage nur neun Tage zu früh erhoben worden wäre und jederzeit nachgeholt hätte werden können, hielt der IGH die Frage für unerheblich, vgl. C.I.J. Rec. 1996 (II), S. 595, 612.

312 So die Auffassung Jugoslawiens, I.C.J. Rep. 1996 (II), S. 610. Vgl. aber den Meinungsumschwung in *Request for Revision of the Judgment of 11 July 1996, Application of 11 April 2001*, Tz. 31, unter <http://www.icj-cij.org/icjwww/idecisions.htm> veröffentlicht.

zu bejahen ist[313] oder ob der alte Staat untergegangen war,[314] soll hier dahingestellt bleiben, da es sich nicht um eine mit dem Konsensprinzip zusammenhängende Fragestellung handelt.[315] Der IGH jedenfalls ging davon aus, dass eine von der Bundesrepublik Jugoslawien abgegebene Erklärung, durch alle von der Sozialistischen Republik übernommenen internationalen Verpflichtungen gebunden sein zu wollen, die Frage der Bindung an die Völkermordkonvention positiv regelt. Folgt man dieser Hypothese des IGH, hat sich Jugoslawien tatsächlich in materieller Hinsicht internationaler Gerichtsbarkeit unterworfen.[316] Bleibt die Frage nach dem formellen Konsens: hatte Jugoslawien überhaupt Zugang zum IGH?[317] Der IGH hielt eine Überprüfung der Mitgliedschaft Jugoslawiens in der UNO, die über Art. 93 Abs. 2 UN-Charta die Erteilung des formellen Konsenses gegenüber dem IGH mit sich gebracht hätte, für erlässlich.[318] Der Gerichtshof verwies vielmehr unter Hinweis auf Art. 35 Abs. 2 IGH-Statut darauf, dass auch Nichtmitglieder des Statuts Zugang zum IGH haben könnten. Das eigentlich Verwunderliche an der Entscheidung ist, dass der IGH die Möglichkeit eines Zugangs auch unabhängig von den Voraussetzungen der Resolution 9 (1946) eröffnet sieht. Allein der Mitgliedschaft in einem „treaty in force" entnimmt er auch den formellen Konsens. Die Völkermordkonvention stellt nach seiner Rechtsprechung einen Vertrag in diesem Sinne dar:

> „...[T]he Court...considers that proceedings may validly be instituted by a State against a State which is a party to such a special provision in a treaty in force, but is not party to the Statute, and independently of the conditions laid down by the Security Council in its resolution 9 of 1946...;...a compromissary clause in a multilateral convention, such as Article IX of the Genocide Convention relied on by Bosnia-Herzegovina in the present case, could, in the view of the Court, be regarded prima facie as a special provision contained in a treaty in

---

313 Diese Schlussfolgerung zog Jugoslawien freilich nicht. Es argumentierte, die Voraussetzungen des Art. IX Völkermordkonvention lägen nicht vor, I.C.J. Rep. 1996 (II), S. 616 ff.

314 So SR und GV, vgl. I.C.J. Rep. 1993, S. 12 ff.

315 Vgl. dazu Epping, in: K. Ipsen, Völkerrecht, S. 397; Shaw, International Law, S. 678 ff.; Blum, AJIL 1992, S. 830 ff.

316 Auch der IGH beantwortete die Frage nach dem rechtlichen Status nicht; ob die Erklärung Jugoslawiens für eine Bindung ausreicht, ist ebenfalls umstritten, zur Kritik vgl. Hillgruber, ZÖR 1998, S. 366 f.

317 Zum Begriff des Zugangs vgl. oben 1. Teil C.I.1.c)aa)(1).

318 I.C.J. Rep. 1993, S. 14. In der Entscheidung 1996 zu den vorgängigen Einreden Jugoslawiens musste er nicht mehr zum formellen, sondern nur noch zum materiellen Konsens Stellung nehmen.

force;..."[319]

Der Auslegung des IGH zufolge beinhaltet die –vermeintliche– Zustimmung Jugoslawiens zu Art. IX Völkermordkonvention sowohl den materiellen als auch den formellen Konsens: Jugoslawien hätte in nur einem einzigen Schritt seine Unterwerfung unter die Gerichtsbarkeit des IGH vollzogen.
Zwar ließe sich das Urteil, namentlich die Feststellung, eine Klage gegen einen Nichtmitgliedstaat des Statuts sei zulässig „...*independently* of the conditions laid down by the Security Council..."[320] auch so deuten, dass der IGH in diesem Ausnahmefall auf einen formellen Konsens als Grundlage seiner Zuständigkeit verzichte. Dies würde aber offensichtlich dem Konsensprinzip zuwiderlaufen, der Staat wäre nicht unterworfen, das Gericht unzuständig.
Fraglich ist, ob Art. 35 Abs. 2 IGH-Statut –„vorbehaltlich der besonderen Bestimmungen geltender Verträge"– tatsächlich so zu verstehen ist, dass er eine einstufige Konsenserteilung vorsieht. In der Literatur waren Äußerungen zu Art. 35 Abs. 2 IGH-Statut in der Vergangenheit nur sehr spärlich zu finden. Selbst Rosenne konnte sich in den ersten beiden Auflagen seines Werkes „The Law and Practice of the International Court" nicht zu einer Auslegung dieser Vorschrift durchringen:

> „It is not clear what is meant by the phrase ‚subject to a special provision contained in treaties in force' in the present Statute."[321]

Nach den Urteilen des IGH 1993 und 1996 ist wieder etwas Leben in die Diskussion gekommen:
Rosenne vertritt mittlerweile die Auffassung, „treaties in force" könnten nur solche Verträge sein, die schon vor Inkrafttreten des IGH-Statuts, also vor dem 24. Oktober 1945, in Kraft waren.[322]
Sienho geht davon aus, dass Art. 35 Abs. 2 IGH-Statut nur Verträge betrifft, die aus dem Zweiten Weltkrieg resultierende Streitigkeiten regeln.[323] Allerdings möchte er eine Ausnahme machen, wenn es um die Verletzung von *ius cogens* geht. In diesem Fall werden seiner Meinung zufolge von Art. 35 Abs. 2 IGH-Statut alle Verträge erfasst, die zum Zeitpunkt der Klageerhebung in Kraft sind.[324]

---

319 I.C.J. Rep. 1993, S. 14.

320 Hervorhebung von der Verfasserin.

321 1. Aufl., Vol. 1, S. 278, Fn. 1 und 2. Auflage, S. 278, Fn. 1.

322 The Law and Practice of the International Court, Vol. II, S. 628 ff.

323 ICLQ 1998, S. 900, 903.

324 ICLQ 1998, S. 903: „In these cases, the language in Article 35(2) granting control to the Security Council over the conditions under which a non-party to the Statute may become a party in a case before the Court needs to yield to the higher concern of resolving disputes involving *jus cogens* as soon as possible."

Bewertet man die Vorgaben aus dem Blickwinkel des Konsensprinzips, muss man sich jedoch nicht nur die Frage stellen, wie Art. 35 Abs. 2 IGH-Statut auszulegen ist, sondern auch, ob diese Auslegung mit dem Erfordernis einer ausdrücklichen Unterwerfung der Staaten unter die Gerichtsbarkeit als Voraussetzung für die Ausübung internationaler Gerichtsbarkeit überhaupt vereinbar ist. Anders ausgedrückt: das Statut kann zwar auf bestimmte Voraussetzungen verzichten und den Staaten ohne weiteres Zugang zum IGH verschaffen, das bedeutet aber noch nicht, dass Nichtmitgliedstaaten des Statuts sich in den in Art. 35 Abs. 2 IGH-Statut vorgesehenen Verträgen auch tatsächlich in formeller Hinsicht unterwerfen. Hat ein Staat –sei es vor 1945 oder in einem zum Zeitpunkt der Klageerhebung geltenden Vertrag– seine formelle Zustimmung nicht erteilt, scheidet auch eine Fiktion der Zustimmung über das Statut aus. Während man über die Zustimmung zu Art. 36 Abs. 5 IGH-Statut den *materiellen* Konsens fingieren kann, liegt eine Zustimmung zu Art. 35 Abs. 2 IGH-Statut nicht vor, da diese Vorschrift gerade den Fall regelt, dass ein Staat das Statut nicht unterzeichnet hat. Auch insofern würde es wieder am erforderlichen Konsens mangeln.
Kann man also davon ausgehen, dass ein Staat vor 1945 die Zustimmung zur Gerichtsbarkeit eines Gerichtes erteilen wollte, das noch gar nicht existierte? Schwerlich. Da die formelle Unterwerfung die Zustimmung zur Zusammensetzung des Gerichts, den Verfahrensregeln und den Entscheidungsgrundlagen beinhaltet, ist es praktisch gar nicht möglich, formellen Konsens zu erteilen, wenn das Statut des Gerichts noch nicht bekannt ist, das diese Faktoren festlegt. Entsprechende Unterwerfungserklärungen können daher nur den materiellen, nicht aber den formellen Konsens betreffen.
Genauso unwahrscheinlich ist es aber, dass ein Staat, der nicht Mitglied im IGH-Statut ist, in einem nach Inkrafttreten des Statuts geschlossenen Vertrag ohne weiteres die Organisationsgewalt des IGH anerkennt und in seiner Zustimmung zu einer kompromissarischen Klausel die materielle Unterwerfung, die auch Mitgliedstaaten des Statuts erteilen, mit der formellen Unterwerfung vereint. Zwar mag die Erteilung des materiellen Konsenses eine Verpflichtung zur Schaffung der formellen Voraussetzungen für eine Klageerhebung mit sich bringen, es handelt sich aber ob des Fehlens der formellen Voraussetzung um eine nichtjustiziable Verpflichtung. Der Wortlaut z.B. des Art. IX Völkermordkonvention spricht auf den ersten Blick nicht gegen eine formelle Anerkennung der IGH-Gerichtsbarkeit, wohl aber die Staatenpraxis. Angesichts der Tatsache, dass, abgesehen von diesem vermeintlichen Ausnahmefall, die zweistufige Konsenserteilung die Regel ist, hätte es einer weitaus eindeutigeren und ausdrücklicheren Einbeziehung des formellen Konsenses bedurft, um nicht den Verdacht einer bloßen Unterstellung aufkommen zu lassen.
Exotisch mutet schließlich Sienhos Auffassung an, wonach sich je nach verletzter Norm eine unterschiedliche Auslegung ergeben soll. Es spricht nichts da-

für, dass ein Staat eher die Gerichtsbarkeit des IGH anerkennen will, wenn er einen Vertrag unterzeichnet, der völkerrechtliches *ius cogens* kodifiziert. Obgleich es politisch wünschenswert wäre, kann auf den Konsens auch dann nicht verzichtet werden, wenn ein Streitfall vom IGH gelöst werden soll, der eine *ius cogens*-Verletzung betrifft.[325]

M.E. ist unter Beachtung des Konsenserfordernisses dem Art. 35 Abs. 2 IGH-Statut nur dann ein wirksamer Regelungsgehalt zu entnehmen, wenn er so verstanden wird, dass er auf die Erteilung des formellen Konsenses nach den Bedingungen des Sicherheitsrates verzichtet, sofern ein Vertrag andere Bedingungen oder Modi für die formelle Unterwerfung eines Nichtmitgliedstaates des Statuts vorschreibt und diese befolgt werden. Art. IX Völkermordkonvention entspricht diesen Voraussetzungen nicht. Es gibt aber auch keine andere Vorschrift, die eine besondere Bestimmung in dem so verstandenen Sinne des Art. 35 Abs. 2 IGH-Statut enthielte. Ob ein solcher Vertrag noch abgeschlossen werden könnte oder nur Verträge aus der Zeit vor in Krafttreten des Statuts in Betracht gekommen wären,[326] ist eine Frage der Vertragsauslegung, die über die hier behandelte Problematik hinausgeht. Sie soll deshalb dahingestellt bleiben.

Entgegen der Rechtsprechung des IGH ist somit auch dem Art. 35 Abs. 2 IGH-Statut keine einstufige Konsenserteilung zu entnehmen. Die formelle und die materielle Unterwerfung unter die Gerichtsbarkeit des IGH erfolgen nach der aktuellen Rechtslage stets getrennt voneinander. Da Jugoslawien im Jahr 2001 einen Antrag auf Wiederaufnahme des Verfahrens gestellt hat, in dem es die Argumentation des IGH zu Art. 35 Abs. 2 IGH-Statut angreift,[327] könnte der Gerichtshof gezwungen sein, sich erneut mit der Problematik zu befassen. Denkbar wäre aber auch, dass er –anders als Jugoslawien– keine neue Tatsache im Sinne von Art. 61 Abs. 1 IGH-Statut erkennen kann und damit die Voraussetzung für eine Wiederaufnahme von vornherein verneint.[328]

---

325 Vgl. auch die Entscheidung des IGH im Fall *East Timor (Portugal v. Australia),* I.C.J. Rep. 1995, S. 102: „...[T]he *erga omnes* character of a norm and the rule of consent to jurisdiction are two different things. Whatever the nature of the obligations invoked, the Court could not rule on the lawfulness of the conduct of a State when its judgment would imply an evaluation of the lawfulness of another State which is not a party to the case. Where this is so, the Court cannot act, even if the right in question is a right *erga omnes.*"

326 So wohl die Auffassung der Richter A n z i l o t t i und H u b e r, die die Vorschrift auf die Friensverträge beschränkt sehen: „The clause in question...had in mind the peace treaties."; „...[T]he exception made in Article 35 could only be intended to cover situations provided for by the treaties of peace"; P.C.I.J., Ser. D, Add. to n° 2, S. 105 f.

327 *Request for Revision of the Judgment of 11 July 1996, Application of 11 April 2001,* Tz. 25 ff., im Internet unter <http://www.icj-cij.org/icjwww/idecisions.htm> veröffentlicht.

328 Jugoslawien argumentiert, durch seine Aufnahme in die UNO am 1. November 2000 sei entgegen seiner früheren Auffassung erwiesen, dass die Bundesrepublik Jugoslawien nicht Rechtsnachfolger der Sozialistischen Republik Jugoslawien ist und vor ihrem UN-Beitritt weder Mitglied der UNO, noch des Statuts, noch der Völkermordkonvention war,

d) *Unterwerfung ad hoc durch Kompromiss*

Neben der Unterwerfung *ante hoc* besteht auch die Möglichkeit, sich *ad hoc* in einem Kompromiss der Gerichtsbarkeit eines internationalen Gerichtes zu unterwerfen. Der *ad hoc* Kompromiss erfasst einen konkreten Streitfall, mit seiner Notifizierung ist die Klage anhängig.

Klassischerweise erfolgt die Unterwerfung unter ein Schiedsgericht *ad hoc*. Doch so wie sich in der Schiedsgerichtsbarkeit Formen obligatorischer Gerichtsbarkeit finden,[329] gibt es auch in der internationalen Gerichtsbarkeit im engeren Sinne zuweilen die Option der Unterwerfung durch Kompromiss.

So sieht Art. 36 Abs. 1 IGH-Statut –„Die Zuständigkeit des Gerichtshofs erstreckt sich auf alle ihm von den Parteien unterbreiteten Rechtssachen...“–[330] diese Möglichkeit vor.

Auch der Internationale Seegerichtshof kann auf der Grundlage eines *ad hoc* Kompromisses befasst werden, Art. 21 Anl. VI SRÜ.

Ein Kompromiss kann selbst dann als Grundlage für die Gerichtsbarkeit eines internationalen Gerichts gewählt werden, wenn bereits eine Zuständigkeitsbegründung in Form einer einseitigen oder vertraglichen Unterwerfung besteht. So wäre im Fall *North Sea Continental Shelf*[331] auch eine einseitige Klageerhebung auf der Grundlage des Europäischen Übereinkommens zur friedlichen Streiterledigung denkbar gewesen. Stattdessen schloss die Bundesrepublik Deutschland jeweils einen Kompromiss mit den Niederlanden und Dänemark.[332]

Gerade in den Fällen, in denen die Parteien nicht auf den Kompromiss angewiesen wären, offenbart sich sein Nachteil. Der Abschluss eines Kompromisses kann u.U. viel Zeit beanspruchen.[333] Allerdings sind vorgängige Einreden die Zuständigkeit des Gerichts betreffend unwahrscheinlich, da sich die Parteien im Moment der Klageerhebung einig sind, einen Prozess führen zu wollen, so dass das Verfahren selbst von kürzerer Dauer sein kann.[334]

Tz. 23.

329 S.o. 1. Teil A.II.2.c).

330 Engl.: „The jurisdiction of the Court comprises all cases which the parties refer to it...“; franz.: „La compétence de la Cour s'étend à toutes les affaires que les parties lui soumettront,...“

331 *Judgment*, I.C.J. Rep. 1969, S. 3 ff.

332 Vgl. auch die Fälle *Minquiers and Ecrehos, Judgment*, I.C.J. Rep. 1953, S. 47 ff., *Droit d'asile, arrêt*, C.I.J. Rec. 1950, S. 266 ff.; *Sovereignty over Certain Frontier Land, Judgment*, I.C.J. Rep. 1959, S. 209 ff., in denen ein Kompromiss geschlossen wurde, obwohl auch eine einseitige Klageerhebung möglich gewesen wäre.

333 Jenks, The Prospects of International Adjudication, S. 154; Steinberger, in: Mosler/Bernhardt (Hrsg.), Judicial Settlement of International Disputes, S. 252.

334 Marion, RGDIP 1995, S. 260 f.; *Délimitation de la frontière maritime dans la région du Golfe du Maine, arrêt*, C.I.J. Rec. 1984, S. 265. In der Praxis streiten die Parteien aber von Zeit zu Zeit doch über die Zuständigkeit, so z.B. wenn sie hinsichtlich der Auslegung

Ein praktischer Vorteil liegt in der Möglichkeit zur Verhandlung. Im Rahmen der internationalen Schiedsgerichtsbarkeit haben die Parteien die Möglichkeit, neben der Festlegung des Streitgegenstandes auch Aussagen über die Auswahl der Richter, der Verfahrensregeln und der anzuwendenden Entscheidungsgrundlagen zu treffen, in der internationalen Gerichtsbarkeit im engeren Sinne beschränkt sich der Vorteil des Kompromisses grundsätzlich darauf, den Entscheidungsumfang des Gerichts einzugrenzen.[335] Zwar gilt auch in der obligatorischen Gerichtsbarkeit der Grundsatz *ne ultra petita*, d.h. das Gericht darf über den gestellten Antrag hinaus nicht in der Sache entscheiden. Der Kompromiss bietet aber weitergehende Möglichkeiten. Beide Staaten können auf die Festlegung des Prozessgegenstandes einwirken, so dass es keinen eigentlichen Kläger und Beklagten, keinen Sieger und Verlierer gibt, sondern „Verhandlungspartner", die zur Klärung von Rechtsfragen das Gericht als eine Art Gutachter hinzuziehen.[336] Das Fehlen des „adversary element" der einseitigen Klageerhebung[337] ist ein psychologisches Moment von nicht zu unterschätzender Bedeutung, lässt es doch alle beteiligten Staaten „das Gesicht wahren".[338] Der Kompromiss stellt sich nicht nur als eine besondere Übereinkunft –„special agreement"– dar, sondern der eigentlichen Bedeutung des deutschen „Kompromisses" bzw. französischen „compromis" folgend, als eine besondere Übereinkunft, die

---

des Kompromisses unterschiedlicher Meinung sind, vgl. *Kasikili/Sedudu Island*, dazu Fn. 25.

335 Im Gegensatz zur Schiedsgerichtsbarkeit sind die formellen Aspekte des Verfahrens zum größten Teil zwingend durch das Statut vorgegeben. Bezüglich der Zusammensetzung des Gerichts besteht z.B. lediglich die Möglichkeit, einen *ad hoc* Richter zu bestimmen, hinsichtlich der Auswahl des anzuwendenden Rechts gilt der Grundsatz *iura novit curia*, die Parteien können nur festlegen, ob das Gericht *ex aequo et bono* entscheiden soll. Das Verfahren regelt sich grundsätzlich ebenfalls nach dem Statut, nur wenige Vorschriften lassen den Parteien Raum für eigene Vorstellungen, dazu Abi-Saab, RGDIP 1992, S. 274 ff., Marion, RGDIP 1995, S. 262, 298.

336 So baten die Bundesrepublik und die Niederlande bzw. Dänemark im Fall *North Sea Continental Shelf* den internationalen Gerichtshof lediglich darum, folgende Frage zu beantworten:

„What principles and rules of international law are applicable to the delimitation as between the Parties of the areas of the continental shelf in the North Sea...", *North Sea Continental Shelf, Judgment*, I.C.J. Rep. 1969, S. 6. Die Parteien verpflichteten sich in dem Kompromiss, auf der Grundlage der IGH-Entscheidung den Festlandssockel auf dem Verhandlungswege abzugrenzen.

337 Dementsprechend sind die aufgrund eines Kompromisses initiierten Fälle im Jahrbuch des IGH mit einem Querstrich (/) zwischen den Beteiligten gekennzeichent, während in Fällen einseitiger Klageerhebung die Parteien durch ein „v." für „versus" bzw. „c." für „contre" als Klagegegner qualifiziert werden.

338 Steinberger, in: Mosler/Bernhardt (Hrsg.), Judicial Settlement of International Disputes, S. 251 f.; Marion, RGDIP 1995, S. 261.

durch gegenseitige Zugeständnisse erreicht wird.[339]
Das Element der Verhandlung kann einen prozessunwilligen, noch nicht unterworfenen Staat daher möglicherweise umstimmen – ein Element, das der Unterwerfung *post hoc* fehlt. Die Zuständigkeitsbegründung durch *forum prorogatum* ist die letzte Möglichkeit, eine Streitigkeit gerichtlich beizulegen.

e) Unterwerfung post hoc – sog. forum prorogatum

Die Zuständigkeitsbegründung durch *forum prorogatum* erfolgt erst *post hoc*, d.h. nach Klageerhebung.[340] Darin liegt kein Widerspruch zu Art. 36 Abs. 1 IGH-Statut, entscheidend ist lediglich, dass die Parteien Konsens erteilen:

> „La juridiction de la Cour dépend de la volonté des Parties. La Cour est toujours compétente du moment où celles-ci acceptent sa juridiction, car il n'y a aucun différend que les États admis à ester devant la Cour ne puissent lui soumettre. L'acceptation, par un État, de la juridiction de la Cour dans un cas particulier, n'est pas, selon le Statut, soumise à l'observation de certaines formes, comme, par exemple, l'établissement d'un compromis formel préalable."[341]

Die Klageerhebung durch eine Partei hat zugleich den Charakter eines Angebots zur Zuständigkeitsbegründung, das vom Beklagten angenommen werden kann, so dass auch die Prorogation letztlich einen Vertrag über einen konkreten Streitfall zustandekommen lässt.[342] Die Annahme durch den Klagegegner kann auf unterschiedliche Art und Weise erfolgen, sei es durch ausdrückliche[343] oder durch konkludente Zustimmung[344] z.B. in Form eines rügelosen Einlassens auf die Klage.[345]

---

339 Vgl. Marion, RGDIP 1995, S. 258.

340 S.o. 1. Teil C.I.1.

341 *Droits des minorités en Haute-Silésie (écoles minoritaires), arrêt n° 12, 1928,* C.P.J.I. sér. A n° 15, S. 22, 23.

342 Sienho, GYIL 1999, S. 151.

343 *Concessions Mavrommatis à Jérusalem, arrêt n° 5, 1925,* C.P.J.I. sér. A n° 5; *Factory at Chorzów, Merits, Judgment No. 13, 1928,* P.C.I.J. Ser. A, No. 17; *Détroit de Corfou, exception préliminaire, 1948,* C.I.J. Rec. 1947-1948, S. 19, 27.

344 *Interprétation de l'arrêt n° 3, arrêt n° 4, 1925,* C.P.J.I. sér. A n° 4; *Droits des minorités en Haute-Silésie (écoles minoritaires), arrêt n° 12, 1928,* C.P.J.I. sér. A n° 15, S. 22 ff.; *Société commerciale de Belgique, arrêt, 1939,* C.P.J.I. sér. A/B n° 78, S. 160; *Haya de la Torre, arrêt,* C.I.J. Rec. 1951, S. 78; umstritten ist die Grundlage der Gerichtsbarkeit des IGH im Fall *Rights of Nationals of the United States of America in Morocco, Judgment,* I.C.J. Rep. 1952, S. 176 ff., z.T. wurde angenommen, der Gerichtshof habe seine Gerichtsbarkeit durch *forum prorogatum* begründet gesehen, vgl. Sienho, GYIL 1999, S. 171; individuelle Meinung von Lauterpacht im Fall *Certains emprunts norvégiens, arrêt,* C.I.J. Rec. 1957, S. 59 f.; Rosenne, The Law and Practice of the International

Schon der StIGH bestätigte die Konzeption des *forum prorogatum.* Vor dem StIGH ging es nur um die Ausweitung einer bestehenden Zuständigkeit, d.h. es existierte jeweils bereits ein Jurisdiktionsband, dass jedoch *ratione materiae* nicht alle Probleme erfasste. Der IGH bejahte die Möglichkeit, seine Zuständigkeit zu prorogieren, auch in den Fällen, in denen es an jeglicher Zuständigkeitsgrundlage mangelt.

Während der Entwurf einer Verfahrensordnung für den ISGH[346] noch vorsah, dass der Kläger sich der Gerichtsbarkeit des ISGH unterworfen haben musste („has accepted jurisdiction"), um die Zuständigkeit des ISGH durch *forum prorogatum* begründen zu können, entspricht die endgültige Version in ihrem Art. 54 Abs. 5 der Regelung in Art. 38 Abs. 5 des IGH-Statuts:

> „When the applicant proposes to found the jurisdiction of the Tribunal/Court upon a consent thereto yet to be given or manifested by the State against which the application is made, the application shall be transmitted to that State."

2. *Formerfordernisse*

Dass eine Unterwerfung der Staaten unter die Gerichtsbarkeit eines internationalen Gerichts *post hoc* möglich ist, beruht gerade auf der Feststellung, dass für die Konsenserteilung grundsätzlich keine besondere Form erforderlich ist:

> „Alors que le consentement des parties confère juridiction à la Cour, ni le Statut ni le Règlement n'exigent que ce consentement s'exprime dans une forme déterminée."[347]

Konsens im Sinne des Art. 36 Abs. 1 IGH-Statut muss daher nicht gleichzeitig erklärt werden, sondern kann auch durch aufeinanderfolgende Akte erteilt werden.[348]

Da aber sonstige Übereinkommen nach Art. 36 Abs. 1 IGH-Statut völkerrechtliche Verträge sind, müssen sie zu ihrer Wirksamkeit den Erfordernissen der

---

Court, Vol. III, S. 1276.

345 Vgl. das Bild bei E. Lauterpacht, in: Lowe/M. Fitzmaurice (Hrsg.), Fifty Years of the International Court of Justice, S. 465: „...[T]he concept of *forum prorogatum* – by which the plaintiff party opens the door to the Court's jurisdiction by instituting proceedings...The door having thus been opened, the respondent thereupon, so to speak, walks through it by performing some act that is treated by the Court as evidence of consent."

346 Doc. LOS/PCN/SCN.4/WP.16/Add. 1 of 19 January 1994.

347 *Détroit de Corfou, exception préliminaire, arrêt, 1948,* C.I.J. Rec. 1947-48, S. 27.

348 C.I.J. Rec. 1947-48, S. 28.

Wiener Vertragsrechtskonvention entsprechen. So muss beispielsweise die Schriftform gewahrt werden, Art. 2 Abs. 1 lit. a) WVRK.

3. *Das Reziprozitätserfordernis*

Gleich ob Konsens durch Vertrag oder unilateral erteilt wird, internationale Gerichtsbarkeit erfordert grundsätzlich ein Jurisdiktions*band*, das nur durch reziproke Unterwerfungen begründet wird. Die Reziprozität hat zwar keine Auswirkungen auf die Wirksamkeit der einzelnen Unterwerfung, wohl aber auf deren Folge, d.h. deren Bedeutung für das Tätigwerden eines internationalen Gerichts. Das Erfordernis der Reziprozität hat seinen Niederschlag im Wortlaut des Art. 36 IGH-Statut gefunden, wenn es in Abs. 2 heißt:

> „...gegenüber jedem Staat, der dieselbe Verpflichtung übernimmt,...“[349]

Auch Abs. 3 nimmt Bezug auf das Reziprozitätsprinzip:

> „Die...Erklärung kann...vorbehaltlich einer entsprechenden Verpflichtung mehrerer oder einzelner Staaten...abgegeben werden.“[350]

Allerdings darf Abs. 3 nicht so verstanden werden, dass der Reziprozitätsgrundsatz nur dann zum Tragen kommt, wenn er Teil einer besonderen Erklärung nach Art. 36 Abs. 2 IGH-Statut ist. „[I]nherent in all the jurisdiction of the Court“, wie Rosenne formuliert,[351] stellt das Reziprozitätsprinzip einen allgemeinen Grundsatz der internationalen Gerichtsbarkeit dar, der keiner ausdrücklichen Erwähnung im Statut bedurft hätte und darüber hinaus nicht nur für den Bereich einseitiger Unterwerfungserklärungen, sondern auch für die durch Vertrag begründete Gerichtsbarkeit gilt.[352] Zu beachten ist freilich, dass der Grundsatz der Reziprozität nicht zum *ius cogens* gehört. Da er Inhalt des Konsenses ist, kann er durch ausdrücklichen Konsens außer Kraft gesetzt werden. Für Individualbeschwerden vor dem EGMR gilt er nicht. Die EMRK beinhaltet, wie alle Menschenrechtsverträge, keine bilateralen Rechte und Pflichten der Staaten im

---

349 Engl.: „...in relation to any other state accepting the same obligation,...“; franz.: „...à l'egard de tout autre Etat acceptant la même obligation,...“

350 Engl.: „The declarations...may be made...on condition of reciprocity on the part of several or certain states...“; franz.: „Les déclarations...pourront être faites...sous condition de réciprocité de la part de plusieurs ou de certains Etats...“

351 The Law and Practice of the International Court, Vol. II, S. 761; so auch Thirlway, NYIL 1984, S. 107 f., Alexandrov, Reservations in Unilateral Declarations, S. 27, jeweils m.w.N. zur Gegenauffassung, die früher auch vertreten wurde.

352 Thirlway, NYIL 1984, S. 100, 108; Schaumann, Gegenseitigkeit, in: Strupp/Schlochauer (Hrsg.), Wörterbuch des Völkerrechts, Bd. 1, S. 630; Bernhardt, in: Hommage à Paul Guggenheim, S. 617 f., 620 f. m.w.N.

Sinne eines „do ut des", sondern objektive Verpflichtungen gegenüber allen der Hoheitsgewalt eines Vertragsstaates unterworfenen Einzelpersonen (Art. 1 EMRK).[353] So setzt die EMRK für den Fall der Individualbeschwerde auch ihrem Wortlaut zufolge keine Unterwerfung des Staates voraus, dessen Staatsangehörigkeit der Kläger besitzt. In ihrer alten Fassung forderte sie in Art. 48 nur, dass „...der in Frage kommende Hohe Vertragsschließende Teil, wenn nur einer beteiligt ist, oder sämtliche Vertragsschließende Parteien, wenn mehrere beteiligt sind, der obligatorischen Gerichtsbarkeit des Gerichtshofs unterworfen sind..."[354] Für den Bereich der Staatenbeschwerde gilt der Reziprozitätsgrundsatz jedoch insofern, als sowohl Kläger als auch Beklagter der Gerichtsbarkeit unterworfen sein müssen, wie sich aus Art. 46 Abs. 1 i.V.m. Art. 48 EMRK a.F. bzw. aus Art. 33 EMRK n.F. („Jede Hohe Vertragspartei kann den Gerichtshof wegen jeder behaupteten Verletzung dieser Konvention oder der Protokolle dazu durch eine andere Hohe Vertragspartei anrufen")[355] ergibt.
Wie nach Simma für den Bereich der völkerrechtlichen Rechtsgeschäfte zwischen den formellen und den materiellen Aspekten der Reziprozität zu unterscheiden ist,[356] finden sich auch in der internationalen Gerichtsbarkeit beide Elemente der Reziprozität.

a) Formelle Reziprozität

In der internationalen Gerichtsbarkeit bedeutet formelle Reziprozität, dass die Parteien einer Streitigkeit die gleiche Unterwerfungs*grundlage* gewählt haben müssen. Sie betrifft das „ob" und die Form der Unterwerfung. Die Diktion ist freilich nicht zwingend, Rosenne beispielsweise spricht von „*mutuality*" im

---

353 Vgl. Giegerich, ZaöRV 1995, S. 753 ff.; Frowein, in: v. Münch (Hrsg.), Festschrift für H.-J. Schlochauer, S. 300; *Ireland v. United Kingdom, Judgment of 18 January 1978,* ECHR, Series A, Vol. 25, S. 147.

354 Engl.: „...provided that the High Contacting Party concerned, if there is only one, or the High Contracting Parties concerned, if there is more than one, are subject to the compulsory jurisdiction of the Court..."; franz.: „A la condition que la Haute Partie contractante intéressée, s'il n'y en a qu'une, ou les Hautes Parties contractantes intéressées, s'il y en a plus d'une, soient soumises à la juridiction obligatoire de la Cour..."

355 Engl.: „Any High Contracting Party may refer to the Court any alleged breach of the provisions of the Convention and the protocols thereto by another High Contracting Party."; franz.: „Toute Haute Partie contractante peut saisir la Cour de tout manquement aux dispositions de la Convention et de ses protocoles qu'elle croira pouvoir être imputé à une autre Haute Partie contractante."

356 Das Reziprozitätselement im Zustandekommen völkerrechtlicher Verträge, S. 50 ff.; Simma versteht unter Reziprozität in formeller Hinsicht die objektive Geltung zwischen zwei Parteien, im Gegensatz zur materiellen Reziprozität, die vorliegt, wenn vertragliche Rechte und Pflichten in einem materiellen Gegenseitigkeitsverhältnis stehen.

Gegensatz zur *„reciprocity“* (materielle Reziprozität).[357]
Hat sich der Kläger z.B. in einem allgemeinen Schiedsvertrag der Gerichtsbarkeit des Internationalen Gerichtshofs vollumfänglich unterworfen, ohne eine Erklärung nach Art. 36 Abs. 2 IGH-Statut abgegeben zu haben, hat der gegnerische Staat dem Vertrag aber nur unter Ausschluss der aktuellen Streitigkeit zugestimmt, andererseits aber seine Zustimmung zur Gerichtsbarkeit des Internationalen Gerichtshofs nach Art. 36 Abs. 2 IGH-Statut erteilt, läge kein Jurisdiktionsband zwischen den Parteien vor. Über die Unterwerfung einer Partei im Schiedsvertrag und die Unterwerfungserklärung der anderen Partei nach Art. 36 Abs. 2 IGH-Statut kann ein Jurisdiktionsband nicht konstruiert werden. Dies ist im Abs. 2 mit der Formulierung „accepting the same obligation“ gemeint, gilt aber gleichsam für die vertraglich begründete Gerichtsbarkeit.[358]
Insofern genügen auch nicht die einseitige Unterwerfungserklärung des beklagten Staates und die Klageerhebung des Klägers. Um ein Jurisdiktionsband durch *forum prorogatum* zu begründen, ist vielmehr nach der Klageerhebung die Zustimmung bzw. das rügelose Einlassen des Streitgegners erforderlich.
Hatten nach der alten Fassung der EMRK die beteiligten Staaten keine Unterwerfungserklärung abgegeben, konnte das Jurisdiktionsband hergestellt werden, indem der beklagte Staat der Klage zustimmte (Art. 48 a.F). In der aktuellen Fassung ist Voraussetzung einer Staatenbeschwerde, dass sowohl Kläger als auch Beklagter Vertragsstaaten der EMRK sind und sich damit der obligatorischen Gerichtsbarkeit unterworfen haben. Es besteht somit nur eine Möglichkeit, formelle Reziprozität zu begründen.

b) Materielle Reziprozität

Die materielle Reziprozität sagt etwas über den Umfang der Unterwerfung aus. Ein internationales Gericht kann nur dann tätig werden, wenn der Unterwerfungs*gehalt* der Parteien in einem konkreten Streitfall übereinstimmt. Voraussetzung ist, dass die Unterwerfungen insoweit korrespondieren wie der vorliegende Fall betroffen ist. Die Erklärungen müssen also nicht komplett identisch sein.[359] Existiert noch ein *„kongruentes Minus“* im Verhältnis zur anderen Partei,

---

357 The Law and Practice of the International Court of Justice, Vol. II, S. 541 ff., 741.

358 Vgl. aber Rosenne, The Law and Practice of the International Court, Vol. II, S. 543: „However, it is true that generally speaking, where the jurisdiction rests on a treaty or convention in force (Statute, Art. 36, paragraph 1) the elements of mutuality and reciprocity are largely absorbed into the treaty, and it is especially in the compulsory jurisdiction (Statute, Art. 36, paragraphs 2 and 5) that their independence asserts itself.“

359 *Anglo-Iranian Oil Co., Preliminary Objection, Judgment,* I.C.J. Rep. 1952, S. 103; Briggs, Hague Receuil 1958, S. 242 f.; Waldock, BYIL 1955-56, S. 257 f.; Thirlway, NYIL 1984, S. 111 f.; Weiss, in: Damrosch (Hrsg.), The International Court of Justice at a Crossroads, S. 84; Alexandrov, Reservations in Unilateral Declara-

ist insofern ein Jurisdiktionsband begründet.[360] Die Parteien können ihre Unterwerfung beschränken, indem sie Vorbehalte erklären.

aa) Die Zulässigkeit und Reichweite von Vorbehalten

Nach Art. 36 Abs. 3 IGH-Statut können Vorbehalte zu einer Erklärung nach Abs. 2 erteilt werden. Er führt nur den Vorbehalt *ratione temporis* und den Reziprozitätsvorbehalt auf:

> „Die oben bezeichnete Erklärung kann...vorbehaltlich einer entsprechenden Verpflichtung mehrerer oder einzelner Staaten oder für einen bestimmten Zeitabschnitt abgegeben werden."[361]

(1) Der Vorbehalt ratione temporis und seine Bedeutung für die Klagen Hans-Adams II. bzw. Liechtensteins gegen Deutschland

Ohne einen Vorbehalt *ratione temporis* gilt die Unterwerfung unter die Gerichtsbarkeit des IGH auch für Streitigkeiten, die ihren Ausgangspunkt in der Vergangenheit haben.[362] Erst wenn ein Staat einen einfachen oder doppelten Vorbehalt *ratione temporis* erklärt,[363] sind Streitigkeiten, die erst nach der Unterwerfung entstanden sind bzw. solche, die auf Tatsachen und Verhältnissen aus der Zeit vor der Unterwerfung beruhen, von der Zuständigkeit des Gerichtshofs ausgenommen. Im Gegensatz dazu besteht für die Gerichtsbarkeit des EGMR automatisch eine zeitliche Begrenzung. Da der Gerichtshof für Menschenrechte nur für die Auslegung und Anwendung der EMRK zuständig ist, können ausschließlich Verletzungshandlungen angegriffen werden, die nach Inkrafttreten der EMRK vorgenommen wurden. Frühere Akte können die EMRK nicht verletzen. Das ergibt sich aus dem Rückwirkungsverbot des internationalen Vertragsrechts (Art. 28 WVRK).[364] So verneinte der EGMR im Fall *Prince Hans-Adam II of Liechtenstein v. Germany* seine Zuständigkeit *ratione tempo-*

---

tions, S. 33 f.

360 Vgl. auch Bernhardt, in: Hommage à Paul Guggenheim, S. 621: „gemeinsames Minimum".

361 Engl.: „The declarations referred to above may be made...on condition of reciprocity on the part of several or certain states, or for a certain time."; franz.: „Les déclarations ci-dessus visées pourront être faites...sous condition de réciprocité de la part de plusieurs ou de certains Etats, ou pour un délai déterminé."

362 *Concessions Mavrommatis en Palestine, arrêt n° 2, 1924*, C.P.J.I. sér. A n° 2, S. 35; Alexandrov, Reservations in Unilateral Declarations, S. 40; Krieger, in: J. Ipsen/Schmidt-Jorzig (Hrsg.), Festschrift für D. Rauschning, S. 581.

363 Da der doppelte Vorbehalt *ratione temporis* erstmals in der belgischen Unterwerfungserklärung verwendet wurde, ist er auch unter der Bezeichnung „belgische Formel" bekannt.

364 Krieger, in: J. Ipsen/Schmidt-Jorzig (Hrsg.), Festschrift für D. Rauschning, S. 580 f.

ris, eine Verletzung des Art. 1 des 1. ZP-EMRK zu prüfen. Zwar betreffe die Klage nicht unmittelbar die ursprünglichen Enteignungen durch die Tschechoslowakei, sondern eine mögliche Eigentumsverletzung durch deutsche Behörden.[365] Deutschland könne das Eigentum des Fürsten aber nur dann verletzt haben, wenn dieser noch Eigentum, d.h. eine „existing possession" oder eine „legitimate expectation of obtaining effective enjoyment of a property right" gehabt hätte.[366] Voraussetzung dafür sei, dass nicht bereits eine völkerrechtlich wirksame Enteignung durch die Tschechoslowakei stattgefunden habe. Der Gerichtshof sei *ratione temporis* nicht befugt, diese Frage zu klären, da das Verhalten der CSSR vor Inkrafttreten der EMRK bzw. des 1. ZP. liegt.[367]
Da vor dem IGH das gesamte Völkerrecht als Prüfungsmaßstab in Frage kommt, ist seine Rechtsprechung grundsätzlich keinen zeitlichen Einschränkungen unterworfen. Insofern stellt die Entscheidung des EGMR im Fall *Hans-Adam II v. Germany* auch keinen Präzedenzfall für die Entscheidung des IGH dar.[368] Allerdings beruht die Klage Liechtensteins gegen Deutschland vor dem IGH auf dem Europäischen Übereinkommen zur friedlichen Beilegung von Streitigkeiten, das in seinem Art. 27 lit. a) einen doppelten Vorbehalt *ratione temporis* enthält.[369]

---

365 *Merits, Judgment of 12 July 2001,* Tz. 81. Das Urteil ist im Internet unter <http://www.echr.coe.int/Eng/Judgments.htm> veröffentlicht.

366 Tz. 83.

367 Tz. 84 f. Vorfragen prüft der EGMR aber dann, wenn sie zeitlich nach Inkrafttreten der EMRK aber vor der Unterwerfung unter seine Gerichtsbarkeit aufgetreten sind. So stellte er im Fall *Loizidou v. Turkey, Merits, Judgment of 18 December 1996* fest, dass eine eklatant völkerrechtswidrige Konfiskation nicht zu einem Eigentumsverlust führt, so dass die fortwährende Vorenthaltung des Eigentums als Verletzung des Art. 1 des 1. ZP-EMRK gewertet werden kann, Reports of Judgments and Decisions 1996-VI, S. 2230. Da der EGMR den enteignenden Art. 159 der TRNC-Verfassung vom 7. Mai 1985 als völkerrechtswidrig und nichtig einstufte (S. 2231), hatte Frau Loizidou ihr Eigentum 1985 (vor Geltung der EMRK bzw. des 1. ZP) nicht verloren, und sie konnte eine „continuing violation" geltend machen. Da es aber sowohl im Fall *Loizidou* als auch im Fall *Hans-Adam II* um die Beurteilung einer Situation nach allgemeinem Völkerrecht und nicht nach der EMRK ging, ist nicht einsichtig, weshalb es darauf ankommen soll, ob die zu beurteilende Vorfrage vor oder nach Inkrafttreten der EMRK liegt; vgl. aber die ausdrückliche Unterscheidung durch den EGMR im Fall *Hans-Adam II v. Germany*, Tz. 85. Kritisch Fassbender, EuGRZ 2001, S. 465, der darauf hinweist, dass der EGMR im Fall *King of Greece and Others v. Greece* sehr wohl Vorfragen geprüft hat, die bis ins 19. Jahrhundert zurückreichten, *Judgment of 23 November 2000*, Tz. 60 ff. Das Urteil ist im Internet unter <http://www.echr.coe.int/ Eng/Judgments.htm> veröffentlicht.

368 A.A.: Schorkopf, GLJ Vol. 2, No. 15.

369 Engl. : „The provisions of this Convention shall not apply to: a) disputes relating to facts or situations prior to the entry into force of this Convention as between the parties to the dispute. ..."; franz.: „Les dispositions de la présente Convention ne s'appliquent pas : a) aux différends concernant des faits ou situations antérieurs à l'entrée en vigueur de la présente Convention entre les parties au différend. ..."

Betrachtet man die bisherige Rechtsprechung des IGH, wird er sich in dieser Klage aber in zeitlicher (und sonstiger) Hinsicht für zuständig erklären. So müssen nur solche Tatsachen und Verhältnisse vor dem Ausschlussdatum liegen – hier dem Inkrafttreten des Europäischen Übereinkommens am 18. Februar 1980–, die die wahre Ursache des Streits bilden:

> „...[U]n différend peut présupposer l'existence d'une situation ou d'un fait antérieur, mais il ne s'ensuit pas que le différend s'élève au sujet de cette situation ou de ce fait. Il faut que la situation ou le fait au sujet duquel on prétend que s'est élevé le différend en soit réellement la cause.“[370]

Streitursächlich ist im Falle der von Liechtenstein geltend gemachten Entschädigung seine Einbeziehung in das Reparationsregime des Zweiten Weltkriegs durch Organe der Bundesrepublik Deutschland, d.h. durch die Entscheidung des BVerfG vom 28. Januar 1998 sowie durch die Weigerung der Bundesregierung in den Jahren 1998/99, in Konsultationen mit Liechtenstein zu treten. Nach der Rechtsprechung des IGH sind Tatsachen und Situationen, die nach dem Ausschlussdatum liegen, dann nicht geeignet die Gerichtsbarkeit des IGH zu begründen, wenn sie lediglich frühere Tatsachen und Situationen weiterentwickeln oder bestätigen.[371] Die Behandlung liechtensteinischen Vermögens als deutsches Auslandvermögen im Sinne des Überleitungsvertrages bestätigt zwar möglicherweise das Vorgehen der Tschechoslowakei, ist aber gegenläufig zum bisherigen Verhalten der Bundesrepublik[372] und stellt deshalb eine eigenständige neue Handlung dar, welche die Gerichtsbarkeit des IGH *ratione temporis* begründet.

(2) Der Reziprozitätsvorbehalt

Der Reziprozitätsvorbehalt ist, wie oben dargestellt, keine überflüssige Wiederholung des allgemeinen Reziprozitätsgrundsatzes. Das ergibt sich schon aus dem Wortlaut des Abs. 3, wonach auf die Verpflichtung „einzelner oder mehrerer Staaten“ abgestellt wird, ohne eine Verbindung vorauszusetzen, die im Sinne des allgemeinen Reziprozitätsgrundsatzes erforderlich wäre. Wie sich aus den *travaux préparatoires* zum StIGH-Statut ergibt, sollte Art. 36 Abs. 3 IGH-Statut den Staaten vielmehr ermöglichen, die Wirksamkeit ihrer Erklärung nach Art. 36 Abs. 2 IGH-Statut von der Existenz einer Erklärung bestimmter anderer Staa-

---

370 *Compagnie d'électricité de Sofia et de Bulgarie, arrêt, 1939*, C.P.J.I. sér. A/B n° 77, S. 82; *Right of Passage over Indian Territory, Merits, Judgment,* I.C.J. Rep. 1960, S. 35.

371 *Phosphates in Morocco, Judgment, 1938,* P.C.I.J., Ser. A/B, No. 74, S. 24.

372 Vor dem „Kalkofen-Streit“ hatte die Bundesregierung immer von der „Offenheit der Vermögensfrage“ gesprochen, so dass erst der spätere „change of position“ (*Certain Property, Application,* Tz. 22, im Internet unter <http://www.icj-cij.org/icjwww/idecisions.htm> veröffentlicht) zur Streitentstehung geführt hat.

ten abhängig zu machen.[373] Bis zur Abgabe einer einseitigen Unterwerfung der von dem erklärenden Staat bestimmten Staaten würde seine Erklärung keinerlei Wirkung entfalten, auch nicht im Verhältnis zu den Staaten, die, gäbe es seinen Reziprozitätsvorbehalt nicht, aufgrund ihrer eigenen Erklärung mit ihm durch ein reziprokes Jurisdiktionsband verbunden wären.
Die gleiche Wirkung kam dem nach Art. 46 Abs. 2 EMRK a.F. erlaubten Reziprozitätsvorbehalt zu.[374]

(3) Zulässigkeit weiterer Vorbehalte?

Über diese beiden in Art. 36 Abs. 3 IGH-Statut vorgesehenen Vorbehalte hinaus sind in der Staatenpraxis eine Reihe weiterer Vorbehalte üblich und anerkannt.[375] So kann ein Staat auch *ratione materiae* und *ratione personae* seine Erklärung beschränken, d.h. er kann bestimmte Streitigkeiten und bestimmte Staaten von der friedlichen Streiterledigung durch den Internationalen Gerichtshof ausnehmen.[376] Im Gegensatz dazu steht die Rechtsprechung des EGMR. Die Unterwerfungserklärung unter die Gerichtsbarkeit des EGMR nach Art. 46 Abs. 2 EMRK a.F. konnte nur mit einem Vorbehalt *ratione temporis* oder dem Reziprozitätsvorbehalt versehen werden. Darüber hinaus gehende Vorbehalte waren nach der Rechtsprechung des EGMR nicht zulässig. So erklärte der Gerichtshof im Fall *Loizidou v. Turkey* den türkischen Vorbehalt *ratione loci* für unzulässig, mit dem die Türkei Angelegenheiten außerhalb des Staatsgebiets der Republik Türkei von der Gerichtsbarkeit des EGMR ausnehmen wollte.[377] Der Gerichtshof ging von der Teilbarkeit der Erklärung in eine wirksame Unterwerfung und einen nichtigen Vorbehalt aus.[378] Diese Entscheidung ist nicht unproblematisch. Denn ob der „besondere Charakter" des Konventionssystems[379] eine von der Türkei nicht gewollte Unterwerfung begründen konnte, ist zweifelhaft. Auch die

---

373 Malanczuk, Akehurst's Modern Introduction to International Law, S. 285; Waldock, BYIL 1955-56, S. 255; Briggs, Hague Recueil 1958, S. 266; Thirlway, NYIL 1984, S. 107; Merrills, BYIL 1993, S. 201; Alexandrov, Reservations in Unilateral Declarations, S. 30 f.

374 Frowein, in: Frowein/Peukert, EMRK-Kommentar, Art. 46 Rn. 4.

375 Rosenne, The Law and Practice of the International Court, Vol. II, S. 767; Thirlway, NYIL 1984, S. 106 f.; Bernhardt, in: Hommage à Paul Guggenheim, S. 619 f.; Baudissin/Platzöder, AöR 1974, S. 37 m.w.N. zur Gegenauffassung, der zufolge andere als in Art. 36 Abs. 3 IGH-Statut erwähnte Vorbehalte unzulässig sind.

376 Zu weiteren üblichen Vorbehalten vgl. Alexandrov, Reservations in Unilateral Declarations, S. 67 ff.; Rosenne, The Law and Practice of the International Court, Vol. II, S. 802 ff.; Anand, Compulsory Jurisdiction of the International Court of Justice, S. 189.

377 *Preliminary Objections, Judgment of 23 March 1995*, Series A, Vol. 310, S. 30.

378 S. 32.

379 S. 31 f.

Tatsache, dass die Türkei durch den unzulässigen Vorbehalt andernfalls genau zu dem eigentlich unzulässigen Ziel der Beschränkung ihrer Erklärung gelangt wäre,[380] ist zwar ein unschönes, aus Konsensgesichtspunkten aber konsequentes Ergebnis. Vor Inkrafttreten des 11. ZP-EMRK war die Zustimmung des beklagten Staates erforderlich. Der Gerichtshof hat dies freilich nicht bestritten, sondern versuchte darzulegen, dass die Türkei um die Unzulässigkeit ihres Vorbehalts wusste, als sie ihre Erklärung verlängerte, und sie deshalb davon ausgehen musste, dass die Erklärung ohne Vorbehalt gelte.[381] Seit der Neufassung der EMRK und der Einführung obligatorischer Gerichtsbarkeit hat sich das Problem für den EGMR erledigt. Nach der Übergangsvorschrift des Art. 6 des 11. ZP-EMRK gelten nur noch Vorbehalte *ratione temporis* weiter, die zu einer Erklärung nach Art. 25 bzw. 46 EMRK a.F. abgegeben wurden. Andere Vorbehalte sind unzulässig.[382]

bb) Die Auswirkung von Vorbehalten

Infolge des materiellen Reziprozitätsprinzips ist jede Streitpartei nur soweit verpflichtet, wie sich auch der Klagegegner unterworfen hat. Hat ein Staat einen Vorbehalt zu seiner Unterwerfung erklärt, kann sich auch der Klagegegner auf diesen Vorbehalt berufen. Der StIGH stellte im Fall *Compagnie d'électricité de Sofia et de Bulgarie* fest:

> „Le Gouvernement bulgare s'est prévalu de la limitation *ratione temporis* contenue dans la déclaration belge...pour contester la compétence de la Cour. Bien que cette limitation ne figure pas dans sa propre déclaration, il est reconnu que, par l'effet de la condition de réciprocité inscrite au paragraphe 2 de l'article 36 du Statut de la Cour,..., elle fait droit entre les parties."[383]

Inhalt des Konsenses eines Staates ist es dem Reziprozitätsgrundsatz entsprechend, dass seine Unterwerfung nur in dem Umfang zum Tragen kommen soll, in dem sich der jeweilige Klagegegner selbst der Gerichtsbarkeit unterworfen hat. Der Vorbehalt gilt deshalb auf beiden Seiten. Merrills stellt treffend fest:

> „Limitations on a state's acceptance of the Court's jurisdiction are thus a double-edged weapon."[384]

---

[380] Ress, ZaöRV 1996, S. 437 f.

[381] S. 31.

[382] Council of Europe, *Explanatory Report and Protocol No. 11 to the Convention for the Protection of Human Rights and Fundamental Freedoms, Restructuring the Control Machinery Established thereby,* ILM 1994, S. 958; Bernhardt, AJIL 1995, S. 150 f.

[383] *Arrêt, 1939,* C.P.J.I. sér. A/B n° 77, S. 81.

[384] International Dispute Settlement, S. 126; vgl. auch Thirlway, NYIL 1984, S. 98:

Der Klagegegner muss sich technisch gesehen nicht auf den Vorbehalt in der Erklärung des anderen Staates berufen,[385] sondern führt die Einschränkung seiner eigenen Erklärung an. Dass diese Methode auch praktische Auswirkungen hat, zeigt der Fall *Certains emprunts norvégiens*. Die französische Erklärung enthielt einen Vorbehalt nach dem Vorbild des amerikanischen „Connally-Vorbehalts“:[386]

> „Cette déclaration ne s'applique pas aux différends relatifs à des affaires qui relèvent essentiellement de la compétence nationale telle qu'elle est entendue par le Gouvernement de la République française.“[387]

Statt nur zuzulassen, dass Norwegen sich darauf berufen kann, der Sachverhalt liege ausschließlich in französischer Zuständigkeit oder sogar, das Gericht sei unzuständig, sofern Frankreich bestimmt, der Sachverhalt unterfalle ausschließlich französischer Zuständigkeit, gesteht der Gerichtshof Norwegen die Möglichkeit zu, zu prüfen, ob der Sachverhalt der *norwegischen* Zuständigkeit untersteht:[388]

> „...[C]omme il s'agit de deux déclarations unilatérales, cette compétence lui est conférée seulement dans la mesure où elles coïncident pour la lui conférer. Or, la comparaison des deux déclarations montre que la déclaration française accepte la juridiction de la Cour dans des limites plus étroites que la déclaration norvégienne...la Norvège est fondée, dans les mêmes conditions que la France, à exclure de la compétence obligatoire les différends que la Norvège considère comme re-

---

„[W]hat is sauce for the goose is sauce for the gander“.

385 So noch der IGH im Fall *Interhandel, arrêt,* C.I.J. Rec. 1959, S. 23: „La réciprocité en matière de déclarations portant acceptation de la juridiction obligatoire de la Cour permet à une partie d'invoquer une réserve à cette acceptation qu'elle n'a pas exprimée dans sa propre déclaration mais que l'autre partie a exprimé dans la sienne.“

Vgl. auch die Formulierung in Art. 35 Abs. 1 S. 2 des Europäischen Übereinkommens zur friedlichen Beilegung von Streitigkeiten: „Hat eine Hohe Vertragschließende Partei einen Vorbehalt gemacht, so können sich die anderen Parteien ihr gegenüber auf den gleichen Vorbehalt berufen.“; engl: „If one of the High Contracting Parties has made a reservation, the other Parties may enforce the same reservation in regard to that Party.“; franz.: „Si une Haute Partie contractante a formulé de telles réserves, les autres Parties pourront se prévaloir vis-à-vis d'elle des mêmes réserves.“

386 Vgl. die amerikanische Unterwerfungserklärung aus dem Jahr 1946, YBICJ 1946-47, S. 217 f.

387 YBICJ 1946-47, S. 220.

388 Dazu Thirlway, NYIL 1984, S. 114 ff.; Rosenne, The Law and Practice of the International Court, Vol. II, S. 763.

levant essentiellement de sa compétence."[389]

Nach der Rechtsprechung des StIGH/IGH ist es Sache der Staaten, sich auf den Vorbehalt zu berufen.[390] Eine Prüfung *proprio motu* findet nicht statt.[391] Rechtsdogmatisch lässt sich diese Rechtsprechung mit der Konstruktion des *forum prorogatum* erklären: Erhebt ein Staat trotz einer entsprechenden Einschränkung in seiner *ante hoc* Unterwerfung Klage, liegt darin ein Angebot an den gegnerischen Staat, ein bisher noch nicht existierendes Jurisdiktionsband zu begründen, und zwar durch *forum prorogatum.* Lässt sich der andere Staat auf die Klage ein, ohne den bestehenden Vorbehalt anzuführen, akzeptiert er das Angebot des Klägers.

Ebenso müssen die Staaten anführen, wenn sie einen Vorbehalt für unwirksam halten.[392]

cc) *Weitere Konsequenzen des materiellen Reziprozitätsgrundsatzes?*

Wiederholt wurde von Parteien eines Rechtsstreits versucht, aus dem Grundsatz der Reziprozität die Klagemöglichkeiten über die soeben beschriebenen Möglichkeiten der Vorbehaltsverwendung hinaus einzuschränken. Im Fall *Military and Paramilitary Activities in and against Nicaragua* etwa versuchten die USA, die Möglichkeit zum sofortigen Widerruf ihrer mit einer sechsmonatigen Kündigungsfrist versehenen Unterwerfungserklärung nach Art. 36 Abs. 2 IGH-Statut mit dem Reziprozitätsgedanken zu begründen. Da die Unterwerfungserklärung des Klägers, Nicaragua, für den Widerruf der nicaraguanischen Erklärung keine Frist enthalte, habe die amerikanische Frist im Verhältnis zu Nicaragua keine Gültigkeit, die Zustimmung könne mit unmittelbarer Wirkung zurückgezogen werden.[393] Der IGH wies diese Auffassung zurück:

> „The notion of reciprocity is concerned with the scope and substance of the commitments entered into, including reservations, and not with

---

389 *Certains emprunts norvégiens, arrêt,* C.I.J. Rec. 1957, S. 23 f.

390 *Interhandel, arrêt,* C.I.J. Rec. 1959, S. 23; Alexandrov, Reservations in Unilateral Declarations, S. 38.

391 Rosenne, The Law and Practice of the International Court, Vol. II, S. 764; vgl. z.B. *Rights of Nationals of the United States of America in Morocco, Judgment,* I.C.J. Rep. 1952, S. 178 f.

392 Da keine der Parteien die Wirksamkeit des französischen Vorbehalts in Frage stellte, verzichtete der IGH im Fall *Certains emprunts norvégiens, arrêt,* C.I.J. Rec. 1957, S. 27 auf eine diesbezügliche Überprüfung.

In der Literatur ist die Wirksamkeit des Vorbehalts umstritten, z. T. wird ein Verstoß gegen die Kompetenz-Kompetenz des Gerichts angenommen, dazu Alexandrov, Reservations in Unilateral Declarations, S. 78 ff. m.w.N.

393 I.C.J. Rep. 1984, S. 419.

the formal conditions of their creation, duration or extinction."[394]

In der Literatur wird ebenfalls überwiegend angenommen, Bedingungen wie z.B. Kündigungsfristen in Unterwerfungserklärungen seien von Vorbehalten abzugrenzen. Nur letztere fielen unter den Reziprozitätsgrundsatz.[395]
Unter schlechten Vorzeichen stand daher auch die Argumentation Nigerias im Fall *Frontière terrestre et maritime entre le Cameroun et le Nigéria (Cameroun c. Nigéria)*, die Klageerhebung durch Kamerun trotz Unkenntnis Nigerias von der kamerunischen Unterwerfungserklärung verletze den Reziprozitätsgrundsatz.[396] Unter Hinweis auf die zitierte Rechtsprechung wies der IGH den nigerianischen Einwand zurück.[397]
Dementsprechend sind auch „reine Zweckerklärungen" zulässig, d.h. einseitige Unterwerfungserklärungen, die nur zu dem Zweck einer bestimmten Klageerhebung erteilt und nach Beendigung des Verfahren möglicherweise widerrufen werden.[398]
Wie der IGH selbst feststellte, muss er, um das „kongruente Minus" aus den beiden Erklärungen herauszufiltern, des konkreten Streitfalles ansichtig sein:

> „...[A] determination of the existence of the „same obligation" requires the presence of two parties to the case, and a defined issue between them, which conditions can only be satisfied when proceedings

[394] *Military and Paramilitary Activities in and against Nicaragua (Nicaragua v. United States of America), Jurisdiction and Admissibility, Judgment,* I.C.J. Rep. 1984, S. 419; vgl. aber die dissentierende Meinung von Schwebel, S. 625 f., dazu Weiss, in: Damrosch (Hrsg.), The International Court of Justice at a Crossroads, S. 95 ff.

[395] Rosenne, The Law and Practice of the International Court, Vol. II, S. 765, 816; Oellers-Frahm, ZaöRV 1987, S. 252 f.; Bernhardt, in: Hommage à Paul Guggenheim, S. 624; Weiss, in: Damrosch (Hrsg.), The International Court of Justice at a Crossroads, S. 86; Eisemann, AFDI 1984, S. 379.

[396] *Exceptions préliminaires, arrêt,* C.I.J. Rec. 1998, S. 284, 298; so auch schon die Konstellation im Fall *Right of Passage over Indian Territory, Preliminary Objection, Judgment,* I.C.J. Rep. 1957, S. 125 ff., 147, die D'Amato, AJIL 1985, S. 387 als „the sitting duck problem" bezeichnet.

[397] *Exceptions préliminaires, arrêt,* C.I.J. Rec. 1998, S. 299 f.

[398] So hatte Portugal die Gültigkeit seiner Erklärung, die die Grundlage seiner Klageerhebung im Fall *Right of Passage over Indian Territory* war, beschränkt auf „a period of one year, and thereafter until notice of its denunciation is given to the...Secretary-General" und sich das Recht vorbehalten, „to exclude from the scope of the present declaration, at any time during its validity, any given category of disputes...", YBICJ 1957-58, S. 208; die portugiesische Erklärung ist allerdings immer noch unverändert in Kraft, vgl. <http://www.icj-cij.org/icjwww/ibasicdocuments/ibasictext/ibasicdeclarations.htm>.

Im Fall *Right of Passage over Indian Territory* hatte der Gerichtshof diesen Vorbehalt für gültig erklärt, *Preliminary Objection, Judgment,* I.C.J. Rep. 1957, S. 142 ff.

have been instituted."[399]

Alle Elemente, die vor Klageerhebung zum Tragen kämen, unterstehen nicht dem Reziprozitätsgrundsatz.[400] Es bleibt also dabei:

> „La réciprocité permet à l'Etat qui a accepté le plus largement la juridiction de la Cour de se prévaloir des réserves à cette acceptation énoncées par l'autre partie. Là s'arrête l'effet de la réciprocité."[401]

II. Der Widerruf des Konsenses

Wie oben gesehen, können Staaten ihre Unterwerfungserklärungen mit Vorbehalten *ratione temporis* abgeben. Fehlt ein solcher Vorbehalt, ist eine eingeschränkte Geltung jedoch nicht ausgeschlossen. In Betracht kommt ein Widerruf nur *vor* Klageerhebung.[402] Selbst wenn eine Unterwerfungserklärung im Laufe des Prozesses endet, hat dies keine Auswirkungen auf die Zuständigkeit des Gerichts.[403]

Hatte der Staat seine Zustimmung zur Gerichtsbarkeit eines internationalen Gerichts im Rahmen eines Vertrages erteilt, richtet sich deren Widerruf nach den Regeln der Wiener Vertragsrechtskonvention. Je nachdem, ob der Vertrag selbst eine Bestimmung bezüglich des Widerrufs einzelner Vertragsteile enthält oder nicht, kann der Vertrag einseitig auf der Grundlage der Vertragsbestimmungen widerrufen werden (Art. 54 lit. a) WVRK) oder nur durch gemeinsame Übereinkunft der Vertragsparteien nach Art. 54 lit. b) WVRK beendet werden.

Erklärungen nach Art. 36 Abs. 1 IGH-Statut hingegen sind einseitiger Rechtsna-

---

399 *Military and Paramilitary Activities in and against Nicaragua (Nicaragua v. United States of America), Jurisdiction and Admissibility, Judgment*, I.C.J. Rep. 1984, S. 420.

400 Weiss, in: Damrosch (Hrsg.), The International Court of Justice at a Crossroads, S. 85, 86.

401 *Interhandel, arrêt,* C.I.J. Rec. 1959, S. 23.

402 *Right of Passage over Indian Territory, Preliminary Objections, Judgment,* I.C.J. Rep. 1957, S. 142; vgl. auch Rosenne, The Law and Practice of the International Court, Vol. II, S. 586; Weiss, in: Damrosch (Hrsg.), The International Court of Justice at a Crossroads, S. 86.

403 *Nottebohm, exception préliminaire, arrêt,* C.I.J. Rec. 1953, S. 122; Rosenne, The Law and Practice of the International Court, Vol. II, S. 819; Weiss, in: Damrosch (Hrsg.), The International Court of Justice at a Crossroads, S. 86; vgl. auch *Questions of Interpretation and Application of the 1971 Montreal Convention Arising from the Aerial Incident at Lockerbie (Libyan Arab Jamahiriya v. United Kingdom), Preliminary Objections, Judgment of 27 February 1998,* Tz. 38; *Mandat d'arrêt du 11 avril 2000 (République démocratique du Congo c. Belgique), arrêt du 14 février 2002,* Tz. 26. Die Urteile sind im Internet unter <http://www.icj-cij.org/icjwww/idecisions.htm> bzw. <http://www.icj-cij.org/cijwww/cdecisions.htm> veröffentlicht.

tur. Ob sich das Widerrufsregime in dieser Hinsicht auch nach den Vorschriften der Wiener Vertragsrechtskonvention richtet, ist umstritten. Würde man die entsprechenden Vorschriften anwenden, wäre der Widerruf grundsätzlich ausgeschlossen, sofern die jeweilige Erklärung keinen Widerrufsvorbehalt enthält. Eine Beendigung käme nur nach den Grundsätzen der *clausula rebus sic stantibus* in Betracht.[404] Im Fall *Military and Paramilitary Activities in and against Nicaragua (Nicaragua v. United States of America)* hatten die Vereinigten Staaten argumentiert, das Konsensprinzip setze eine Zustimmung der beteiligten Parteien zum Zeitpunkt der Klageerhebung voraus, der drei Tage vor der nicaraguanischen Klageerhebung erfolgte Widerruf der amerikanischen Unterwerfungserklärung in Bezug auf Streitigkeiten mit zentralamerikanischen Staaten[405] stehe der Zuständigkeit des IGH daher entgegen.[406] Nach der Rechtsprechung des IGH ist die einseitige Zustimmung grundsätzlich widerrufbar:

> „...[T]he United States retained the right to modify the contents of the 1946 Declaration or to terminate it, a power which is inherent in any unilateral act of a State,...“[407]

Da reziproke Unterwerfungserklärungen aber Verpflichtungen mit sich bringen können–

> „In fact, the declarations, even though they are unilateral acts, establish a series of bilateral engagements with other States accepting the same obligation of compulsory jurisdiction.“[408]–

ist ihr Widerruf den Regeln des Vertragsrechts nicht gänzlich entzogen, wie dem Urteil des IGH zum Fall *Fisheries Jurisdiction (Spain v. Canada)* zu entnehmen ist:

> „A declaration of acceptance of the compulsory jurisdiction of the

---

404 So berief sich z.B. Kanada auf die *clausula rebus sic stantibus,* als es bei Ausbruch des Zweiten Weltkrieges seine Unterwerfungserklärung widerrief, YBICJ 1946-47, S. 209; vgl. Gross, in: Damrosch (Hrsg.), The International Court of Justice at a Crossroads, S. 29.

405 Sog. „Shultz-Brief“ vom 26. August 1984: „...[T]he aforesaid declaration shall not apply to disputes with any Central American State or arising out of or related to events in Central America, any of which disputes shall be settled in such manner as the parties to them may agree. Notwithstanding the terms of the aforesaid declaration, this proviso shall take effect immediately...“, *Military and Paramilitary Activities in and against Nicaragua (Nicaragua v. United States of America), Jurisdiction and Admissibility, Judgment,* I.C.J. Rep. 1984, S. 398.

406 I.C.J. Rep. 1984, S. 415.

407 I.C.J. Rep. 1984, S. 419.

408 I.C.J. Rep. 1984, S. 418; vgl. auch *Right of Passage over Indian Territory, Preliminary Objections, Judgment,* I.C.J. Rep. 1957, S. 146: „...consensual bond...“

Court is a unilateral act of State sovereignty...At the same time, it establishes a consensual bond and the potential for a jurisdictional link with the other States which have made declarations pursuant to Article 36, paragraph 2, of the Statute... The Court observes that the provisions of that Convention [Wiener Vertragsrechtskonvention, Anm. der Verfasserin] may only apply analogously to the extent compatible with the *sui generis* character of the unilateral acceptance of the Court's jurisdiction."[409]

Nach der IGH-Rechtsprechung entstehen im Rahmen des „Optional-Clause system"[410] vertragliche Bindungen, so dass eine analoge Anwendung der Vertragsrechtsregeln in Betracht kommt. Berücksichtigt man, dass der Ursprung der vertraglichen Bindung in zwei bzw. mehreren einseitigen Rechtsakten liegt, können diese Vorschriften aber nur modifiziert angewandt werden. Das bedeutet, dass, auch wenn ein entsprechender „Vorbehalt" fehlt, die Staaten das Recht zum Widerruf nicht nur unter den Voraussetzungen der *clausula rebus sic stantibus* haben, ein Recht, das in Analogie zu den Vertragsrechtsvorschriften aber durch das Prinzip des „good faith" eingeschränkt ist.[411] Ein Widerruf mit sofortiger Wirkung scheidet unter diesem Gesichtspunkt aus. Welche Fristen einzuhalten sind, musste der IGH nicht entscheiden, eine Frist von drei Tagen befand er aber für in jedem Fall zu kurz.[412]

Die Argumentation der USA greift also nicht. Zwar ist die Zustimmung jedes betroffenen Staates Grundlage für die Gerichtsbarkeit eines internationalen Gerichts, das Konsensprinzip verlangt aber keine Zustimmung zu jedem konkreten Einzelfall, eine abstrakte *ante hoc* Unterwerfung begründet vielmehr ebenfalls

---

409 *Judgment of 4 December 1998, Jurisdiction,* Tz. 46, im Internet unter <http://www.icj-cij.org/icjwww/idecisions.htm> veröffentlicht.

410 *Military and Paramilitary Activities in and against Nicaragua (Nicaragua v. United States of America), Jurisdiction and Admissibility, Judgment,* I.C.J. Rep. 1984, S. 418.

411 I.C.J. Rep. 1984, S. 418, 420; kritisch: Eisemann, AFDI 1984, S. 380 f.; vgl. auch *Nuclear Tests (Australia v. France* bzw. *New Zealand v. France), Judgment,* I.C.J. Rep. 1974, S. 268 bzw. S. 473.

Der Inter-Amerikanische Gerichtshof für Menschenrechte kam in den Fällen *Ivcher Bronstein, Competencia, Sentencia del 24 de septiembre de 1999,* Corte I.D.H. (Ser. C), No. 54 (1999), Tz. 40, 46, 50 ff. und *Tribuna Constitucional, Competencia, Sentencia del 24 de septiembre de 1999*, Corte I.D.H. (Ser. C), No. 55 (1999), Tz. 39, 45, 49 ff. sogar zu dem Schluss, eine einseitige Unterwerfung unter seine Gerichtsbarkeit sei nur durch Kündigung der gesamten Amerikanischen Menschenrechtskonvention widerrufbar. Dazu Sohol, AJIL 2001, S. 178 ff. Die Urteile sind in ihrer authentischen spanischen und in englischer Fassung im Internet unter <http://www.1.umn.edu/humanrts/iachr/series_C.html> abrufbar.

412 I.C.J. Rep. 1984, S. 420.

die Gerichtszuständigkeit.[413] Hat ein Staat sich *ante hoc* der Gerichtsbarkeit eines internationalen Gerichts unterworfen, übernimmt er eine internationale Verpflichtung –„assumed an inescapable obligation towards other States accepting the Optional Clause, by stating formally and solemnly that any such change should take effect only after six months have elapsed as from the date of notice."[414]–, die den Grundsätzen des *good faith* und damit nicht der willkürlichen Disposition des Staates unterliegt.[415]

---

413 Vgl. auch Pax, Boston College International & Comparative Law Review 1985, S. 511; Oellers-Frahm, ZaöRV 1987, S. 254.

414 I.C.J. Rep. 1984, S. 419.

415 Vgl. auch Rosenne, The Law and Practice of the International Court, Vol. II, S. 823, 830 f.

2. TEIL: DAS KONSENSPRINZIP IM STREITVERFAHREN

Im Streitverfahren, den sog. „contentious" bzw. „mainline proceedings", entscheidet das internationale Gericht über einen konkreten Streitfall zwischen zwei oder mehreren Staaten. Eingeleitet wird das streitige Verfahren durch Notifizierung eines Kompromisses oder einseitige Klageerhebung.
Über den „offensichtlichen" Fall hinaus, dass eine der Streitparteien ihre Zustimmung zur Gerichtsbarkeit nicht erteilt hat,[416] ist die Frage der Zustimmung für diejenigen Fälle interessant, in denen neben den Streitparteien Drittstaaten von der Entscheidung des Gerichts betroffen sein könnten. Nach der *L'or monétaire*-Regel kann sich der IGH gezwungen sehen, seine Gerichtsbarkeit über zwei seiner Zuständigkeit unterworfene Staaten nicht auszuüben, wenn die Interessen eines anderen, nicht unterworfenen Staates im Raume stehen.

A. *Die „L'or monétaire-Regel" – das Konsensprinzip als Kompetenzausübungsschranke in Fällen mit Drittbezug*

I. *Entwicklung der Rechtsprechung und Bewertung*

Die „*L'or monétaire*-Regel", im Jahr 1954 vom IGH in dem gleichnamigen Fall als Ausprägung des Konsensprinzips entwickelt, findet auch heute noch Anwendung und stellt eine der wichtigsten Kompetenzausübungsschranken für den IGH dar.[417]
So lehnte der IGH nach den *L'or monétaire*-Grundsätzen die Ausübung seiner Gerichtsbarkeit 1995 im Streitfall zwischen Portugal und Australien betreffend Ost-Timor ab. Als Australien mit Indonesien einen Vertrag über die Ausbeutung des zwischen Osttimor und Australien gelegenen Festlandssockels schloss, verklagte Portugal Australien, da Australien in Bezug auf Osttimor nicht mit der Besatzungsmacht Indonesien, sondern nur mit der *administering power* Portugal Verträge schließen dürfe. Der IGH stellte fest:[418]

---

[416] Offensichtlichkeit besteht freilich nur, wenn das Fehlen der Zustimmung feststeht. In diesem Fall verhindert das Konsensprinzip die Zulässigkeit der Klage. Die Frage, ob überhaupt Konsens erteilt wurde, kann hingegen schwierige Probleme, beispielsweise der Auslegung, mit sich bringen.

[417] In der Praxis des EGMR findet sich eine solche Konzeption nicht.

[418] Vgl. aber die dissentierenden Meinungen von Weeramantry und Skubiszewski, *East Timor (Portugal v. Australia), Judgment,* I.C.J. Rep. 1995, S. 150 ff. bzw. 237 ff.

„...[T]he effects of the judgment requested by Portugal would amount to a determination that Indonesia's entry and continued presence in East Timor are unlawful and that, as a consequence, it does not have the treaty-making power in matters relating to the continental shelf resources of East Timor. Indonesia's rights and obligations would thus constitute the very subject-matter of such a judgment made in the absence of that State's consent. Such a judgment would run directly counter the „well-established principle of international law embodied in the Court's Statute, namely, that the Court can only exercise jurisdiction over a State with its consent" (*Monetary Gold Removed from Rome in 1943, I.C.J. Rep. 1954*, p. 32)."[419]

Die Ost-Timor-Entscheidung fügt sich in eine Reihe von Fallkonstellationen vor dem Internationalen Gerichtshof ein, in denen die Interessen eines nicht der Gerichtsbarkeit des IGH unterworfenen Drittstaates betroffen waren und sich die Frage stellte, ob der IGH trotzdem eine Sachentscheidung treffen dürfe.

1. Vertragliche Streitigkeiten

Schon in zwei Entscheidungen aus dem Jahre 1952 zu den Streitfällen *Anglo-Iranian Oil Co.*[420] zwischen Großbritannien und dem Iran und *Ambatielos*[421] zwischen Griechenland und Großbritannien hatte sich der IGH mit dieser Frage auseinander zu setzen. In beiden Fällen ging es um die Frage der Anwendbarkeit einer in einem Vertrag mit einem Drittstaat enthaltenen Meistbegünstigungsklausel.[422] Der IGH sah die Interessen der jeweiligen Drittstaaten nicht als Prozesshindernis an.

Für multilaterale Verträge trifft Art. 63 IGH-Statut eine eindeutige Regelung: Betrifft die Entscheidung die Auslegung eines Vertrages, der auch Drittstaaten gegenüber gilt, sind diese zu unterrichten. Die Drittstaaten haben dann das Recht zum Beitritt. Machen sie davon Gebrauch –und nur in diesem Fall– ist die Auslegung des Gerichts für sie ebenfalls verbindlich. Im Umkehrschluss dazu ist Art. 63 IGH-Statut zu entnehmen, dass entsprechend der Regelung des Art. 59 IGH-Statut das Urteil einen Drittstaat nicht bindet, wenn dieser nicht Prozesspartei war.[423] Gleichzeitig gilt jedoch, dass ein Urteil selbst dann erlassen wer-

---

419 *East Timor (Portugal v. Australia), Judgment*, I.C.J. Rep. 1995, S. 105.

420 *Preliminary Objection, Judgment*, I.C.J. Rep. 1952, S. 93 ff.

421 *Preliminary Objections, Judgment*, I.C.J. Rep. 1952, S. 28 ff.

422 Im Fall *Anglo-Iranian Oil Co.* stand ein dänisch-iranischer Freundschafts- und Handelsvertrag zur Debatte, im Fall *Ambatielos* ein britisch-dänischer Friedens- und Handelsvertrag sowie ein britisch-bolivianischer Handelsvertrag.

423 Vgl. aber die Rechtsprechung des IGH im Fall *Land, Island and Maritime Frontier Dispute (El Salvador/Honduras), Application to Intervene, Judgment*, I.C.J. Rep. 1990, S. 92

den kann, wenn ein möglicherweise nicht der Gerichtsbarkeit des IGH unterworfener Staat ebenfalls Partei des auszulegenden Vertrages ist.
Tatsächlich kann kein Verstoß gegen das Konsensprinzip festgestellt werden, weil die lediglich relative Wirkung der Auslegung die Staaten schützt, die keinen Konsens zur Gerichtsbarkeit erteilt haben, faktische Auswirkungen können wohl i.d.R. nicht auftreten, wenn es lediglich um die Interpretation eines Vertrages geht.
In einem *obiter dictum* zum Fall *Anglo-Iranian Oil Co.* hatte der IGH zwar festgestellt, über die Auslegung eines Vertrages könne nicht entschieden werden, falls dieser nur das Rechtsverhältnis mit den Drittstaaten, nicht aber dasjenige zwischen den Streitparteien betrifft.[424] Zu diesem Schluss kommt der IGH aber wohl nicht aufgrund des Konsensprinzips, sondern weil kein Streitfall zwischen den Prozessparteien denkbar ist, der einen ausschließlich das Rechtsverhältnis zu einem dritten Staat betreffenden Vertrag zum Gegenstand hätte.[425]

2. *Streitigkeiten bezüglich völkerrechtlicher Delikte*

Eine andere Herangehensweise hat der IGH entwickelt, wenn es darum ging, einen Rechtsstreit zu entscheiden, der die Beurteilung eines Drittverhaltens als völkerrechtsgemäß bzw. –widrig impliziert. Ausgangspunkt ist das Konsensprinzip: Der IGH ist nicht befugt, eine Entscheidung über Streitigkeiten zwischen Staaten zu fällen, die nicht seiner Gerichtsbarkeit unterworfen sind. Nach der Rechtsprechung des IGH ist aber genau das der Fall, wenn die Interessen eines Drittstaates, obgleich dieser nicht Prozesspartei ist, den eigentlichen Gegenstand der Entscheidung bilden würden – eine Formulierung, die sich schon im *leading case L'or monétaire pris de Rome en 1943* findet:

> „En l'espèce, les intérêts juridiques de l'Albanie...constitueraient l'objet même de ladite décision."[426]

Das besagte Währungsgold stammte aus der Bank von Albanien in Rom und war 1943 von der deutschen Wehrmacht nach Berlin gebracht worden. Nach dem Zweiten Weltkrieg sollte das Münzgold Deutschlands gemäß dem Pariser Reparationsabkommen an alle Staaten verteilt werden, deren Gold von Deutschland beschlagnahmt worden war. Die Verteilung übernahm eine aus Franzosen, Briten und Amerikanern zusammengesetzte Kommission. Als Albanien und Italien vor der Kommission Ansprüche bezüglich des 1943 von der Wehrmacht

---

ff., dazu s.u. 3. Teil B.III.1.b)dd).

424 *Preliminary Objection, Judgment,* I.C.J. Rep. 1952, S. 110.

425 So auch Zimmermann, ZaöRV 1995, S. 1062: „...daß es dann wohl bereits an dem Erfordernis eines relevanten Streitgegenstandes fehlen würde."

426 *Arrêt,* C.I.J. Rec. 1954, S. 32.

entwendeten Goldes geltend machten, erklärte sich diese jedoch für unzuständig. Erst ein Schiedsverfahren brachte eine Entscheidung, die zugunsten Albaniens ausfiel. Für genau diesen Fall, nämlich dass Albanien als Sieger aus dem Schiedsverfahren hervorgehen würde, hatten die Alliierten vereinbart, dass Großbritannien zur Kompensation seiner im Fall *Détroit de Corfou* gegen Albanien festgestellten Ansprüche das Gold erhalten sollte. Italien machte aber ebenfalls Schadensersatzansprüche wegen entschädigungsloser Enteignungen durch Albanien geltend und wollte sich deshalb mit dieser Regelung nicht abfinden. Vor dem IGH erhob es Klage gegen Frankreich, Großbritannien und die USA, rügte später aber selbst die Unzuständigkeit des Gerichts mit der Begründung, die Interessen des nicht unterworfenen Albaniens seien betroffen. Der IGH müsste zunächst über die Rechtmäßigkeit der Enteignungen urteilen, um einen Anspruch Italiens gegenüber Albanien feststellen zu können. Der IGH folgte dieser Argumentation:

> „...[P]our déterminer si l'Italie a titre à recevoir l'or, il est nécessaire de déterminer si l'Albanie a commis un délit international contre l'Italie et si elle est tenue à réparation envers elle...Examiner au fond de telles questions serait trancher un différend entre l'Italie et l'Albanie. La Cour ne peut trancher ce différend sans le consentement de l'Albanie."[427]

Wie sich im Fall *Certaines terres à phosphates à Nauru (Nauru c. Australie)* herauskristallisierte, sieht der Gerichtshof zumindest in Fällen, die eine Entscheidung über die völkerrechtliche Verantwortlichkeit eines Drittstaates erforderlich machen, die Angelegenheit des Drittstaates dann als eigentlichen Gegenstand der Entscheidung an, wenn sie eine Vorfrage für die Lösung der vorgelegten Streitigkeit darstellt. Australien hatte geltend gemacht, Nauru könne keine Klage erheben, ohne die beiden anderen Treuhänder Naurus, Neuseeland und Großbritannien, ebenfalls zu verklagen. Wenn der IGH über die völkerrechtliche Verantwortlichkeit Australiens entscheide, impliziere dies eine Entscheidung über die Mitverantwortlichkeit der beiden anderen Staaten. Würden diese nicht am Verfahren beteiligt, könne der IGH kein Urteil fällen. Der IGH setzte dieser Argumentation entgegen:

> „...[D]ans...l'affaire [de l'Or monétaire], la détermination de la responsabilité de l'Albanie était une condition préalable pour qu'il puisse être statué sur les prétentions de l'Italie. Dans la présente espèce, la détermination de la responsabilité de la Nouvelle-Zélande et du Royaume-Uni n'est pas une condition préalable à la détermination de la responsabilité de l'Australie,..."[428]

---

[427] C.I.J. Rec. 1954, S. 32.

[428] *Exceptions préliminaires*, C.I.J. Rec. 1992, S. 261.

Obwohl durch die Unterwerfung der Streitparteien die Gerichtsbarkeit des IGH grundsätzlich begründet ist, übt der IGH in Fällen, in denen die Angelegenheit eines Drittstaates als notwendige Vorfrage zu behandeln wäre das ihm zustehende Ermessen[429] dahingehend aus, dass er aus Gründen der „judicial propriety"[430] auf den Erlass eines Urteils in der Sache verzichtet. Dabei versteht der IGH den Begriff der „Vorfrage" nicht unbedingt im zeitlichen Sinne. Es kommt nach der IGH-Rechtsprechung vielmehr darauf an, ob das Drittverhalten als logische Vorentscheidung behandelt werden muss.

Auch im Ost-Timor-Fall taucht diese Voraussetzung wieder auf. Indonesiens Verhalten wurde als notwendige Vorfrage beurteilt und die Klage aus diesem Grunde abgewiesen.[431]

Die Begründung dieser Rechtsprechung mit dem Konsensprinzip erscheint kritikwürdig, dient das Konsensprinzip doch vornehmlich dem Schutz des nicht unterworfenen Drittstaates. Ausschlaggebend ist demnach nicht, ob die Entscheidung über das Verhalten des Dritten *condicio sine qua non* für die Entscheidung des vorgelegten Falles ist, sondern im Gegenteil, ob die Entscheidung im Fall Auswirkungen auf den Drittstaat hätte. Nur dann könnte das Konsensprinzip der Ausübung von Gerichtsbarkeit durch den Internationalen Gerichtshof entgegenstehen. Im Fall *Certaines terres à phosphates à Nauru (Nauru c. Australie)* äußerte der IGH die gegenteilige Auffassung:

> „...[T]oute décision de la Cour sur l'existence ou le contenu de la responsabilité que Nauru impute à l'Australie pourrait certes avoir des incidences sur la situation juridiques des deux autres Etats concernés, mais la Cour n'aura pas à se prononcer sur cette situation juridique pour prendre sa décision sur les griefs formulés par Nauru contre l'Australie."[432]

---

429 Vgl. den Fall *Northern Cameroons, Preliminary Objections, Judgment,* I.C.J. Rep. 1963, S. 29: „...[E]ven if the Court,..., finds that it has jurisdiction, the Court is not compelled in every case to exercise that jurisdiction."; Greig, VJIL 1991/92, S. 288; Rosenne, The Law and Practice of the International Court, Vol. II, S. 552.

430 Der Begriff der „judicial propriety" ist nur schwer einer Übersetzung zugänglich (so auch Hamacher, Die Maxime audiatur et altera pars, S. 48, Fn. 1). Er meint die Angemessenheit einer gerichtlichen Entscheidung, unter Abwägung aller Umstände – einer Abwägung, die aufgrund des Ermessensspielraums möglich ist.

431 *East Timor (Portugal v. Australia), Judgment,* I.C.J. Rep. 1995, S. 104, 105. Auch die Tatsache, dass Indonesien eine Verletzung von *erga omnes* geltendem Recht, nämlich dem Recht auf Selbstbestimmung der Völker, vorgeworfen wurde, konnte an der ablehnenden Entscheidung nichts ändern. Zu Recht stellte der IGH fest: „...[T]he *erga omnes* character of a norm and the rule of consent are two different things.", S. 102.

432 C.I.J. Rec. 1992, S. 261 f.; auch der Entscheidung im Fall *Land, Island and Maritime Frontier Dispute (El Salvador/Honduras), Application to Intervene, Judgment,* I.C.J. Rep. 1990, S. 92 ff., muss diese Auffassung zugrunde gelegen haben. Denn obwohl das Ge-

Tatsächlich bietet Art. 59 IGH-Statut dem Drittstaat einen gewissen Schutz, eine *rechtliche* Bindung kann sich für den Drittstaat aus dem Urteil nicht ergeben. Die bloße Verweisung auf Art. 59 IGH-Statut wäre freilich zu formalistisch, da der Drittstaat trotz dieser Vorschrift faktisch unmittelbar betroffen sein kann.[433] Dass Art. 59 IGH-Statut für den Schutz dritter Staaten nicht ausreicht, wird auch vom IGH angenommen. Die in Konsequenz dazu entwickelte Rechtsprechung, die entscheidend darauf abstellt, ob die Drittinteressen als notwendige Vorfrage behandelt werden müssen, kann den erforderlichen Schutz der Drittstaaten jedoch nicht bewirken. Die Frage, ob die Angelegenheit eines dritten Staates notwendigerweise vorab behandelt werden muss, sagt nichts über die Auswirkungen aus, die das Urteil letztendlich für dritte Staaten haben kann. Nur wenn sich faktisch Einwirkungen auf den Drittstaat ergeben, ist dieser schutzwürdig. Hat er sich nicht der Gerichtsbarkeit unterworfen, darf in seinen Angelegenheiten auch keine ihn bindende Entscheidung getroffen werden.
Ähnlich argumentiert Schwebel in seiner dissentierenden Meinung zum Fall *Certaines terres à phosphates à Nauru*:

> „The fact that...the finding of the responsibility of the absent party is a logical prerequisite to the finding of the responsibility of the present party is not significant. What is dispositive is whether the determination of the legal rights of the present party effectively determines the legal rights of the absent party."[434]

Wenn hingegen Art. 59 IGH-Statut genügend Schutz bietet, muss der IGH, selbst wenn die Angelegenheit eines dritten Staates sich als notwendige Vorfrage zur Entscheidung des Falles darstellt, dennoch seine Gerichtsbarkeit ausüben. Dass mit dem Urteil eventuell auch die implizite Feststellung erfolgt, ein dritter Staat habe sich rechtswidrig verhalten, verstößt nicht gegen das Konsensprinzip – bedeutet dieses doch nur, dass die Feststellung eines völkerrechtlichen Deliktes durch den IGH mit keinen rechtlichen oder faktischen Konsequenzen ver-

---

richt feststellte, dass die Verneinung eines Kondominiums im Golf von Fonseca den rechtlichen Status des Gebietes mit Wirkung gegenüber allen Anrainerstaaten klären würde –„...[A] decision...finding that there is no condominium in the waters of the Gulf which is opposable to Honduras, would be tantamous to a finding that there is no condominium at all.", S. 122, und die Entscheidung damit Auswirkungen für Nicaragua haben würde, sah das Gericht die Interessen Nicaraguas nicht als Kernfrage im Sinne der *L'or monétaire*-Rechtsprechung an: „...[The Court] cannot accept the contention of Nicaragua that the legal interest of Nicaragua „would form the very subject matter of the decision"..."; vgl. dazu Zimmermann, ZaöRV 1995, S. 1071.

433 Vgl. Chinkin, AJIL 1986, S. 502; dies., Third Parties, S. 211; Greig, VJIL 1991/92, S. 318, 320; Günther, GYIL 1991, S. 258; s.a. Jennings dissentierende Meinung im Fall *Continental Shelf (Libyan Arab Jamahiriya/Malta), Application for Permission to Intervene, Judgment,* I.C.J. Rep. 1984, S. 157.

434 *Exceptions préliminaires*, I.C.J. Rep. 1992, S. 331.

bunden sein darf. Aus diesem Grund die Entscheidung des IGH im Fall *Certaines terres à phosphates à Nauru* im Ergebnis richtig. Die Feststellung, dass Australien verpflichtet ist, an Nauru eine Entschädigung zu leisten, hätte keine Auswirkungen für die an der Treuhänderschaft beteiligten Staaten Großbritannien und Neuseeland gehabt. Denn selbst wenn der IGH festgestellt hätte, dass Australien nicht den gesamten Schaden zu tragen hat,[435] wäre Nauru daraus kein durchsetzbarer Anspruch gegen die beiden anderen Treuhänder erwachsen, den Restbetrag zu übernehmen. Die relative Wirkung des Urteils gemäß Art. 59 IGH-Statut hätte die Staaten ausreichend geschützt, da eine faktische Beeinträchtigung nicht in Betracht kam. Von seinen Verpflichtungen aufgrund der UN-Charta, anderer Verträge oder des Völkergewohnheitsrechtes ist ein Staat nie enthoben, auch wenn er der Ausübung internationaler Gerichtsbarkeit durch den IGH nicht zugestimmt hat. Zwar ist es nicht Aufgabe des IGH, einen Verstoß festzustellen und völkerrechtskonformes Handeln anzumahnen, wenn ein Staat seiner Gerichtsbarkeit nicht unterworfen ist. Dies fällt eher in den Zuständigkeitsbereich des Sicherheitsrates. Aufgabe des IGH ist es jedoch, als Hauptrechtsprechungsorgan der Vereinten Nationen soweit als möglich in den Fällen, in denen seine Zuständigkeit grundsätzlich begründet wäre, Urteile zu sprechen,[436] in diesem Fall also ein Urteil gegen Australien.

Auch im Osttimor-Fall ist nur der Weg falsch, auf dem der IGH zu dem Ergebnis gelangt, er könne seine Gerichtsbarkeit aufgrund der mangelnden Unterwerfung Indonesiens nicht ausüben. So mag die Beurteilung der Rechtswidrigkeit der indonesischen Okkupation Osttimors durchaus eine logische Vorfrage für die Entscheidung über die Rechtmäßigkeit des australischen Verhaltens gewesen sein, ausschlaggebend ist aber vielmehr, dass Australien aufgrund des Urteils gebunden gewesen wäre, keine Verträge mehr mit Indonesien betreffend Osttimor zu schließen und Indonesien insofern faktisch betroffen gewesen wäre.

Eine faktische Auswirkung hatte auch die Entscheidung des IGH im Fall *Military and Paramilitary Activities in and against Nicaragua*. Die USA hatten argumentiert, die Verminung nicaraguanischer Häfen durch den CIA und die Unterstützung nicaraguanischer Contras seien durch das Recht zur kollektiven Selbstverteidigung zugunsten von El Salvador, Honduras und Costa Rica gerechtfertigt gewesen. Da die nicaraguanische Armee in militärische Aktionen auf dem Territorium El Salvadors, Honduras' und Costa Ricas verwickelt sei und Aufständische in diesen Ländern unterstütze, dürften die USA zur Verteidigung der drei betroffenen zentralamerikanischen Staaten militärisch und paramilitärisch

[435] Zu einer Entscheidung in der Sache ist es nicht gekommen, da die Parteien die Sache für erledigt erklärten, nachdem Australien sich außergerichtlich zu einer Entschädigung bereit erklärt hatte.

[436] So auch der IGH im Fall *Continental Shelf (Libyan Arab Jamahiriya/Malta), Application for Permission to Intervene, Judgment*, I.C.J. Rep. 1984, S. 25.

eingreifen.[437] Durch ein Urteil im Sinne Nicaraguas wären Costa Rica, Honduras und El Salvador nicht verpflichtet worden, ihre –nach eigener Auffassung rechtmäßigen– Verteidigungshandlungen einzustellen. Eine solche Verpflichtung ergibt sich aber für die Vereinigten Staaten, so dass mit dem Urteil doch eine massive Beeinträchtigung der kostarikanischen, honduranischen und salvadorenischen (Sicherheits-)Interessen verbunden war.[438] Auf die amerikanische Hilfe mussten sie aufgrund des Richterspruchs verzichten. Freilich bestand ein solcher Anspruch auf Unterstützung nach Ansicht des IGH nicht, wie seine Entscheidung zu den *merits* zeigt. Ob El Salvador, Costa Rica und Honduras das Recht zur Selbstverteidigung hatten, durfte aufgrund ihrer mangelnden Beteiligung aber gerade nicht Gegenstand des Verfahrens sein. Das bloße *Geltendmachen* von Drittinteressen darf noch nicht dazu führen, dass der IGH auf die Ausübung seiner Gerichtsbarkeit verzichtet. Die Interessen eines dritten, nichtbeteiligten Staates müssen tatsächlich *in Frage* stehen. Allerdings war die Behauptung der USA, die militärischen Aktionen hätten im Rahmen kollektiver Selbstverteidigung stattgefunden, nicht so offensichtlich unbegründet, dass sie für das Verfahren keine Rolle spielen durften. Nicaragua hatte freilich argumentiert, dass *„...the references made by the United States to the justification of collective self-defense are merely „pretexts" for the activities of the United States.*"[439] Der Gerichtshof hingegen hatte nicht von vornherein ein Recht auf kollektive Selbstverteidigung ausgeschlossen.[440] Betrachtet man seine Entscheidung „on the merits", stellt man fest, dass er immerhin auf über 50 Seiten begründet, weshalb kein Angriff Nicaraguas vorlag und das Selbstverteidigungsrecht daher nicht besteht. Da El Salvador der Gerichtsbarkeit des IGH nicht unterworfen war, hätte angesichts seiner Abwesenheit vom Verfahren das Konsensprinzip zum Tragen kommen müssen und der IGH auch nicht über das *kollektive* Selbstverteidigungsrecht der USA entscheiden dürfen. Auch die Nichtbeteiligung von Honduras und Costa Rica, die der Gerichtsbarkeit des IGH durch einseitige Erklärungen gemäß Art. 36 Abs. 2 IGH-Statut unterworfen waren, muss zum gleichen Ergebnis führen, wie unten zu zeigen sein wird.[441]

Dementsprechend kann man verallgemeinernd sagen, dass ein internationales Gericht seine Gerichtsbarkeit dann nicht ausüben darf, wenn das Urteil sich faktisch für einen Drittstaat so auswirken würde, dass, obwohl es lediglich relative

---

437 Vgl. *Merits, Judgment,* I.C.J. Rep. 1986, S. 71.

438 Bzw. gewesen wäre, wenn die USA das Urteil befolgt hätten. S.a die dissentierende Meinung von Richter Schwebel zum Fall *Certaines terres à phosphates à Nauru (Nauru c. Australie), exceptions préliminaires, arrêt,* C.I.J. Rec. 1992, S. 334.

439 *Merits, Judgment,* I.C.J. Rep. 1986, S. 70.

440 I.C.J. Rep. 1986, S. 71.

441 2. Teil C.

Wirkung entfaltet und den Drittstaat rechtlich nicht bindet, die Souveränität des nichtunterworfenen Drittstaates nicht ausreichend geschützt würde.

3. *Streitigkeiten mit Territorialbezug*

Auf den ersten Blick erscheinen Konstellationen, in denen es um die Abgrenzung von Landflächen oder maritimen Räumen geht, an die auch ein Drittstaat grenzt, als Schulfälle[442] für die Anwendung der *L'or monétaire*-Grundsätze. In der Praxis hat der IGH allerdings bisweilen einen anderen Weg eingeschlagen: Er verweigert nicht die Ausübung seiner Gerichtsbarkeit schlechthin, beschränkt seine Urteile aber *ratione materiae.*[443] Im Fall *Continental Shelf (Tunisia/Libyan Arab Yamahiriya)* beispielsweise legte der IGH nach Nordosten nicht den Endpunkt der Abgrenzung des Festlandssockels zwischen Tunesien und Libyen fest, da sonst Maltas Interessen betroffen gewesen wären.[444] Ebenso sparte er im Fall *Continental Shelf (Libyan Arab Jamahiriya/Malta)* bei der Festlegung der Grundsätze für die Bestimmung der Festlandssockelanteile Libyens und Maltas diejenigen Flächen aus, die Italiens Interessen berühren könnten.[445] Im Gegensatz dazu stehen zwei Urteile aus dem Jahr 1986 und 1994. Das Urteil von 1986 wurde von einer gemäß Art. 26 Abs. 2 IGH-Statut gebildeten Kammer erlassen. Es betraf die Bestimmung der Grenze zwischen Burkina Faso und Mali, die im Osten auf die Grenze der beiden Staaten mit dem Niger traf. Obwohl zwischen

---

442 So Mosler, in: Jekewitz (Hrsg.), Festschrift für K. J. Partsch, S. 255.

443 Dazu Zimmermann, ZaöRV 1995, S. 1066 ff.

444 *Judgment,* I.C.J. Rep. 1982, S. 94; dass der IGH beide Wege verfolgen kann, betont Jennnings in seiner dissentierenden Meinung zum Fall *Continental Shelf (Libyan Arab Jamahiriya/Malta), Application for Permission to Intervene, Judgment,* I.C.J. Rep. 1984, S. 148 f.: „...[W]here rights in the subject-matter of the action belong to a State which is not a party to the action, the requirement of consent to the exercise of jurisdiction by the Court cuts both ways. It places the Court in a dilemma from which it may be able to extricate itself in more than one way depending on the circumstances of the case. One way may be to refuse to exercise jurisdiction at all, as in the *Monetary Gold* case. Another way may be to avoid that part of a decision which does or may affect the interest of a third State."

445 *Judgment,* I.C.J. Rep. 1985, S. 24 ff. Die Kenntnis darüber, welche Flächen Italiens betroffen sein könnten, entnahm der Gerichtshof dem Vorbringen Italiens zu seinem Interventionsantrag, den der IGH abgelehnt hatte, vgl. *Continental Shelf (Libyan Arab Jamahiriya/Malta), Application to Intervene, Judgment,* I.C.J. Rep. 1984, S. 3 ff. In der Literatur ist dieses Vorgehen z.T. auf Ablehnung gestoßen. Dass der IGH einerseits das für eine Intervention erforderliche rechtliche Interesse Italiens verneint, andererseits aber sein Urteil hinsichtlich der Flächen begrenzt, die Italiens Interessen berühren, wird z.B. von Greig, VJIL 1991/92, S. 338 und von Zimmermann, ZaöRV 1995, S. 1069 als Widerspruch angesehen, vgl. auch die dissentierenden Meinungen von Mosler, S. 117, Oda, S. 130 f. und Schwebel, S. 174.

dem Niger und Burkina Faso bzw. Mali kein Jurisdiktionsband bestand, sah sich die Kammer berechtigt, auch den Endpunkt des Grenzverlaufs gen Osten festzulegen.[446] 1994 legte der IGH die Grenze zwischen Libyen und dem Tschad auch an den Punkten fest, an denen sie die Grenze zum Sudan im Osten berührte. Das war insofern unproblematisch, als der Grenzverlauf im Osten nicht umstritten war und es daher nur um die Festlegung des libysch-tschadischen Grenzpunktes auf dieser Grenze ging. Zwar war nach dem Grenzverlauf im Westen, wo sich der „tripoint" mit dem Niger befindet, nicht gefragt, der Gerichtshof verwies aber diesbezüglich auch auf das Urteil von 1986:

> „A l'ouest, il n'est pas demandé à la Cour de déterminer le point triple Libye-Niger-Tschad;...En tout état de cause, la décision de la Cour à ce sujet, comme en l'affaire du Différend frontalière, «ne sera pas...opposable au Niger en ce qui concerne le tracé de ses propres frontières.»..."[447]

Das jüngste Urteil in dieser Reihe afrikanischer Territorialstreitigkeiten erging zum Fall *Frontière terrestre et maritime entre le Cameroun et le Nigéria (Cameroun c. Nigéria)*.[448] Das beklagte Nigeria sah bei der Grenzziehung im Tschadsee die Interessen des Tschad betroffen, da der äußerste Grenzpunkt wiederum einen „tripoint" darstellt.[449] Bei der Untersuchung dieses Einwandes stellte der IGH fest, dass sich der Sachverhalt im Streit zwischen Kamerun und Nigeria von dem zwischen Burkina Faso und Mali insofern unterscheide, als im zweiten Fall der entscheidende Teil der nigrischen Grenze noch nicht feststand, während im ersten Fall die Lage des *tripoints*, d.h. der Grenzpunkt zum Tschad, unumstritten war. Eine Verschiebung der Grenze kam nur innerhalb des nigrischen oder des kamerunischen Territoriums in Frage, eine Eingrenzung des Staatsgebiets des Tschad stand nicht zur Debatte (zur Verdeutlichung vergleiche die folgende Darstellung).

---

446 *Différend frontalier (Burkina Faso/République du Mali), arrêt,* C.I.J. Rec. 1986, S. 577. Die Kammer versuchte allerdings unter Heranziehung von Art. 59 IGH-Statut einen Ausgleich zu schaffen, indem sie betonte: „La Chambre n'en décidera pas autant que ce point est un point triple intéressant le Niger. Conformément à l'article 59 précité, le présent arrêt ne sera pas non plus opposable au Niger en ce qui concerne le tracé de ses propres frontière.", S. 580.

447 *Différend territorial (Jamahiriya Arabe Libyenne /Tchad), arrêt,* C.I.J. Rec. 1994, S. 33.

448 *Exceptions préliminaires, arrêt,* C.I.J. Rec. 1998, S. 275 ff.

449 Vierte *exception préliminaire, arrêt,* C.I.J. Rec. 1998, S. 309.

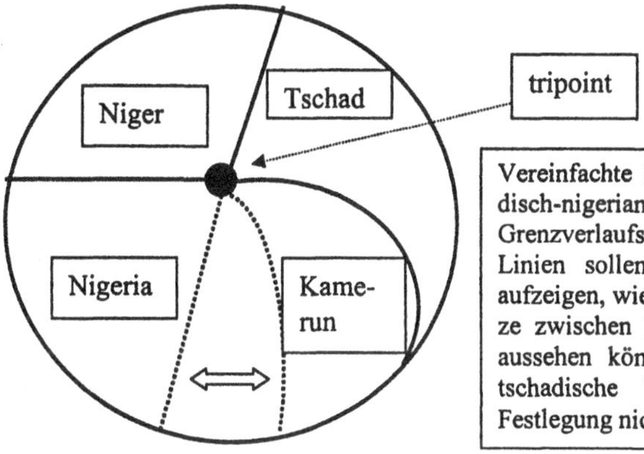

Vereinfachte Darstellung des tschadisch-nigerianisch-kamerunischen Grenzverlaufs. Die gestrichelten Linien sollen zwei Möglichkeiten aufzeigen, wie der Verlauf der Grenze zwischen Nigeria und Kamerun aussehen könnte. Einfluss auf das tschadische Territorium hat die Festlegung nicht.

Da eine Beeinträchtigung der Interessen des Tschad durch die Entscheidung zu den *merits* in jedem Fall ausschied, wies der IGH den vorgängigen Einwand Kameruns zurück.[450] Indem er feststellte, dass die Kammer im Streit zwischen Burkina Faso und Mali *trotz* der offenen Grenzziehung auch den Grenzverlauf zum Niger bis zum äußersten Punkt bestimmte („d'ailleurs"),[451] lässt er m.E. zu Recht Kritik an der Entscheidung erkennen. Auch wenn die Kammer versichert, ihre Entscheidung binde gemäß Art. 59 IGH-Statut den Niger nicht, ist die Vereinbarkeit des Richterspruchs mit dem Konsensprinzip dennoch fraglich. Denn entweder hat die Kammer den Grenzpunkt zwischen Burkina Faso und Mali, der zugleich die Grenze mit dem Niger berührt, verbindlich festgelegt. Dann sind die Interessen des Niger betroffen. Oder der Festlegung des Grenzpunktes kommt gegenüber dem Niger keine Bedeutung zu, dann ist die Entscheidung auch im Verhältnis zwischen Burkina Faso und Mali überflüssig, da die Lage des äußersten Grenzpunktes gerade nicht endgültig feststeht (vgl. die folgende Darstellung).

---

450 C.I.J. Rec. 1998, S. 313.

451 „...[L]a détermination du tripoint...concernait...directement le Niger en tant qu'Etat tiers, ce qui d'ailleurs n'a pas empêché la Chambre de tracer la frontière entre le Burkina Faso et la République du Mali jusqu'à son point extrême.", C.I.J. Rec. 1998, S. 313. Die Rechtsprechung zum Fall *Différend territorial (Jamahiriya Arabe Libyenne /Tchad)* gab der IGH kommentarlos wieder, S. 312 f.

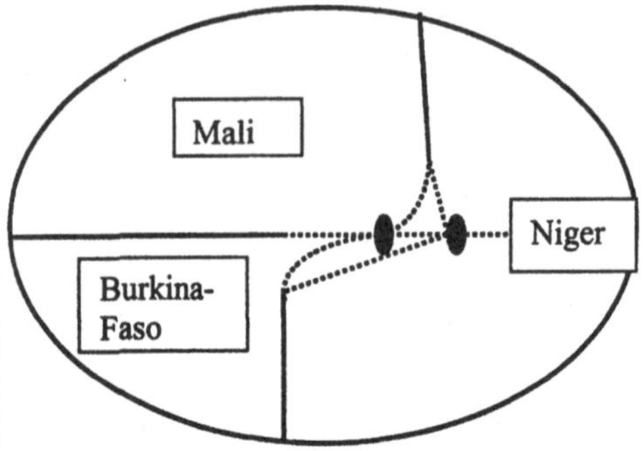

Vereinfachte Darstellung des Grenzgebiets von Mali, Burkina-Faso und Niger. Die Zeichnung verdeutlicht, welche Auswirkungen eine Verschiebung des Grenzpunktes auf das nigrische Staatsgebiet hat.

Die Bestimmung eines Grenzpunktes hat faktische Auswirkungen für die betroffenen Staaten, d.h. die theoretische Relativität der Entscheidung ist eine rein juristische Fiktion. So ist es beispielsweise unmöglich, dass ein Staat in einem Territorium, das ihm in einem bilateralen Rechtsstreit von einem internationalen Gericht zugesprochen wird, seine eigenen Truppen nur im Verhältnis zum unterlegenen Prozessgegner stationiert, nicht aber im Verhältnis zu dem nicht beteiligten dritten Grenzstaat. Die faktischen Auswirkungen lassen sich mit juristischer Dogmatik in einem solchen Fall nicht ausschalten. Aus diesem Grund hätte die Kammer gut daran getan, ihre Entscheidung materiell zu begrenzen und die Grenzziehung in Richtung Osten zu unterlassen.

Im Fall *Frontière terrestre et maritime entre le Cameroun et le Nigéria (Cameroun c. Nigéria)* kam schließlich doch noch die Beeinträchtigung von Drittinteressen in Betracht. Mit seiner achten *exception préliminaire* hatte Nigeria eingewandt, eine Entscheidung des Gerichtshofs hinsichtlich der Grenzziehung zwischen Kamerun und Nigeria im Golf von Guinea betreffe notwendigerweise alle fünf Anrainerstaaten.[452] Der Gerichtshof konnte nicht ausschließen, dass eine seewärtige Grenzziehung die Interessen anderer Staaten, insbesondere von Äquatorialguinea und São Tomé und Príncipe, beeinträchtigen könnte und wies die vorgängige Einrede zunächst nicht ab. Nach seiner Einschätzung ist der Einwand aber nicht ausschließlich vorgängiger Natur, weil die Frage erst im Zusammenhang mit einer Entscheidung *„on the merits"* beantwortet werden könne. Aus diesem Grund verschob er die Problematik in die *merits*.[453] Da Äquatorialguinea einen Interventionsantrag als „non party intervener"[454] gestellt hat und der Gerichtshof diesem Antrag auch stattgegeben hat,[455] wird es dem Gerichts-

---

[452] *Exceptions préliminaires, arrêt,* C.I.J. Rec. 1998, S. 322 f.

[453] *Exceptions préliminaires, arrêt,* C.I.J. Rec. 1998, S. 324 f.

[454] Dazu unten 3. Teil B.III.2.b).

[455] *Application to Intervene, Order of 21 October 1999,* Tz. 18 im Internet unter <http://www.icj-cij.org/icjwww/idecisions.htm> veröffentlicht.

hof aufgrund der Beteiligung des Drittstaates leichter fallen festzustellen, ob er ein Urteil fällen kann bzw. wieweit dieses reichen kann.

II. Die Klage Liechtensteins gegen die Bundesrepublik Deutschland

Auch in der aktuellen Klage Liechtensteins gegen die Bundesrepublik Deutschland stellt sich die Frage der Drittbetroffenheit. Da zum Zeitpunkt der Erstellung dieser Arbeit die Klage Liechtensteins gegen Deutschland noch anhängig ist, kann über deren Ausgang nur spekuliert werden.
Grundlage der Klage war die Weigerung deutscher Gerichte, sich mit einer Klage des Fürsten Hans-Adam II. von und zu Liechtenstein zu beschäftigen, mit der der Fürst seine Eigentümerrechte an einem Bild durchzusetzen versuchte, das von den tschechoslowakischen Behörden auf der Grundlage der Beneš-Dekrete konfisziert worden war und sich zum Zeitpunkt der Klage als Leihgabe in Deutschland befand. Die Gerichte hatten ihre Ablehnung damit begründet, dass liechtensteinisches Vermögen „deutsches Auslandsvermögen" im Sinne von Art. 3 des VI. Teils des Vertrages zur Regelung aus Krieg und Besatzung entstandener Fragen zwischen den drei Westmächten und der Bundesrepublik Deutschland („Überleitungsvertrag"). Der Überleitungsvertrag statuiere einen „Klagestopp" für mögliche Ansprüche, die sich aus Maßnahmen ergeben könnten, die gegen deutsches Auslandsvermögen zum Zwecke der Reparation und Restitution durchgeführt wurden (Art. 3 Abs. 2 VI. Teil des Überleitungsvertrages).[456] Auch die Bundesrepublik hatte sich geweigert, über Schadensersatzansprüche zu verhandeln.
Folgt der IGH seiner bisherigen Rechtsprechung, wird er untersuchen, ob die Rechtmäßigkeit der Konfiskation liechtensteinischen Vermögens durch die Beneš-Dekrete eine notwendige Vorfrage zur Beurteilung des deutschen Verhaltens darstellt.
Zwar könnte man argumentieren, die Weigerung der deutschen Gerichte, sich mit der Klage des Fürsten Hans-Adam II. zu beschäftigen und die Weigerung der Bundesregierung, mit Liechtenstein über mögliche Schadensersatzansprüche zu verhandeln, sei nur dann rechtswidrig, wenn die Konfiskation liechtensteinischer Vermögenswerte im Zuge der Beneš-Dekrete rechtswidrig war. Dies mag auch durchaus richtig sein. Die Verantwortlichkeit Tschechiens und der Bundesrepublik ist jedoch nicht kumulativer Natur, es handelt sich vielmehr um eine Parallelverantwortlichkeit. Über die Rechtswidrigkeit oder Rechtmäßigkeit des

[456] Urteil des Landgerichts Köln vom 10. Oktober 1995, IPRax 1996, S. 419 ff.; Urteil des Oberlandesgerichts Köln vom 9. Juli 1996, VIZ 1998, S. 213 = ROW 1998, S. 242 ff. Auch das BVerfG bestätigte mit Beschluss vom 28. Januar 1998 diese zweckorientierte Auslegung, AVR 1998, S. 198 ff. = IPRax 1998, S. 428 ff.

deutschen Verhaltens kann eigenständig entschieden werden, die Beurteilung des Verhaltens der Bundesrepublik ist nicht abhängig von einer Qualifizierung des tschechoslowakischen Verhaltens. Indem sich die deutschen Gerichte auf der Grundlage des Art. 3 Abs. 2 IV. Teil des Überleitungsvertrages weigerten, über den Antrag des Fürsten zu entscheiden und die Bundesregierung es ablehnte, über Schadensersatzansprüche zu verhandeln, bezogen sie liechtensteinisches Vermögen in das deutsche Reparationsregime ein. Da liechtensteinisches Vermögen nicht mit deutschem Vermögen identisch ist, wäre die Bundesrepublik völkerrechtlich verpflichtet gewesen, Liechtenstein für die Heranziehung seines Vermögens zu Zwecken der Reparation zu entschädigen.[457] Darin allein liegt schon die Rechtswidrigkeit des Verhaltens der Bundesrepublik. Es bedarf also keiner Entscheidung darüber, ob die Tschechoslowakei in völkerrechtswidriger Weise das Eigentum des Fürsten konfiszierte.[458]

Nach der hier vertretenen Auffassung müsste geprüft werden, ob das Urteil Auswirkungen auf die der Gerichtsbarkeit des IGH nicht unterworfene Tschechische Republik haben wird. Denn nur dann läge ein Verstoß gegen das Konsensprinzip vor. Zwar mag die Bewertung des Verhaltens der Bundesrepublik als völkerrechtswidrig eine Beurteilung auch der tschechoslowakischen Konfiskationen als rechtswidrig implizieren. So wie die Bundesrepublik liechtensteinisches Vermögen nicht in ihr eigenes Reparationsregime einbeziehen durfte, war es nicht zulässig, dass die Tschechoslowakei liechtensteinisches Vermögen als „volksdeutsches" Vermögen konfiszierte.[459] Rechtlich hätte eine solche Entscheidung jedoch keine unmittelbare oder mittelbare Bindungswirkung für die Tschechische Republik. Da die Tschechische Republik nicht Prozesspartei ist,

---

[457] Freilich behaupteten die deutschen Organe, sie selbst würden liechtensteinisches Vermögen nicht als deutsches Vermögen betrachten, der Überleitungsvertrag enthalte aber eine „ungeschriebene Verweisungsnorm" auf das Recht des konfiszierenden Staates. Dass die Tschechoslowakei das aufgrund des Beneš-Dekrets Nr. 12 konfiszierte liechtensteinische Vermögen als der Reparationsmasse zugehörig betrachtete, ist aber nicht unumstritten, vgl. Blumenwitz, AVR 2002 (im Erscheinen).

[458] Schon die Klageschrift Liechtensteins führt aus: „A background fact in these proceedings is the fact of the seizure by Czechoslovakia in 1945 of the property of Liechtenstein nationals. This case concerns not that seizure as such, but Germany's change of position in 1998 and subsequently with respect to that seizure, as well as the performance of Germany's obligations towards Liechtenstein.", *Application*, Tz. 22, im Internet unter <http://www.icj-cij.org/icjwww/idecisions.htm> veröffentlicht.

[459] Eine solche Bewertung scheidet allerdings aus, wenn die Tschechoslowakei das liechtensteinsche Vermögen nicht der Reparationsmasse zurechnete (vgl. Fn. 457). Dann fällt nämlich das liechtensteinische Vermögen schon deshalb nicht unter den Überleitungsvertrag, weil es nicht „für Zwecke der Reparation" im Sinne von Art. 3 VI. Teil Überleitungsvertrag beschlagnahmt wurde, Blumenwitz, AVR 2002 (im Erscheinen). Ob eine Einbeziehung liechtensteinischen Vermögens rechtmäßig gewesen wäre, muss dann nicht mehr entschieden werden.

wird sie durch die lediglich relative Wirkung des Urteils geschützt. Zudem haben Entscheidungen des Gerichtshofs keine Präzedenzwirkung. Auch in faktischer Hinsicht sind bei einer Verurteilung der Bundesrepublik keine Auswirkungen auf die tschechische Souveränität zu befürchten, so dass die Schutzwirkung des Art. 59 IGH-Statut nach der hier vertretenen Auffassung keiner Ergänzung auf der Grundlage des Konsensprinzips bedarf.
Doch auch wenn sich die Entscheidung des Falles im Rahmen der bisherigen IGH-Rechtsprechung, die trotz allem gefestigt erscheint,[460] bewegen muss, wird das Ergebnis wie gezeigt nicht anders ausfallen.

B. Art. 32 Abs. 1 des Europäischen Übereinkommens zur friedlichen Beilegung von Streitigkeiten als Ausnahmeregelung zur „L'or monétaire-Regel"?

In der Klageschrift Liechtensteins findet sich nicht nur der Hinweis darauf, dass Inhalt des Verfahrens nicht die Beschlagnahme durch die Tschechoslowakei im Jahr 1945, sondern das deutsche Verhalten gegenüber Liechtenstein ab dem Jahr 1998 sein soll. Liechtenstein führt zur Stützung der IGH-Zuständigkeit auch Art. 32 Abs. 1 des Europäischen Übereinkommens zur friedlichen Beilegung von Streitigkeiten an,[461] der bestimmt:

> „Dieses Übereinkommen findet zwischen den Parteien auch dann Anwendung, wenn ein dritter Staat, gleichgültig, ob er Vertragspartei des Übereinkommens ist oder nicht, an der Streitigkeit ein Interesse hat."[462]

Zumindest auf den ersten Blick scheint diese Bestimmung die *L'or monétaire*-Regel außer Kraft setzen zu wollen. Dies erscheint unproblematisch, sofern es sich um einen Staat handelt, der Mitglied des Europäischen Übereinkommens zur friedlichen Beilegung von Streitigkeiten ist, da er seinen Konsens zu dieser Regelung erteilt hat. Problematisch ist die Situation, wenn ein Drittstaat betroffen ist, der das Übereinkommen nicht unterzeichnet hat. Ist dieser in irgendeiner

---

[460] Rosenne, The Law and Practice of the International Court, Vol. II, S. 560.

[461] *Application*, Tz. 22, <http://www.icj-cij.org/icjwww/idecisions.htm>: „It should also be noted that article 32 (1) of the European Convention provides that the Convention shall remain applicable, even though a third State, whether a party to the Convention or not, has an interest in the dispute."

[462] Engl.: „This Convention shall remain applicable as between the Parties thereto, even though a third State, whether a Party to the Convention or not, has an interest in the dispute."; franz.: „La présente Convention demeure applicable entre les parties encore qu'un Etat tiers, partie ou non à la Convention, ait un intérêt dans le différend."

anderen Weise dem IGH unterworfen[463] und ist das Reziprozitätserfordernis gewahrt, stellt sich kein Problem des Konsensprinzips, sondern allenfalls des Grundsatzes *audiatur et altera pars.*[464]
Die eigentlichen Schwierigkeiten beginnen, wenn es sich um einen Fall handelt, in dem die Interessen eines in keiner Weise dem IGH unterworfenen Staates betroffen sind. Im Völkerrecht entfalten nicht nur bilaterale Verträge relative Wirkung, auch multilaterale Verträge –selbst innerhalb einer internationalen Organisation wie dem Europarat– können nie in dem Sinne rechtsetzende Wirkung entfalten, dass sie für alle Mitglieder der Organisation gelten. Erforderlich ist stets die Mitgliedschaft jedes einzelnen Staates im Vertrag. Insofern gilt die Maxime *pacta tertiis nec nocent nec prosunt,* die aus dem (rechtsgeschäftlichen) Konsensprinzip abgeleitet wird.[465] Verträge zu Lasten Dritter sind demnach ausgeschlossen. Dieser allgemeine Grundsatz des Völkerrechts ist auch in dem Wiener Übereinkommen über das Recht der Verträge kodifiziert worden:

> „Ein Vertrag begründet für einen Drittstaat ohne dessen Zustimmung weder Pflichten noch Rechte."[466]

Das Europäische Übereinkommen zur friedlichen Beilegung von Streitigkeiten wäre aber nur dann als ein Vertrag zu Lasten Dritter anzusehen, wenn es tatsächlich einem Drittstaat eine Pflicht aufbürden würde.
In der eher spärlichen Literatur zum Europäischen Übereinkommen wird auf das Interventionsrecht des dritten Staates nach Art. 33 verwiesen, der lautet:

> „Hat beim Gerichts- oder Schiedsverfahren ein dritter Staat nach seiner Auffassung ein berechtigtes Interesse an einer Streitigkeit, so kann er beim Internationalen Gerichtshof oder beim Schiedsgericht beantragen, seinen Beitritt zum Verfahren zuzulassen."[467]

---

463 Die Unterwerfung unter das Schiedsgericht kann allerdings nur über die Mitgliedschaft im Europäischen Übereinkommen zur friedlichen Beilegung von Streitigkeiten erfolgen.

464 S.u. 2. Teil C.

465 Heintschel von Heinegg, in: K. Ipsen, Völkerrecht, S. 132; Ballreich, Treaties, Effect on Third States, in: Bernhardt (Hrsg.), EPIL IV, S. 945; Brownlie, Principles of Public International Law, S. 68.

466 Art. 34; Engl: „A treaty does not create either obligations or rights for a third State without its consent."; franz.: „Un traité ne crée ni obligations ni droits pour un Etat tiers sans son consentement."

467 Engl.: „In judicial or arbitral procedure, if a third State should consider that its legitimate interests are involved, it may submit to the International Court of Justice or to the Arbitral Tribunal a request to intervene as a third party."; franz.: „Dans la procédure judiciaire ou arbitrale, si un Etat tiers estime que, dans un différend, ses intérêts légitimes sont en cause, il peut adresser à la Cour internationale de Justice ou au tribunal arbitral une requête aux fins d'intervention."

Das Außerachtlassen der Interessen eines Drittstaates wird demnach damit gerechtfertigt, dass der Staat seine Interessen wahren könne, indem er seine Beteiligung am Verfahren beantragt.[468] Wird ein Drittstaat auf diese Art und Weise tatsächlich ausreichend geschützt und wird dem hinter der *L'or monétaire*-Regel stehenden Konsensprinzip mit Art. 33 Genüge geleistet? Anders ausgedrückt: Ist der IGH, wenn seine Gerichtsbarkeit auf dem IGH-Statut beruht, deshalb gezwungen, auf die Ausübung seiner Gerichtsbarkeit zu verzichten, weil das IGH-Statut die Intervention in seinem Art. 62 nur unter sehr strengen Anforderungen zulässt? Und ist im Gegensatz dazu der nichtunterworfene Drittstaat in Fällen, in denen sich die Gerichtsbarkeit auf das Europäische Übereinkommen gründet, durch das Interventionsrecht nach Art. 33, der wesentlich weniger strenge Anforderungen an die Intervention stellt als das IGH-Statut, so gut geschützt, dass Art. 32 die Unanwendbarkeit der *L'or monétaire*-Regel anordnen kann? In der Tat verlangt Art. 62 IGH-Statut vom Intervenienten ein „rechtliches Interesse",[469] während es nach Art. 33 des Übereinkommens ausreicht, dass der Staat „ein berechtigtes Interesse an einer Streitigkeit [hat]".[470] Aber ist deshalb Art. 33 des Europäischen Übereinkommens tatsächlich das Korrelat zur Regelung in Art. 32 und die *L'or monétaire*-Regel zum eingeschränkten Interventionsrecht des IGH-Statut? Ausgangspunkt bei der Behandlung dieser Problematik muss die Frage nach der Schutzwirkung einer Intervention sein. Hier ist zu unterscheiden: Interveniert ein Staat, der der Gerichtsbarkeit des IGH unterworfen ist, wird er Partei des Rechtsstreits, das Urteil bindet ihn und die Hauptparteien. Seine Interessen werden daher ausreichend geschützt. Auch einem nichtunterworfenen Drittstaat kann man ein Interventionsrecht zugestehen.[471] So weit, so gut. Allerdings darf die Intervention nicht als Obliegenheit betrachtet werden in dem Sinne, dass man einen Staat zwar nicht zur Intervention verpflichten kann, er aber dennoch im Falle der Nichtintervention die daraus resultierenden Nachteile zu tragen hat. Das gebietet wiederum das Konsensprinzip: Kein Staat, der sich nicht der Gerichtsbarkeit eines internationalen Gerichts unterworfen hat, muss seine Angelegenheiten vor dieses Gericht bringen, eine Einlassungspflicht besteht ebenfalls nicht.[472] Unmittelbare Lasten dürfen sich für ihn daraus nicht

---

468 Vgl. Salmon, RGDIP 1959, S. 50: „En ce qui concerne les interêts d'une tierce Puissance, ils sont en principe écartés par l'article 32 de la convention qui prévoit que la convention demeure applicable entre les parties, encore qu'un Etat tiers partie à la convention ou non ait un intérêt dans le différend. Cependant les intérêts sont protégés par les possibilités d'intervention."

469 Engl.: „interests of a legal nature"; franz.: „un intérêt d'ordre juridique".

470 Engl.: „that its legitimate interests are involved"; franz.: „ses intérêts légitimes sont en cause".

471 Dazu unten 3. Teil B.III.2.a).

472 Erst recht verbietet das Konsensprinzip die Beiladung eines nichtunterworfenen Drittstaates zum Verfahren, vgl. *Certaines terres à phosphates à Nauru (Nauru c. Australie), ex-*

ergeben. Interveniert ein Drittstaat nicht, kann er keinen Einfluss auf die Entscheidung nehmen und infolgedessen seine Interessen nicht wahren. Ein für ihn negatives Ergebnis hätte er aber zu tragen. Damit wird die Intervention tatsächlich zur Obliegenheit, d.h. zu einer Last, die das Europäische Übereinkommen einem Nichtmitglied nicht aufbürden darf. So stellte auch der IGH im Fall *Certaines terres à phosphates à Nauru* zwar fest, dass

> „Il est...loisible à un Etat qui n'est pas partie à une affaire d'adresser à la Cour une requête à fin d'intervention, conformément à l'article 62 du Statut..."

und dass

> "...l'absence d'une telle requête n'interdit nullement à la Cour de statuer sur les prétentions qui lui sont par ailleurs soumises"

jedoch nur

> "pour autant que les intérêts juridiques de l'Etat tiers éventuellement affectés ne constituent pas l'objet même de la décision sollicitée."[473]

Die Argumentation mit dem Interventionsrecht funktioniert somit allenfalls im positiven Sinne: Hat ein Staat interveniert, ist er möglicherweise geschützt. Ist eine Intervention nicht erfolgt, wird der Staat durch das bloße *Recht auf Intervention* hingegen nicht ausreichend geschützt. Das Konsenserfordernis gibt ihm vielmehr das Recht, auf eine Intervention zu verzichten. Das Konsensprinzip kommt in zweifacher Weise zum Tragen: Das Europäische Übereinkommen würde für den Drittstaat einen dem rechtsgeschäftlichen Konsensprinzip zuwiderlaufenden Vertrag zu Lasten Dritter darstellen, wenn er dem Drittstaat eine Last in Form einer Obliegenheit aufbürdet, die ihrerseits von ihrer Wirkung her dem Konsensprinzip in der internationalen Gerichtsbarkeit widerspräche.
Hinzu kommt: Auch die Intervention schützt einen nichtunterworfenen Drittstaat nicht in jedem Fall. Der Staat kann sich zwar äußern und somit das Ergebnis möglicherweise zu seinen Gunsten beeinflussen. Eine Entscheidung darf ihn aber als Folge des Konsensprinzips nicht rechtlich binden.[474] Da das Urteil aber wiederum faktische Auswirkungen haben könnte, muss die *L'or monétaire*-Rechtsprechung auch im Falle einer erfolgten Intervention Anwendung finden. Auch das sehr umfassende Interventionsrecht nach Art. 33 des Europäischen

---

ceptions préliminaires, arrêt, C.I.J. Rec. 1992, S. 260, sowie *Military and Paramilitary Activities in and against Nicaragua (Nicaragua v. United States of America), Jurisdiction and Admissibility, Judgment*, I.C.J. Rep. 1984, S. 431.

473 *Arrêt*, C.I.J. Rec. 1992, S. 260 f.; s.a. schon die Entscheidung des IGH im Fall *Or monétaire pris à Rome en 1943, arrêt*, C.I.J. Rec. 1954, S. 32; in jüngerer Zeit *Land, Island and Maritime Frontier Dispute (El Salvador/Honduras), Application to Intervene, Judgment*, I.C.J. Rep. 1990, S. 115 f.

474 Zur anderen Ansicht s.u. 3. Teil B.III.2.c).

Übereinkommens kann die *L'or monétaire*-Regel nicht derogieren. Die Staaten können zwar völkerrechtlich geltende Vorschriften durch Vertrag abändern, sofern sie kein *ius cogens* darstellen, freilich gilt dies lediglich in ihren bilateralen Beziehungen. Insofern als die *L'or monétaire*-Rechtsprechung dem Beklagten eines Prozesses eine prozessuale Einrede bietet, könnten die Mitglieder des Europäischen Übereinkommens zur friedlichen Beilegung von Streitigkeiten auf deren Anwendung verzichten. Die hier betroffene souveräne Gleichheit der Staaten und das daraus resultierende Konsensprinzip als *drittschützender* Grundsatz, können hingegen keine vertragliche Derogation erfahren.
Es stellt sich daher die Frage, wie Art. 32 des Europäischen Übereinkommens zur friedlichen Beilegung von Streitigkeiten auszulegen ist. Der Wortlaut als Grundlage der Auslegung nach Art. 31 WVRK ist nicht eindeutig. Art. 32 nimmt keine ausdrücklichen Einschränkungen vor, er definiert den Begriff des „Interesses" aber auch nicht. Nach der *ordinary meaning rule* ergibt sich ebenfalls keine eindeutige Definition. Vielmehr ist die Bedeutung des Begriffs „Interesse" aus dem Zusammenhang und Sinn und Zweck der Norm herzuleiten. Die Stellung des Interventionsrechtes nach Art. 33 des Europäischen Übereinkommens in unmittelbarem Anschluss an die Vorschrift des Art. 32 könnte die Auslegung nahe legen, das Interventionsrecht sei tatsächlich als Rechtsschutz für den Drittstaat in der Form gedacht, dass Art. 32 das *L'or monétaire*-Prinzip aussetzen kann. Dafür spräche auch die Erweiterung der Interventionsmöglichkeit im Vergleich zu der Intervention nach dem IGH-Statut. Allerdings ist die systematisch-teleologische Auslegung (Art. 31 Abs. 2 WVRK) nicht in jedem Fall zwingend. Führt sie dazu, dass die auszulegende Norm völkerrechtswidrigen Charakter annimmt, bietet sich vielmehr eine vom Wortlaut getragene völkergewohnheitsrechtskonforme Auslegung an. Schon das *Institut de Droit international* stellte fest, dass *„[l]es termes des dispositions des traités doivent être interprétées...à la lumière des principes du droit international"*.[475] Dieser Gedanke hat auch Eingang in die Wiener Vertragsrechtskonvention gefunden: Nach Art. 31 Abs. 3 lit. c) WVRK ist „jeder in den Beziehungen zwischen den Vertragsparteien anwendbare einschlägige Rechtssatz"[476] zu berücksichtigen. Konform mit den allgemeinen Grundsätzen des Völkerrechts, insbesondere mit dem Konsensprinzip, geht Art. 32 aber nur dann, wenn man ihm lediglich deklaratorische Wirkung zuschreibt. Auch die nach Art. 32 WVRK hilfsweise heranzuziehende historische Auslegung führt zu keinem anderen Ergebnis. Die Vorarbeiten zum Europäischen Übereinkommen enthalten keinen weiteren Kommentar zu Art. 32, 33 als dass diese Vorschriften aus dem „General Act for the Pacific Settle-

---

[475] AnnIDI 1956, S. 349.

[476] Engl.: „...any relevant rules of international law applicable in the relations between the parties."; franz.: „...toute règle pertinente de droit international applicable dans les relations entre les parties."

ment of International Disputes“ von 1928 übernommen wurden. Im Unterschied zum Europäischen Übereinkommen, das die Intervention eines Drittstaates zulässt, wenn dessen „legitimate interests“ betroffen sind, verlangt die Generalakte „an interest of a legal nature“ als Voraussetzung für eine Drittintervention. Diese Formulierung entspricht wiederum den strengen Voraussetzungen des IGH-Statuts. Trotz dieses Unterschieds kommentiert das Expertenkomitee, das zur Ausarbeitung des Europäischen Übereinkommens eingesetzt wurde, die Art. 34, 35 des Übereinkommensentwurfs, die in ihrem Wortlaut exakt den endgültigen Art. 32, 33 des Europäischen Übereinkommens entsprechen, folgendermaßen: „This reproduces Article 35 (Article 36) of the General Act.“[477] Art. 34 und 35 des Entwurfs wurden später zu Art. 32 und 33 mit dem Hinweis: „No change“.[478] Demnach war trotz der Wortlautänderung offensichtlich keine inhaltliche Änderung dieser Vorschrift im Hinblick auf die entsprechenden Vorschriften der Generalakte beabsichtigt. Insofern erscheint auch die Wortlautabweichung zwischen Art. 32, 33 des Europäischen Übereinkommens und Art. 62 IGH-Statut nicht so erheblich, dass sie eine Alternative zur Anwendung der *L'or monétaire*-Rechtsprechung bieten will. Freilich war zur Zeit der Ausarbeitung des Europäischen Übereinkommens die Drittstaatenproblematik schon bekannt. Denn auch wenn das Urteil im Fall *L'or monétaire pris de Rome en 1943* aus dem Jahr 1954 stammt, wurde die Klage schon im Jahr 1953 erhoben und die Drittbetroffenheit Albaniens diskutiert. Dafür, dass die der Generalakte entnommene Vorschrift deshalb eine gegenüber der Generalakte und auch dem IGH-Statut erleichterte Interventionsmöglichkeit enthalten sollte, weil die *L'or monétaire*-Rechtsprechung abbedungen werden sollte, findet sich in den Vorarbeiten aber gerade kein Anhaltspunkt.

Diesen Grundsätzen zufolge wäre Art. 32 Abs. 1, soweit er Nichtmitgliedstaaten des Europäischen Übereinkommens betrifft, nach der hier vertretenen Auffassung so auszulegen, dass er diejenigen Fälle nicht erfasst, in denen das Urteil Auswirkungen faktischer Natur auf einen nicht beteiligten Drittstaat hätte. Die *L'or monétaire*-Rechtsprechung findet weiter Anwendung. Die in Art. 32 genannten „Interessen“ beträfen nur Fallkonstellationen, in denen z.B. die Angelegenheiten des Drittstaates zwar mit angesprochen werden oder die Entscheidung Rückschlüsse auf die Rechtmäßigkeit des Drittverhalten zuließe,[479] der Drittstaat jedoch durch die relative Wirkung des Urteils umfassend geschützt ist.

---

477 „Final Report of the Committee of Experts on the Peaceful Settlement of Disputes and the Creation of a European Court of Justice to the Committee of Ministers“ vom 22. Mai 1953, S. 15.

478 „Draft European Convention for the Peaceful Settlement of Disputes“, Annex II des „Report to the Committee of Ministers by the Committee of Experts on the Peaceful Settlement of Disputes“ vom 11. Februar 1956, S. 33.

479 Im Völkerrecht ist eine Drittbetroffenheit gleich welcher Art wohl sogar die Regel, vgl. Chinkin, AJIL 1986, S. 500: „...the recognition that international disputes rarely, if

Im Fall *Certain Property (Liechtenstein v. Germany)* darf sich der IGH daher nicht mit dem bloßen Hinweis auf Art. 32 Abs. 1 des Europäischen Übereinkommens begnügen. Da die Tschechoslowakei *nicht* Mitglied im Europäischen Übereinkommen ist, muss der Gerichtshof anhand der *L'or monétaire*-Regel seine Zuständigkeit überprüfen.[480]

C. *Irrelevanz des Konsensprinzips – der Grundsatz „audiatur et altera pars" als zusätzliche Kompetenzausübungssperre*

Nicht jeder Fall von Drittbetroffenheit ist notwendigerweise unter dem Aspekt des Konsensprinzips zu behandeln.
Als Beispiel soll der Fall *Military and Paramilitary Activities in and against Nicaragua (Nicaragua v. United States of America)* dienen. Die drittbetroffenen Staaten Honduras und Costa Rica hatten sich –im Gegensatz zu El Salvador– der Gerichtsbarkeit des IGH unterworfen. Beide waren UNO-Mitglieder, hatten also durch ihre gleichzeitige Mitgliedschaft im IGH-Statut gemäß Art. 93 Abs. 1 UN-Charta i.V.m. Art. 35 Abs. 1 IGH-Statut den formellen Konsens zur Gerichtsbarkeit erklärt. Ebenso lag die materielle Konsenserteilung vor und zwar in Form besonderer Erklärungen gemäß Art. 36 Abs. 2 IGH-Statut. Da Nicaragua in seiner Klage gegen die Vereinigten Staaten die Gerichtsbarkeit des IGH ebenfalls auf besondere Erklärungen Nicaraguas und der USA stützte, wäre auch das Reziprozitätserfordernis als besondere Ausgestaltung des Konsensprinzips erfüllt gewesen. Nicaragua hätte somit ohne weiteres auch Klage gegen Honduras und Costa Rica erheben können.[481] Da dies nicht geschehen war, waren beide Staaten nicht Partei der Rechtsstreitigkeit geworden.

---

ever, fit neatly into a bilateral pattern. Rather, because of the interdependence of international relations, events that culminate in international adjudication will affect different actors in different ways and with varying intensity."; dies., Third Parties, S. 148; vgl. auch Elias, in: Bernhardt u.a. (Hrsg.), Festschrift für H. Mosler, S. 165.

480 So auch Bekker, ASIL Insights No. 73: „The Czech Republic is not a party to the European Convention for the Peaceful Settlement of Disputes, so that it cannot be said to have consented to the Court's jurisdiction under that treaty. Notwithstanding the fact that Article 32(1) of the Convention provides that it „shall remain applicable as between the Parties thereto, even though a third State, whether a Party to the Convention or not, has an interest in the dispute," the Court will administer the „necessary third party" rule independently in order to determine whether it has jurisdiction to entertain Liechtenstein's Application."

481 Der Fall *Certaines terres à phosphates à Nauru (Nauru c. Australie)* ist kein entsprechender Fall. Die drittbetroffenen Staaten Neuseeland und Großbritannien hatten zwar Unterwerfungserklärungen nach Art. 36 Abs. 2 IGH-Statut abgegeben, die Erklärungen waren aber jeweils mit einem Vorbehalt versehen, der die Reziprozität ausschloss, vgl. YBICJ 1988-89, S. 83 bzw. S. 94. So enthielt Großbritanniens Erklärung einen Vorbehalt für

Obgleich die Berührung ihrer Interessen im Raum stand,[482] hatten beide Staaten keine Möglichkeit, vor Gericht ihre Interessen wahrzunehmen. Insofern stellt sich aber kein souveränitätsspezifisches Problem wie in den Fällen, in denen die Entscheidung möglicherweise die Interessen eines Dritten berührt, der sich nicht der Gerichtsbarkeit unterworfen hat, seine Angelegenheit also nicht von einem internationalen Gericht entschieden sehen möchte. Vielmehr ist in diesem Zusammenhang das Prinzip *audiatur et altera pars* zu beachten. Es ist ein allgemeiner Verfahrensgrundsatz,[483] dass nicht über den Kopf der Betroffenen hinweg entschieden werden soll, sondern diese die Möglichkeit haben sollen, ihren Standpunkt darzulegen und durch Äußerungen aller Art auf die Entscheidung Einfluss zu nehmen.[484] Dies gilt nicht nur für die Parteien des Rechtsstreits, sondern auch für Dritte, wenn die Entscheidung unmittelbar auf ihre Rechtsstellung einwirkt.[485] Das IGH-Statut sieht eine Beiladung oder eine andere Form der Beteiligung Dritter durch das Gericht nicht vor. Zwar kann das Gericht auf Antrag eines dritten Staates dessen Intervention zulassen (Art. 62 IGH-Statut), *proprio*

Commonwealth-Mitglieder, und beide Staaten hatten ihre Unterwerfung für den Fall ausgeschlossen, dass der Kläger eine reine Zweckerklärung abgegeben hat. Zwar ist die Reichweite dieses Vorbehalts strittig, da aber Nauru seine Erklärung nur gut 14 Monate vor der Klageerhebung am 19 Mai 1989 abgegeben hat (vgl. YBICJ 1988-89, S. 82) und kein anderer Unterwerfungsgrund als die Klage gegen die Treuhänderstaaten ersichtlich ist, spricht viel für die Einschlägigkeit der Vorbehalte, vgl. Greig, VJIL 1991/92, S. 373, 330 f., Fn. 167. Wenn Greig in VJIL 1991/92, S. 330 schreibt, eine Klage sei „at least initially" ausgeschlossen gewesen, meint er damit wohl, dass theoretisch eine Zuständigkeitsbegründung durch *forum prorogatum* hätte stattfinden können.

Richter Ago vertrat in seiner dissentierenden Meinung (*Certaines terres à phosphates à Nauru, exceptions préliminaires, arrêt,* C.I.J. Rec. 1992, S. 327) die Auffassung, eine Klage gegen die beiden anderen Staaten wäre möglich gewesen, da Großbritannien sich höchstwahrscheinlich auf eine Zuständigkeitsbegründung durch *forum prorogatum* eingelassen hätte – eine Hypothese, die, da nicht auf die Probe gestellt, an den Fakten nichts ändert. Den zweiten Vorbehalt ignoriert Ago. Er stellt sogar fest, Neuseelands Erklärung habe im wesentlichen der australischen Erklärung entsprochen. Falsch ist jedenfalls die Schlussfolgerung, die Ago aus seinen Feststellungen zieht: „...[L]'exercice par la Cour de sa juridiction se trouverait privé de son indispensable base consensuelle." (C.I.J. Rec. 1992, S. 328). Das Konsensprinzip wäre gerade nicht verletzt, wenn tatsächlich von einer Unterwerfung ausgegangen werden konnte, vgl. dazu die weiteren Ausführungen.

Zimmermann, ZaöRV 1995, Fn. 67 sowie Chinkin, Third Parties, S. 205 gehen wohl davon aus, dass die Vorbehalte nicht einschlägig waren, wenn sie bemerken, es hätten Unterwerfungserklärungen vorgelegen und daher auch Großbritannien und Neuseeland verklagt werden können.

482 Vgl. oben 2. Teil A.I.2.

483 Rosenne, The Law and Practice of the International Court, Vol. II, S. 557.

484 Hamacher, Die Maxime audiatur et altera pars, S. 81 f. m.w.N.

485 So auch die Auslegung des BVerfG zu Art. 103 Abs. 1 GG, der lautet: „Vor Gericht hat jedermann Anspruch auf rechtliches Gehör.", vgl. z.B. BVerfGE 60, 14 f.

motu jedoch kann es keine wie auch immer geartete Beteiligung erwirken. Das Konsensprinzip kann diese Regelung im IGH-Statut allerdings nicht erklären.[486] Eine Verfahrensbeteiligung durch *Klage* eines anderen Staates wäre möglich, hat doch der unterworfene Staat durch seine Unterwerfungserklärung die grundsätzliche Bereitschaft zum Ausdruck gebracht, seine Angelegenheit vor ein internationales Gericht bringen zu lassen. So findet sich auch in Art. 36 Abs. 2 EMRK zumindest die Möglichkeit, Dritte zu einer Stellungnahme aufzufordern:

> „Im Interesse der Rechtspflege kann der Präsident des Gerichtshofs jeder Hohen Vertragspartei, die in dem Verfahren nicht Partei ist, oder jeder betroffenen Person, die nicht Beschwerdeführer ist, Gelegenheit geben, schriftlich Stellung zu nehmen oder an den mündlichen Verhandlungen teilzunehmen."[487]

Dass das IGH-Statut eine solche Bestimmung nicht enthält, ist eine eher technische Frage. Der IGH ist als reines Staatengericht stark vom Dispositionsgrundsatz geprägt, Handlungen des Gerichts von Amts wegen sind auf einige wenige Ausnahmen beschränkt –wie im Fall vorsorglicher Maßnahmen gemäß Art. 41 IGH-Statut, Art. 73 IGH-VerfO. Die Anforderung von Informationen durch den Gerichtshof kommt lediglich gegenüber internationalen Organisationen in Betracht, Art. 34 Abs. 2 IGH-Statut, Art. 69 IGH-VerfO. Nur im Gutachtenverfahren ist gemäß Art. 66 Abs. 2, 3 IGH-Statut vorgesehen, dass der IGH bestimmten Staaten die Möglichkeit zur Stellungnahme geben kann.

Da nach dem Prinzip *audiatur et altera pars* die Drittinteressen nicht außen vor gelassen werden dürfen, muss sich der IGH in allen anderen Fällen wiederum damit behelfen, das ihm zustehende Ermessen dahingehend auszuüben, dass er von der Durchführung des Verfahrens absieht oder sein Urteil *ratione materiae* beschränkt– diesmal trotz Unterwerfung der betroffenen Drittstaaten unter seine Gerichtsbarkeit. Ist ein Drittstaat nicht am Prozess beteiligt und schützt die relative Wirkung des Urteils ihn nicht ausreichend, da die Entscheidung faktische Auswirkung auf seine Rechtsstellung hätte, muss dies stets zur Abweisung der Klage bzw. einer materiellen Einschränkung des Entscheidungsumfangs führen. Ist der jeweilige Staat nicht einmal der Gerichtsbarkeit des IGH unterworfen, gebietet –wie oben dargestellt– schon das Konsensprinzip dieses Ergebnis. So formuliert auch Rosenne:

---

[486] Vgl. Greig, VJIL 1991/92, S. 292.

[487] Engl.: „The President of the Court may, in the interest of the proper administration of justice, invite any High Contracting Party which is not a party to the proceedings or any person concerned who is not the applicant to submit written comments or take part in the proceedings."; franz.: „Dans l'intérêt d'une bonne administration de la justice, le président de la Cour peut inviter toute Haute Partie contractante qui n'est pas partie à l'instance ou toute personne intéressée autre que le requérant à présenter des observations écrites ou à prendre part aux audiences."

„*The bilateralism of proceedings* in the International Court *coupled with the consensual basis* of all the Court's jurisdiction may prevent it from exercising its jurisdiction if it concludes that the real subject-matter of the dispute is the legal position of a third State which is not a party to the proceedings.“[488]

Da im Fall *Military and Paramilitary Activities in and against Nicaragua (Nicaragua v. United States of America)* das Urteil faktische Auswirkungen für Honduras und Costa Rica haben konnte,[489] hätte der IGH deshalb unter Berücksichtigung des Grundsatzes *audiatur et altera pars* zum Schutz der honduranischen und kostarikanischen Interessen auf ein Urteil verzichten müssen,[490] obwohl beide Staaten seiner Gerichtsbarkeit unterworfen waren.[491]

---

488 The Law and Practice of the International Court, Vol. II, S. 552; Hervorhebung von der Verfasserin.

489 Vgl. oben 2. Teil A.I.2.

490 Vgl. dazu auch D a m r o s c h, in: D a m r o s c h (Hrsg.), The International Court of Justice at a Crossroads, S. 376 ff.

491 Das Konsensprinzip hatte nur im Hinblick auf das der Gerichtsbarkeit des IGH nicht unterworfene El Salvador Auswirkungen, vgl. oben 2. Teil A.I.2. Aufgrund ihrer Unterwerfung strengte Nicaragua 1986 auch Klagen gegen Honduras und Costa Rica an. Die Klage gegen Costa Rica wurde durch Vereinbarung zurückgezogen. 1988 entschied der Gerichtshof, dass er für die Klage gegen Honduras aufgrund des Paktes von Bogotá zuständig sei, *Actions armées frontalières et transfrontalières (Nicaragua c. Honduras), compétence et recevabilité, arrêt,* C.I.J. Rec. 1988, S. 90.

3. TEIL: DAS KONSENSPRINZIP IM RAHMEN DER INZIDENTGERICHTSBARKEIT

A. *Der formelle Konsens als Grundlage der Inzidentgerichtsbarkeit eines internationalen Gerichts*

Die Inzidentgerichtsbarkeit („incidental jurisdiction“) eines internationalen Gerichts ist von seiner Kompetenz, ein Streitverfahren zu entscheiden („contentious“ bzw. „mainline jurisdiction“) und seiner Gutachtenkompetenz („advisory jurisdiction“) zu unterscheiden. Sie zeichnet sich dadurch aus, dass sie im Zusammenhang mit einem Streitverfahren steht. Die Inzidentgerichtsbarkeit kann nur zum Tragen kommen, wenn bereits ein Streitfall anhängig ist.[492]

Sie kann neben der Kompetenz-Kompetenz, die Befugnis beinhalten, die Intervention eines Drittstaates zuzulassen[493] oder vorsorgliche Maßnahmen zu erlassen.[494] Auch die Kompetenz zur Entscheidung in Abwesenheit einer Partei gehört hierzu. Während die Kompetenz-Kompetenz aufgrund eines allgemeinen Rechtsgrundsatzes gilt,[495] müssen die übrigen Inzidentkompetenzen ausdrücklich im Statut bzw. den Verfahrensregeln des jeweiligen internationalen Gerichts vorgegeben sein.[496] Bereits mit Erteilung des formellen Konsenses akzeptieren die Staaten, dass dem internationalen Gericht diese Kompetenzen zustehen sollen. Wenn ordnungsgemäß Klage erhoben wurde, darf das Gericht diese Kompetenzen ausüben.

---

[492] *Land, Island and Maritime Frontier Dispute (El Salvador/Honduras), Application to Intervene, Judgment,* I.C.J. Rep. 1990, S. 134; Rosenne, The Law and Practice of the International Court, Vol. II, S. 596, 598 f.

[493] *Haya de la Torre, Judgment,* I.C.J. Rep. 1951, S. 76, sowie in jüngster Zeit *Demande d'examen de la situation au titre du paragraphe 63 de l'arrêt rendu par la Cour le 20 décembre 1974 dans l'affaire des essais nucléaires (Nouvelle-Zélande c. France), ordonnance du 22 septembre 1995,* C.I.J Rec. 1995, S. 306; auch in der Verfahrensordnung wird die Intervention unter der Überschrift „Incidental Proceedings“ behandelt, vgl. Rosenne, in: Platzöder/Verlaan (Hrsg.), The Baltic Sea, S. 207 f. (Die im Sartorius II abgedruckte nichtamtliche Übersetzung „Verfahren in besonderen Fällen“ ist in dieser Hinsicht nicht aufschlussreich.)

[494] Zum Inzidentcharakter vorsorglicher Maßnahmen musste sich der IGH bisher nicht äußern.

[495] S.u. 3. Teil B.I.

[496] Umstritten in Bezug auf die Anordnung vorsorglicher Maßnahmen, vgl. auch unten 3. Teil B.II.2.a).

B. *Die Bedeutung des materiellen Konsenses für die Inzidentgerichtsbarkeit*

In der Literatur wird oftmals darauf verwiesen, dass im Gegensatz zur Kompetenz eines internationalen Gerichts, in einem Streitfall zu entscheiden, für die Begründung der Inzidentgerichtsbarkeit kein gesonderter materieller Konsens erforderlich sei.
So schreibt z.B. Rosenne:

> „With so far one exception, the common feature of this pot-pourri of topics is that the Court's jurisdiction to deal with them does not depend on the express consent of the parties such as is required for the mainline jurisdiction."[497]

Ähnlich formuliert Merrills:

> „Because these powers are conferred by the Statute, their exercise by the Court does not require a further expression of consent on the part of states..."[498]

Derartige Äußerungen dürfen nicht dahingehend missverstanden werden, dass der materielle Konsens für die Inzidentgerichtsbarkeit keine Rolle spielt.[499] Das Konsensprinzip erfordert stets die Zustimmung der Staaten, wenn ein internationales Gericht eine Entscheidung treffen soll, die einen bzw. mehrere Staaten bindet.[500] Mit ihrem Beitritt zum Statut bzw. ihrer Zustimmung zu den Verfahrensregeln eines internationalen Gerichts, d.h. mit Erteilung des formellen Konsenses, übertragen die Parteien zunächst einmal nur an eben dieses Gericht die allgemeine Kompetenz, auf der Grundlage seiner Verfahrensregeln und der von ihm angewandten Rechtsgrundlagen zu entscheiden. Diese Entscheidungsgewalt umfasst neben dem Streitverfahren auch die Inzidentkompetenzen. Damit das

---

497 The Law and Practice of the International Court, Vol. II, S. 598.

498 International Dispute Settlement, S. 129. Vgl. auch Magiera, JIR 1974, S. 275; Sztucki, Interim Measures, S. 239; Shihata, Compétence de la Compétence, S. 170.

499 Unter Bezugnahme auf Rosenne begründet z.B. Sette-Camara in seiner dissentierenden Meinung zum Fall *Continental Shelf (Libyan Arab Jamahiriya/Malta), Application for Permission to Intervene, Judgment,* I.C.J. Rep. 1984, S. 87, dass für die Intervention als Inzidentverfahren kein Jurisdiktionsband zwischen den Hauptparteien und dem Intervenienten bestehen müsse. Im gleichen Fall vertrat, ebenfalls unter Berufung auf Rosenne, Jiménez de Aréchaga die Gegenansicht (S. 56).

500 Sogar wenn die Entscheidung keine unmittelbare Bindung hervorruft, aber einen oder mehrere Staaten betrifft, kann sich ein internationales Gericht veranlasst sehen, seine Gerichtsbarkeit nicht auszuüben, so z.B. im Gutachtenverfahren, s.u. 4. Teil.

Umgekehrt gilt: Fehlt der Konsens, kommt allenfalls die Beteiligung eines Nichtunterworfenen in Betracht, nicht aber eine bindende Entscheidung, vgl. die Ausführungen zur Intervention, unten 3. Teil B.III.2.c).

Gericht im Streitverfahren sowie im Rahmen seiner Inzidentgerichtsbarkeit tätig werden darf, muss jedoch stets auch in materieller Hinsicht Konsens erteilt worden sein: Dem Gericht darf nicht nur allgemein die Funktion eines Justizorgans übertragen worden sein, es muss vielmehr im konkreten Fall Entscheidungsgewalt besitzen. Dies ergibt sich schon aus der Abhängigkeit der Inzidentgerichtsbarkeit vom Streitverfahren.

Auch Rosenne stellt fest:

> „But if it is obvious that the Court lacks jurisdiction to deal with the case on the merits, then it automatically follows that it will lack all incidental jurisdiction whatsoever."[501]

Und Merrills bemerkt in Hinblick auf den Erlass vorsorglicher Maßnahmen:

> „Thus it is not open to a state to use the Court's power to indicate interim measures as a way of by-passing the principle of consensuality."[502]

Es ist nur so, dass das Gericht, dem die betroffenen Parteien in formeller Hinsicht unterworfen sind, über alle Bereiche der Inzidentgerichtsbarkeit entscheiden kann. Der materielle Konsens ist deshalb aber nicht entbehrlich. Das erkennende Gericht muss über sein Vorhanden- oder Nichtvorhandensein urteilen.[503] Insofern besteht zwischen dem Streitverfahren und der Inzidentgerichtsbarkeit zunächst einmal kein Unterschied. Dass internationale Gerichte sich im Rahmen ihrer Inzidentgerichtsbarkeit bisweilen darauf beschränken, eine *prima facie* Zuständigkeit festzustellen[504] oder gar auf das Erfordernis der Unterwerfung verzichten,[505] liegt nicht daran, dass dem Konsensprinzip in diesem Bereich eine andere, ungleich geringere Bedeutung zukommt. Derartige Einschränkungen entstehen vielmehr im Spannungsfeld zwischen Konsensprinzip und dem Erfordernis effektiven Rechtsschutzes. Wird in einem Verfahrensstadium oder generell dem effektiven Rechtsschutz eines Staates der Vorrang gewährt, muss dem Konsensprinzip zumindest später bzw. auf andere Art und Weise voll Rechnung getragen werden. Inwieweit und auf welche Art und Weise dies in den einzelnen Bereichen der Inzidentgerichtsbarkeit geschieht, soll im folgenden untersucht werden.

---

501 The Law and Practice of the International Court, Vol. II, S. 599.

502 International Dispute Settlement, S. 130. Im Ergebnis ebenso Shihata, Compétence de la Compétence, S. 170; Sztucki, Interim Measures, S. 240, Magiera, JIR 1974, S. 276.

503 Frage des *quis iudicabit.*

504 Vgl. die Vorgehensweise bei dem Erlass vorsorglicher Maßnahmen, unten 3. Teil B.II.

505 Bei der Drittintervention, unten 3. Teil B.III.

I. Kompetenz-Kompetenz

Der Grundsatz der Kompetenz-Kompetenz besagt, dass es Sache eines internationalen Gerichts und nicht der Parteien ist darüber zu befinden, ob das Gericht in einem konkreten Streitfall zuständig ist. Die Kompetenz-Kompetenz des IGH ist in Art. 36 Abs. 6 IGH-Statut festgelegt, diejenige des EGMR in Art. 32 Abs. 2 EMRK. Auch für den Internationalen Seegerichtshof findet sich eine ausdrückliche Regelung in Art. 288 Abs. 4 SRÜ. Das Prinzip der Kompetenz-Kompetenz gilt aber selbst dann, wenn es nicht explizit geregelt ist. Es stellt einen allgemeinen Grundsatz des Völkerrechts dar.[506] Der IGH stellte im Fall *Nottebohm* fest:

> „Le paragraphe 6 de l'article 36 ne fait que reprendre pour la Cour une règle que le droit international commun a consacré en matière d'arbitrage international.[507]...Le caractère judiciaire de la Cour et la règle de droit international commun...suffisent à établir que la Cour est compétente pour statuer sur sa propre compétence..."[508]

Die Kompetenz-Kompetenz eines internationalen Gerichts bezieht sich sowohl auf den formellen als auch auf den materiellen Konsens, wenngleich der formelle Konsens Voraussetzung dafür ist, dass die Kompetenz-Kompetenz besteht. In materieller Hinsicht muss zumindest irgendeine Grundlage bestehen, die einer positiven Auslegung zugänglich ist.[509] Sollte das Gericht zu einer Auslegung gelangen, der zufolge eine Zuständigkeit bejaht wird, ist die Entscheidung des Gerichts grundsätzlich aufgrund seiner Kompetenz-Kompetenz verbindlich. Das Konsensprinzip kann aber dennoch dazu führen, dass die Nichtigkeit des Urteils angenommen werden muss. Die Parteien sind nur dann der Gerichtsbarkeit eines internationalen Gerichts unterworfen, wenn sie ihre Zustimmung erteilt haben. Auch der Grundsatz der Kompetenz-Kompetenz kann und soll das Konsensprinzip nicht einschränken. Erforderlich ist stets eine Unterwerfungshandlung der Parteien, Aufgabe des Gerichts ist es lediglich, diese *auszulegen*.[510] Das Gericht kann keine neue Kompetenzgrundlage kraft eigener Entscheidung schaffen. Gibt es eine Unterwerfungshandlung nicht und ist dies manifest, kann das Urteil mithin keinen Bestand haben. Dementsprechend beruhen zwei der vier völkerge-

---

506 Shihata, Compétence de la Compétence, S. 30, 39; Rosenne, The Law and Practice of the International Court, Vol. II, S. 849.

507 *Exceptions préliminaires, arrêt,* C.I.J. Rec. 1953, S. 119.

508 C.I.J. Rec. 1953, S. 120.

509 Nach Rosenne, The Law and Practice of the International Court, Vol. II, S. 847 muss ein „prima facie case of jurisdiction" vorliegen.

510 Vgl. IGH im Fall *Nottebohm, exception préliminaire, arrêt,* C.I.J. Rec. 1953, S. 119: „...[I]l est admis...qu'à moins de convention contraire, un tribunal international est juge de sa propre compétence et a le pouvoir d'interpréter à cet effet les actes qui gouvernent celle-ci."

wohnheitsrechtlich anerkannten Nichtigkeitsgründe auf der Missachtung des Konsensprinzips: die manifeste Zuständigkeitsüberschreitung und die Ungültigkeit des Kompromisses.[511]
Eine Instanz, die die Nichtigkeit des Urteils feststellen könnte, existiert nicht *ipso facto*, so dass sich die Frage des *quis iudicabit* stellt. Da internationale Gerichtsbarkeit auf dem Konsens der Parteien basiert, verbietet sich wiederum die einseitige Anrufung eines internationalen Gerichts. Zwar besteht die Möglichkeit, dass sich die Parteien auf einen Kompromiss einigen, mit dem sie die Frage einem Gericht vorlegen könnten. Die Wahrscheinlichkeit, dass sich die siegreiche Partei auf ein derartiges Unterfangen einlässt, ist in der Praxis aber wohl eher gering. Günstiger wäre es, die Parteien würden schon mit ihrer Unterwerfung eine Instanz zur Auslegung von möglicherweise erfolgenden Urteilen bestimmen, was bisher nur in Ausnahmefällen geschehen ist.[512] Existiert eine solche Vereinbarung der Staaten nicht, liegt es in der Hand der beklagten und verurteilten Partei, sich als *iudex in sua causa* auf die Nichtigkeit des Urteils zu berufen und daraus dessen Nichtbeachtung abzuleiten:[513] Ein Ergebnis, das zwar nicht zu befriedigen vermag, das jedoch logische Folge des Konsensprinzips sein muss.
Die Verweigerung der Urteilsbefolgung durch die USA im Fall *Military and Paramilitary Activities in and against Nicaragua* war nach diesen Maßstäben nicht gerechtfertigt, da eine manifeste Zuständigkeitsüberschreitung gerade nicht bejaht werden kann.[514] Nur wenn die Zuständigkeitsüberschreitung offensichtlich ist, kann dies zur Nichtigkeit eines Urteils führen. Ansonsten beinhaltet die Akzeptanz der Kompetenz-Kompetenz eines internationalen Gerichts durch einen Staat auch die Akzeptanz eines möglichen Fehlurteils.

---

511 Oellers-Frahm, Judicial and Arbitral Decisions: Validity and Nullity, in: Bernhardt (Hrsg.), EPIL III, S. 38 und ZaöRV 80 (1987), S. 244 f.; Shihata, Compétence de la Compétence, S. 69; vgl. auch die *Model Rules on Arbitral Procedure* der ILC, Art. 35 lit. a) und d), YBILC 1958, Vol. II, S. 86.

512 So z.B. in Art. 52 Abs. 3 der *Convention on the Settlement of Investment Disputes between States and Nationals* vom 18. März 1965.

513 Oellers-Frahm, Judicial and Arbitral Decisions: Validity and Nullity, in: Bernhardt (Hrsg.), EPIL III, S. 40 und ZaöRV 1987, S. 245; Reismann, AJIL 1986, S. 129.

514 Vgl. oben 1. Teil C.I.1.c)aa)(2)(b)(bb). Obwohl z.B. Oellers-Frahm massive Bedenken gegenüber der Entscheidung des IGH anmeldet, da sie sie nur für schwer mit dem Konsensprinzip vereinbar hält, geht auch sie nicht von der Nichtigkeit des Urteils aus. Die Zuständigkeitsüberschreitung sei nicht offensichtlich und könne daher nicht zur Nichtigkeit des Urteils führen, ZaöRV 1987, S. 248 f; Reismann, AJIL 1986, S. 132, hingegen hält das Urteil für „so ill-founded in the facts, in the law and in the Court's own jurisprudence as to constitute a ground of nullity."

II. *Vorsorgliche Maßnahmen*

1. *Das Spannungsfeld zwischen Dringlichkeit und Konsensprinzip*

Dem Erlass eines Urteils durch ein internationales Gericht geht oftmals ein langwieriges Verfahren voraus, das grundsätzlich aus einer schriftlichen und einer mündlichen Phase besteht. Die vom Internationalen Gerichtshof für die Antragsbegründung („*memorial*") und die Antragserwiderung („*counter-memorial*") festzusetzende Frist beträgt zwischen drei und sechs Monate,[515] in Einzelfällen bis zu ein Jahr.[516] Nicht selten ersuchen die Parteien den Gerichtshof um eine Fristverlängerung, so dass den Staaten in Einzelfällen schließlich ein Zeitraum von jeweils bis zu 18 Monaten für die ersten schriftlichen *pleadings* zur Verfügung steht. Macht der beklagte Staat von seiner Möglichkeit Gebrauch, sog. *preliminary objections* zu erheben,[517] d.h. Einreden, die z.B. die Zuständigkeit des Gerichts oder die Zulässigkeit der Klage betreffen, wird das Verfahren ausgesetzt, damit das Gericht über die vorgängigen Einreden entscheiden kann. Die Fristen für die Antragsbegründung und die Antragserwiderung verlängern sich entsprechend. Hält es das Gericht für erforderlich, können die Parteien im schriftlichen Verfahren mit einer Replik („*reply*") bzw. einer Duplik („*rejoinder*") auf das Vorbringen des jeweils anderen Staates reagieren und offene Punkte ergänzen und konkretisieren. An das schriftliche Verfahren schließt sich nach einigen Monaten ein mündliches Verfahren an, das selbst jedoch nur noch zwei bis drei Wochen in Anspruch nimmt.[518] Die durchschnittliche Gesamtdauer eines Prozesses vor dem IGH beträgt zwei Jahre und fünf Monate.[519]

Je nach Fallgestaltung kann das Verhalten des beklagten Staates während der

---

515 Eyffinger, The International Court of Justice, S. 134; vgl. auch: <http://www.icj-cij.org/icjwww/igeneralinformation/ibbook/Bbookframepage.htm>.

516 Im Fall *Certain Property (Liechtenstein v. Germany)* hat der IGH eine Frist von jeweils neun Monaten festgelegt, Liechtensteins Antragsbegründung muss demgemäß bis zum 28. März 2002, die Antragserwiderung der Bundesrepublik bis zum 27. Dezember 2002 vorliegen, *Order of 28 June 2001.*

517 Art. 79 IGH-VerfO.

518 Eyffinger, The International Court of Justice, S. 135.

519 Eyffinger, The International Court of Justice, S. 133; vgl. auch: <http://www.icj-cij.org/icjwww/igeneralinformation/ibbook/Bbookframepage.htm>. Einzelne Verfahren dauerten wesentlich länger. So lagen im Fall *Barcelona Traction, Light and Power Company, Limited* elf Jahre und im Fall *South West Africa* sechs Jahre zwischen Einreichung der Klageschrift und Erlass des Urteils in der Hauptsache. Der Fall *Frontière terrestre et maritime entre le Cameroun et le Nigéria (Cameroon c. Nigéria)* geht mittlerweile ins neunte Prozessjahr – „developing into something of a saga", wie Merrills schreibt, ICLQ 2000, S. 720. Eine Entscheidung in der Sache wird für Herbst 2002 erwartet, vgl. SZ vom 23./24. Februar 2002, S. 9.

Zeit des Verfahrens dazu führen, dass die vermeintlichen Rechte des Klägers unwiderruflich vereitelt oder zumindest beeinträchtigt werden, bevor das Gericht den Verletzerstaat mit seinem Urteil zu einem bestimmten Tun oder Unterlassen verbindlich anhalten kann. Ist das Anliegen des Klägers dringend und droht ihm ein nicht wiedergutzumachender Schaden, ist die Anordnung vorsorglicher Maßnahmen durch das Gericht geboten. Die Kompetenz zum Erlass einstweiliger Anordnungen findet sich sowohl in Art. 41 IGH-Statut i.V.m. Art. 73-78 IGH-VerfO als auch in Art. 39 EGMR-VerfO und Art. 290 SRÜ.

In nahezu allen Fällen, in denen der IGH von dem klagenden Staat zum Erlass einstweiliger Maßnahmen aufgefordert wurde, wehrte sich der Beklagte gegen den Antrag mit der Begründung, dem Gericht fehle die Zuständigkeit zum Erlass einer solchen Maßnahme.[520] In zahlreichen Fällen verweigerte der jeweilige beklagte Staat aus diesem Grund auch seine Teilnahme am Verfahren und/oder die Befolgung der erlassenen Anordnungen.[521] Zu Recht? Muss das Gericht überhaupt seine Zuständigkeit überprüfen, bevor es vorsorgliche Maßnahmen erlässt? Oder anders gefragt: Müssen die Staaten dem Erlass einstweiliger Anordnungen zugestimmt haben und wie muss eine solche Zustimmung aussehen?

Nur das Seerechtsübereinkommen enthält mit seinem Art. 290 eine diesbezügliche, ausdrückliche Regelung. Demnach muss das Gericht seine Zuständigkeit *prima facie* festgestellt haben, um vorsorgliche Maßnahmen erlassen zu können:

> „Ist ein Gerichtshof oder Gericht, dem eine Streitigkeit ordnungsgemäß unterbreitet worden ist, der Auffassung,...prima facie (nach dem ersten Anschein) zuständig zu sein, so kann der Gerichtshof oder das Gericht die vorläufigen Maßnahmen anordnen, die sie unter den gegebenen Umständen für erforderlich halten, um bis zur endgültigen Entscheidung die Rechte jeder Streitpartei zu sichern oder schwere Schä-

---

520 *Anglo-Iranian Oil Co., Interim Protection, Order of 5 July 1951,* I.C.J. Rep. 1951, S. 92; *Interhandel, mesures conservatoires, ordonnance du 24 octobre 1957,* C.I.J. Rec. 1957, S. 107; *Fisheries Jurisdiction (United Kingdom v. Iceland* bzw. *Federal Republic of Germany v. Iceland), Interim Protection, Order of 17 August 1972,* I.C.J. Rep. 1972, S. 14, 32; *Nuclear Tests (Australia v. France* bzw. *New Zealand v. France), Interim Protection, Order of 22 June 1973,* I.C.J. Rep. 1973, S. 101 f. bzw. 137 f.; *Aegan Sea Continental Shelf, Interim Protection, Order of 11 September 1976*, I.C.J. Rep. 1976, S. 5; *Military and Paramilitary Activities in and against Nicaragua (Nicaragua v. United States of America), Provisional Measures, Order of 10 May 1984*, I.C.J. Rep. 1984, S. 172; *Vienna Convention on Consular Relations (Paraguay v. United States of America), Provisional Measures, Order of 9 April 1998,* I.C.J. Rep. 1998, S. 256.

521 Nur in zwei Fällen führte der Beklagte die vorsorglichen Maßnahmen so aus, wie vom IGH angeordnet: im Fall *Différend frontalier (Burkina Faso/République du Mali), mesures conservatoires, ordonnance du 10 janvier 1986,* C.I.J. Rec. 1986, S. 3 ff. und im Fall *Frontière terrestre et maritime entre le Cameroun et le Nigéria, mesures conservatoires, ordonnance du 15 mars 1996,* C.I.J. Rec. 1996 (I), S. 13 ff.

den für die Meeresumwelt zu verhindern."[522]

Das IGH-Statut sieht hingegen lediglich vor:

> „Der Gerichtshof ist befugt, wenn er es nach den Umständen für erforderlich hält, diejenigen vorsorglichen Maßnahmen zu bezeichnen, die zur Sicherung der Rechte der Parteien getroffen werden müssen."[523]

Und auch die EGMR-VerfO ist nicht aussagekräftiger:

> „Die Kammer...kann auf Antrag einer Partei oder jeder anderen betroffenen Person sowie von Amts wegen den Parteien vorläufige Maßnahmen empfehlen, die im Interesse der Parteien oder eines ordnungsgemäßen Verfahrensablaufs ergriffen werden sollen."[524]

Mangels ausdrücklicher Regelung in IGH-Statut und EGMR-VerfO ist die Pflicht zur Zuständigkeitsüberprüfung auf allgemeine Überlegungen zu stützen. Die Frage nach der Zuständigkeitsprüfung und die Frage, ob vorsorgliche Maßnahmen Bindungswirkung entfalten, werden i.d.R.[525] getrennt voneinander behandelt. M.E. sind beide Komplexe miteinander verbunden. Wenn die Anord-

---

522 Engl.: „If a dispute has been duly submitted to a court or tribunal which considers that *prima facie* it has jurisdiction..., the court or tribunal may prescribe any provisional measures which it considers appropriate under the circumstances to preserve the respective rights of the parties to the dispute or to prevent serious harm to the marine environment, pending the final decision"; franz.: „Si une cour ou un tribunal dûment saisi d'un différend considère, prima facie, avoir compétence..., cette cour ou ce tribunal peut prescrire toutes mesures conservatoires qu'il juge appropriées en la circonstance pour préserver les droits respectifs des parties en litige ou pour empêcher que le milieu marin ne subisse de dommages graves en attendant la décision définitive."

523 Art. 41 Abs. 1; engl.: „The Court shall have the power to indicate, if it considers that circumstances so require, any provisional measures which ought to be taken to preserve the respective rights of either party."; franz.: „La Cour a le pouvoir d'indiquer, si elle estime que les circonstances l'exigent, quelles mesures conservatoires du droit de chacun doivent être prises à titre provisoire." Auch anderen Vorschriften des IGH-Statuts ist diesbezüglich keine Aussage zu entnehmen, vgl. die Analyse bei Sztucki, Interim Measures, S. 223 f.

524 Art. 39 Abs. 1; engl.: „The Chamber...may, at the request of a party or of any other person concerned, or of its own motion, indicate to the parties any interim measure which it considers should be adopted in the interests of the parties or of the proper conduct of the proceedings before it."; franz.: „La chambre...[peut], soit à la demande d'une partie ou de toute autre personne intéressée, soit d'office, indiquer aux parties toute mesure provisoire qu'[elle estime] devoir être adoptée dans l'intérêt des parties ou du bon déroulement de la procédure."

525 Vgl. Oellers-Frahm, Die einstweilige Anordnung, S. 59 ff. und S. 107 ff.; Sztucki, Interim Measures, S. 221 ff. und S. 260 ff.; Elkind, Interim Protection, S. 153 ff. und S. 167 ff.

nung vorsorglicher Maßnahmen durch ein internationales Gericht bindend ist, muss das Gericht zuständig sein, sonst ist das Konsensprinzip verletzt. Einen nichtunterworfenen Staat kann keine ihn bindende Entscheidung treffen. Wird eine vorläufige Maßnahme auf der Grundlage des Seerechtsübereinkommens angeordnet, ergibt sich ihre Bindungswirkung schon aus Art. 290 Abs. 6 SRÜ:[526]

> „Die Streitparteien befolgen umgehend die aufgrund dieses Artikels angeordneten vorläufigen Maßnahmen."[527]

Die Bindungswirkung von nach dem IGH-Statut angeordneten vorsorglichen Maßnahmen war früher umstritten.[528] Der IGH hat erstmalig in seiner Entscheidung zum Fall *LaGrand (Germany v. United States of America)* im Jahr 2001 zu diesem Problem Stellung bezogen.[529] Er stellte ausgehend vom französischen Wortlaut des Art. 41 IGH-Statut[530] unter Hinweis auf Sinn und Zweck der Norm[531] fest, dass einstweilige Anordnungen bindend sind.[532] Auch aus den *travaux préparatoires*[533] und Art. 94 UN-Charta[534] ergebe sich nichts Gegenteiliges. Nach der Rechtsprechung des EGMR zum Fall *Cruz Varas and Others v. Sweden*[535] hingegen soll einstweiligen Maßnahmen keine bindende Wirkung zu-

---

526 *Southern Bluefin Tuna (Australia and New Zealand v. Japan), Provisional Measures, Order of 27 August 1999, ITLOS Cases Nos. 3, 4,* Tz. 87, ILM 1999, S. 1635; Rosenne, in: Platzöder/Verlaan (Hrsg.), The Baltic Sea, S. 209; Oxman, in: Damrosch (Hrsg.), The International Court of Justice at a Crossroads, S. 346; Eiriksson, International Tribunal for the Law of the Sea, S. 216, 219.

527 Engl.: „The parties to the dispute shall comply promptly with any provisional measures prescribed under this article."; franz.: „Les parties au différend se conforment sans retard à toutes mesures conservatoires prescrites en vertu du présent article."

528 Zur Diskussion vgl. Oellers-Frahm, Die einstweilige Anordnung, S. 107 ff.; Sztucki, Interim Measures, S. 260 ff.; Elkind, Interim Protection, S. 153 ff.; Thirlway, in: Bernhardt (Hrsg.), Interim Measures, S. 28 ff.; Szabó, LJIL 1997, S. 475 ff.; Mennecke/Tams, GYIL 1999, S. 203 ff.

529 Die Frage nach der Bindungswirkung war schon im Fall *Anglo-Iranian Oil Co.* vom Sicherheitsrat diskutiert worden, da Großbritannien eine Durchsetzung der einstweiligen Anordnung auf der Grundlage des Art. 94 Abs. 2 UN-Charta zu erreichen suchte. Nachdem der IGH seine Zuständigkeit in der Entscheidung zu den *merits* verneint hatte, erledigte sich auch die weitere Erörterung im Sicherheitsrat; dazu Shihata, Compétence de la Compétence, S. 72.

530 *Judgment of 27 June 2001,* Tz. 100; das Urteil ist im Internet unter <http://www.icj-cij.org/icjwww/idecisions.htm> veröffentlicht.

531 Tz. 101 ff.

532 Tz. 109.

533 Tz. 104 ff.

534 Tz. 108.

535 *Judgment of 20 March 1991,* Series A, Vol. 201, S. 35. Die Entscheidung beruht allerdings auf einer äußerst knappen Mehrheit von zehn zu neun Stimmen, *Judgment,* S. 38.

kommen.[536]

Voraussetzung für die Anordnung vorsorglicher Maßnahmen, die binden sollen, ist die Zuständigkeit des Gerichts. Da der Erlass einer einstweiligen Anordnung ein Inzidentverfahren zum Hauptverfahren darstellt, ist das Gericht zuständig, wenn es im Hauptverfahren zuständig ist.[537] Wie stets im Rahmen der Inzidentgerichtsbarkeit ist die Erteilung des formellen Konsenses nicht ausreichend.[538] Der formelle Konsens verleiht dem Gericht nur die grundsätzliche Kompetenz, vorsorgliche Maßnahmen zu erlassen. Ob das Gericht im konkreten Fall eine Anordnung treffen kann, ist von der Erteilung des materiellen Konsenses abhängig.

Nach Rosenne muss vorsorglichen Maßnahmen, die auf der Grundlage des Seerechtsübereinkommens angeordnet werden, nicht unbedingt Inzidentcharakter zukommen.[539] So sieht das Seerechtsübereinkommen nicht nur vorsorgliche Maßnahmen vor, welche die Rechte der Streitparteien sichern sollen, sondern auch Maßnahmen zur Sicherung der Meeresumwelt. Nach Rosennes Auffassung stehen diese Maßnahmen nicht im Zusammenhang mit dem Hauptverfahren und sind deshalb nicht notwendigerweise „incidental".[540] Zu bedenken ist jedoch, dass auch vorsorgliche Maßnahmen, die dem Schutz der Meeresumwelt dienen, nach Art. 290 Abs. 1 SRÜ nur nach einer *prima facie*-Prüfung der Zuständigkeit im Hauptverfahren angeordnet werden können. Es besteht somit sehr wohl eine Abhängigkeit vom Hauptverfahren. Da Art. 290 SRÜ dem Gericht keine eigenständige Kompetenz zum Erlass vorsorglicher Maßnahmen zum

---

536 Näher zur Begründung Oellers-Frahm, Interim Measures, in: Bernhardt (Hrsg.), EPIL II, S. 1033; Macdonald, ZaöRV 1992, S. 703 ff.; Bernhardt, in: Bernhardt (Hrsg.), Interim Measures, S. 100 ff.

537 Oellers-Frahm, Die einstweilige Anordnung, S. 59; Merrills, ICLQ 1995, S. 92.

538 Vgl. oben 3. Teil B. Dass die Mitgliedschaft im Statut genügt, scheint die Auffassung des IGH im Fall *Anglo-Iranian Oil Co.* gewesen zu sein. Um die Ablehnung seiner Zuständigkeit in der *merits*-Phase zu begründen, führte er aus: „While the Court derived its power to indicate...provisional measures from the special provisions contained in Article 41 of the Statute, it must now derive its jurisdiction to deal with the merits of the case from the general rules laid down in Article 36 of the Statute. These general rules, which are entirely different from the special provisions of Article 41, are based on the principle that the jurisdiction of the Court to deal with and decide a case on the merits depends on the will of the Parties.", *Preliminary Objection, Judgment,* I.C.J. Rep. 1952, S. 102 f.; dazu Magiera, JIR 1974, S. 257, 264.

Vgl. auch die individuelle Meinung von Jiménez de Aréchaga zum Fall *Aegan Sea Continental Shelf, Interim Protection, Order of 11 September 1976*, I.C.J. Rep. 1976, S. 15 f. Dagegen Oellers-Frahm, ZaöRV 1977, S. 625 ff.; vgl. auch Elkind, Non-Appearance, S. 106, der im Ergebnis aber doch die Meinung von Jiménez de Aréchaga vertritt, s. S. 110 f.

539 In: Platzöder/Verlaan (Hrsg.), The Baltic Sea, S. 208.

540 Ebd.

Schutz der Meeresumwelt verleiht, sondern die Anordnung davon abhängig macht, dass dem Gericht bereits ordnungsgemäß ein Verfahren unterbreitet wurde, handelt es sich nicht um ein eigenständiges Verfahren.[541] Dies wird auch durch den Umstand verdeutlicht, dass selbst vorsorgliche Maßnahmen zum Schutz der Meeresumwelt nur auf Antrag der Parteien erlassen werden können, Art. 290 Abs. 3 SRÜ.

Ein internationales Gericht kann eine einstweilige Anordnung, die bindende Wirkung entfalten soll, somit stets nur dann erlassen, wenn es im Hauptverfahren zuständig ist. Das bedeutet nicht, dass die Zuständigkeit ausführlich geprüft werden muss.[542] Wenn das Gericht zuständig ist, ist die Anordnung wirksam, da die Kompetenz zur Anordnung nicht konstitutiv festgestellt werden muss. Sie existiert vielmehr unmittelbar aufgrund der Konsenserteilung. Im Vorfeld der Anordnung einstweiliger Maßnahmen geht es folglich –wie freilich auch im Hauptverfahren– nicht um die Frage der Zuständigkeitsbegründung, sondern nur um die Frage der Zuständigkeitsüberprüfung. Da die Gefahr besteht, dass der Konsens gerade nicht vorhanden war, ist eine Überprüfung freilich unausweichlich. Die Souveränität des nichtunterworfenen Staates wird verletzt, wenn das Gericht trotz Unzuständigkeit eine Anordnung erlässt. Ist das Gericht hingegen zuständig und erlässt nicht rechtzeitig eine einstweilige Anordnung, weil es erst eine langwierige Prüfung anstellt, wird das Recht des Klägers auf effektiven Rechtsschutz verletzt.[543] Dieses Spannungsfeld aufzulösen, ist Ziel der Zuständigkeitsüberprüfung *prima facie.*

2. *Prüfung der prima facie-Zuständigkeit*

Während der IGH[544] im Fall *Anglo-Iranian Oil Co.* vorsorgliche Maßnahmen

---

541 Ebd.

542 So aber Morozov in seiner individuellen Meinung zum Fall *Aegan Sea Continental Shelf, Interim Protection, Order of 11 September 1976,* I.C.J. Rep. 1976, S. 22 f. sowie Forster in seiner dissentierenden Meinung zum Fall *Nuclear Tests (Australia v. France* bzw. *New Zealand v. France), Interim Protection, Order of 22 June 1973,* I.C.J. Rep. 1973, S. 111, 148.

543 Oda, in: Lowe/M. Fitzmaurice (Hrsg.), Fifty Years of the International Court of Justice, S. 550; Oxman, in: Damrosch (Hrsg.), The International Court of Justice at a Crossroads, S. 323, 340; Oellers-Frahm, Interim Measures, in: Bernhardt (Hrsg.), EPIL II, S. 1028; dies., Die einstweilige Anordnung, S. 59; Magiera, JIR 1974, S. 273; Sztucki, Interim Measures, S. 255.

544 Der StIGH hatte sich zu der Problematik nicht äußern müssen, weil wie im Fall *Usine de Chorzów, compétence, arrêt n° 8, 1927,* C.P.J.I. sér. A n° 9, S. 5 ff. und im Fall *Compagnie d'électricité de Sofia et de Bulgarie, ordonnance du 5 décembre 1939,* C.P.J.I. sér. A/B n° 79, S. 195 die Zuständigkeitsfragen zuvor schon abschließend positiv behandelt worden waren oder wie in den Fällen *Statut juridique du territoire du sud-est du Groënland, ordonnances des 2 et 3 août 1932,* C.P.J.I. sér. A/B n° 48, S. 288 f. oder *Dénoncia-*

noch mit der Begründung angeordnet hatte, dass es nicht eindeutig an seiner Zuständigkeit fehle–

> „...[I]t cannot be accepted *a priori* that a claim based on such a complaint falls completely outside the scope of international jurisdiction...“[545]–

und in den Fällen *Fisheries Jurisdiction (United Kingdom v. Iceland* bzw. *Federal Republic of Germany v. Iceland)* entschieden hatte

> „...[T]he Court...ought not to act under Art. 41 of the Statute if the absence of jurisdiction on the merits is manifest...“,[546]

findet sich in seinen Urteilen seit der Entscheidung zu den Fällen *Nuclear Tests (Australia v. France* bzw. *New Zealand v. France)* folgende Standardformulierung,[547] die auf Lauterpachts Sondervotum zum Fall *Interhandel*[548] zurückzuführen ist:

> „...[T]he Court...ought not to indicate such measures unless the provisions invoked by the Applicant appear, prima facie, to afford a basis on which the jurisdiction of the Court might be founded...“[549]

Sowohl die Anordnung vorsorglicher Maßnahmen nach dem IGH-Statut als

---

tion du traité sino-belge du 2 novembre 1865, ordonnance du 8 janvier 1927, C.P.J.I. sér. A n° 8, S. 7 die Zuständigkeit nicht umstritten war.

545 *Interim Protection, Order of 5 July 1951,* I.C.J. Rep. 1951, S. 93.

546 *Interim Protection, Order of 17 August 1972,* I.C.J. Rep. 1972, S. 15, 33.

547 Oda, in: Lowe/M. Fitzmaurice (Hrsg.), Fifty Years of the International Court of Justice, S. 549; Heselhaus, AVR 2000, S. 331.

548 *Mesures conservatoires, ordonnance du 24 octobre 1957,* C.I.J. Rec. 1957, S. 118 f.

549 *Interim Protection, Order of 22 June 1973,* I.C.J. Rep. 1973, S. 101, 137; vgl. auch *United States Diplomatic and Consular Staff in Tehran, Provisional Measures, Order of 15 December 1979,* I.C.J. Rep. 1979, S. 13; *Military and Paramilitary Activities in and against Nicaragua (Nicaragua v. United States of America), Provisional Measures, Order of 10 May 1984,* I.C.J. Rep. 1984, S. 179; *Arbitral Award of 31 July 1989, Provisional Measures, Order of 2 March 1990,* I.C.J. Rep. 1990, S. 69; *Passage through the Great Belt (Finland v. Denmark), Provisional Measures, Order of 29 July 1991,* I.C.J. Rep. 1991, S. 16; *Application of the Convention on the Prevention and Punishment of the Crime of Genocide, Provisional Measures, Order of 8 April 1993,* I.C.J. Rep. 1993, S. 11 f.; *LaGrand, Provisional Measures, Order of 3 March 1999,* Tz. 13, ILM 1999, S. 311; *Activités armées sur le territoire du Congo (République démocratique du Congo c. Ouganda), mesures conservatoires, ordonnance du 1er juillet 2000,* Tz. 33. Die relevante Urteilspassage findet sich in englischer Sprache in ILM 2000, S. 1108. Der authentische französische Text ist im Internet unter <http://www.icj-cij.org/cijwww/cdecisions.htm> veröffentlicht.

auch nach dem SRÜ[550] bedarf somit einer vorgängigen Überprüfung der Zuständigkeit –und zwar der *prima facie*-Zuständigkeit– des anordnenden Gerichts.

a) Prüfung des formellen Konsenses

Im Fall *Application of the Convention on the Prevention and Punishment of the Crime of Genocide* bezog der IGH die Zuständigkeitsprüfung *prima facie* sowohl auf den materiellen als auch auf den formellen Konsens:

> „...[T]his consideration embraces jurisdiction both *ratione personae* and *ratione materiae,* even though, inasmuch as almost all States are today parties to the Statute of the Court, it is in general only the latter which needs to be considered.“[551]

Zu bedenken ist jedoch, dass erst mit Erteilung des formellen Konsenses das internationale Gericht die Kompetenz zum Erlass einstweiliger Anordnungen erhält. Auch wenn bisweilen vertreten wird, die Kompetenz erwachse nicht erst aus den entsprechenden Vorschriften des Statuts, sondern gehöre zur impliziten Kompetenz („implied powers“) eines Rechtsprechungsorgans,[552] ist Voraussetzung für die Ausübung dieser Kompetenz die formelle Akzeptanz dieses Gerichts durch die Parteien. Das Tätigwerden eines internationalen Gerichts setzt immer den K⌐¬sens der Parteien voraus.[553]
Auf eine umtassende Prüfung des materiellen Konsenses kann deshalb verzichtet werden, weil ein Staat, der die Kompetenz eines internationalen Gerichts zum Erlass vorsorglicher Maßnahmen akzeptiert, gleichzeitig aus Effektivitätsgesichtspunkten akzeptieren muss, dass es in Einzelfällen zu über den materiellen Zuständigkeitsbereich hinausgehenden Anordnungen kommen kann. Für den Bereich des formellen Konsenses gilt dies nicht.[554] Erst die tatsächliche Zustimmung des Staates verleiht dem Gericht die grundsätzliche Kompetenz zum Erlass vorsorglicher Maßnahmen. Jede Anordnung trotz Unzuständigkeit wäre eine unzulässige Verletzung der Staatensouveränität.

---

550 Vgl. oben 3. Teil B.II.1.

551 *Provisional Measures, Order of 8 April 1993,* I.C.J. Rep. 1993, S. 12. Der IGH beschreibt die durch die Erteilung des formellen Konsenses erlangte Zuständigkeit als *jurisdiction ratione personae*, näher zur Begrifflichkeit oben 1. Teil .

552 Oellers-Frahm, Die einstweilige Anordnung, S. 122 ff.; Singh in einer Erklärung zum Fall *Nuclear Tests (Australia v. France* bzw. *New Zealand v. France), Interim Protection, Order of 22 June 1973*, I.C.J. Rep. 1973, S. 109, 145; Szabó, LJIL 1997, S. 487; einschränkend Elkind, Interim Protection, S. 22 ff.; a.A.: Sztucki, Interim Measures, S. 61 ff.; v. Mangoldt, ZaöRV 1980, S. 570.

553 Also sogar, wenn der Anordnung keine bindende Wirkung zukommen soll.

554 Im Ergebnis wohl ebenso Thirlway, in: Bernhardt (Hrsg.), Interim Measures, S. 21 f.

Wie der IGH in der zitierten Jugoslawien-Entscheidung selbst bemerkt hat, lässt sich die Erteilung des formellen Konsenses i.d.R. unschwer anhand der UNO-Mitgliedschaft ermitteln.[555] Eine Ausnahme stellt aber gerade die jugoslawische Unterwerfung dar. Umstritten ist nicht nur, ob Jugoslawien noch oder schon wieder Mitglied der Vereinten Nationen ist, sondern auch, ob eine Mitgliedschaft Jugoslawiens in der Völkermordkonvention besteht. Inwieweit sich über Art. 35 Abs. 2 IGH-Statut i.V.m. Art. IX Völkermordkonvention die formelle Konsenserteilung konstruieren lässt, ist nicht minder problematisch.[556] Hier hätte sich m.E. der IGH nicht mit einer *prima facie*-Prüfung zufrieden geben dürfen, diese sollte der Ermittlung des materiellen Konsenses vorbehalten sein. Das Gebot effektiven Rechtsschutzes gilt nicht absolut. So wünschenswert ein Eingreifen des IGH sein mag – internationale Gerichtsbarkeit ist vom Konsens der beteiligten Staaten abhängig.

b) Prüfung des materiellen Konsenses

aa) Prüfungsumfang

Der Begriff der Prüfung *prima facie,* wie er sich in der Rechtsprechung des IGH und im SRÜ findet, ist als unbestimmter Rechtsbegriff auslegungsbedürftig.
Nur in vier Fällen war die Zuständigkeit des IGH nicht Gegenstand einer Auseinandersetzung zwischen den Streitparteien. Im Fall *Différend frontalier* wurde der IGH auf der Grundlage eines *ad hoc*-Kompromisses zwischen Burkina-Faso und Mali befasst. Einwände gegen seine Zuständigkeit gab es keine.[557] Sowohl in der Klage Guinea-Bissaus gegen Senegal 1990[558] als auch in der Klage Finnlands gegen Dänemark 1991[559] wurde die Zuständigkeit des IGH auf Art. 36 Abs. 2 IGH-Statut gestützt und vom Klagegegner zumindest in der ersten Phase nicht bestritten. Der IGH konnte deshalb von einem hohen Maß an Wahrscheinlichkeit ausgehen, ohne seine Zuständigkeit ausführlich erörtern zu müssen. Aus diesen drei Fällen lassen sich insofern keine näheren Erkenntnisse gewinnen. Im Fall *LaGrand* hatten die USA angesichts der Dringlichkeit der vorsorglichen Maßnahmen keine Gelegenheit, Einwände gegen die Zuständigkeit vorzubringen, und der Gerichtshof entschied über den Erlass *proprio motu.*[560] Nach kurzer

---

555 S.o. 1. Teil C.I.1.c)aa)(1).

556 S.o. 1. Teil C.I.1.c)bb)(2)(b).

557 *Mesures conservatoires, ordonnance du 10 janvier 1986,* C.I.J. Rec. 1986, S. 3 ff.

558 *Arbitral Award of 31 July 1989, Provisional Measures, Order of 2 March 1990,* I.C.J. Rep. 1990, S. 64 ff.

559 *Passage through the Great Belt (Finland v. Denmark), Provisional Measures, Order of 29 July 1991,* I.C.J. Rep. 1991, S. 12 ff.

560 Ein solches Vorgehen ist in Art. 75 IGH-VerfO vorgesehen, in Hinblick auf den Grundsatz *audiatur et altera pars* aber nicht unproblematisch. Zu dem Grundsatz *audiatur et al-*

Prüfung bejahte der IGH seine Zuständigkeit nach Art. I des Fakultativprotokolls zur Konsularrechtskonvention.[561] In allen anderen Fällen, in denen einstweilige Maßnahmen beantragt wurden, stieß der Antrag auf Erlass vorsorglicher Maßnahmen auf zum Teil erheblichen Widerstand des Klagegegners. Die entscheidende Frage in all diesen Fällen war letztlich, welches Maß an Wahrscheinlichkeit für die Annahme einer Zuständigkeit *prima facie* verlangt wird. Mendelsohn untersuchte Anfang der 70er Jahre, welche Abstufungen in der Wahrscheinlichkeit bestehen können und zählte elf Möglichkeiten auf – angefangen bei der Überzeugung von der Zuständigkeit, über die Ausgewogenheit an Pro- und Contraargumenten bis hin zur Überzeugung, nicht zuständig zu sein.[562] Eine gute Übersicht über das Meinungsspektrum innerhalb des IGH bieten neben den Urteilen auch die dissentierenden und individuellen Meinungen. Im Fall *Nuclear Tests* hatten Neuseeland und Australien die Zuständigkeit des IGH auf Art. 17 der Generalakte von 1928 i.V.m. Art. 36 Abs. 1 und 37 IGH-Statut sowie auf die Erklärungen nach Art. 36 Abs. 2 IGH-Statut gestützt. Den Vorbehalt Frankreichs zu Art. 36 Abs. 2 IGH-Statut, demzufolge Fragen der nationalen Verteidigung von der Zuständigkeit des IGH ausgenommen sein sollen, ignorierte der IGH ebenso wie die Bedenken Frankreichs zu der ersten vorgetragenen Zuständigkeitsgrundlage. Er stellte lediglich fest, dass das vorgebrachte Material ausreiche, um von einer *prima facie* Zuständigkeit auszugehen.[563] Die Richter Forster, Gros, Petrén und Ignacio-Pinto kritisierten diese Vorgehensweise.[564] Richter Gros beispielsweise führte an, die Überprüfung des Vorbehalts wäre dem IGH zeitlich möglich gewesen.[565] Richter Forster hingegen vertrat die Extremposition, der IGH hätte von seiner Zuständigkeit in dieser Phase überzeugt sein müssen.[566] Auch im Fall *Military and Paramilitary Activities in and against Nicaragua* bemerkte der IGH lediglich, er sei nicht überzeugt, dass Nicaragua jemals das Protokoll, das seine Mitgliedschaft im StIGH-Statut begründet hätte, ratifiziert habe. Dies schließe aber nicht automatisch aus, dass Nicaraguas Erklärung nach Art. 36 Abs. 2 StIGH-Statut aus dem Jahr 1929 gemäß Art. 36 Abs. 5 IGH-Statut auf den IGH übergeleitet werden könne.[567] Ei-

---

tera pars vgl. oben 2. Teil C.

561 Auch im Fall *Vienna Convention on Consular Relations (Paraguay v. United States of America)* dessen Sachverhalt dem Fall *LaGrand* weitgehend entspricht, kam der IGH nach kurzer Prüfung zum Ergebnis, Art. I des Fakultativprotokolls zur Konsularrechtskonvention sei *prima facie* Grundlage seiner Gerichtsbarkeit, *Provisional Measures, Order of 9 April 1998,* I.C.J. Rep. 1998, S. 257.

562 BYIL 1972-73, S. 262 f.

563 *Interim Protection, Order of 22 June 1973,* I.C.J. Rep. 1973, S. 102, 138.

564 I.C.J. Rep. 1973, S. 111 ff., 115 ff., 124 ff., 128 ff. bzw. 145, 149 ff., 163 f.

565 I.C.J. Rep. 1973, S. 120, 155.

566 I.C.J. Rep. 1973, S. 111, 148.

567 *Provisional Measures, Order of 10 May 1984,* I.C.J. Rep. 1984, S. 180 f. Ausführlich zu

ne umfassende Prüfung scheint dieser Feststellung nicht vorausgegangen zu sein. Dafür spricht neben den fehlenden Ausführungen auch, dass die Richter sich zwar einstimmig für den Erlass vorsorglicher Maßnahmen ausgesprochen haben, in der Begründetheitsphase nach genauerer Überprüfung aber sehr wohl über ihre Zuständigkeit uneins waren. Die Zuständigkeitsprüfung fiel im Fall *Application of the Convention on the Prevention and Punishment of the Crime of Genocide* hingegen umfassender aus. In beiden Anträgen Bosnien-Herzegowinas auf Erlass vorsorglicher Maßnahmen gegen die Bundesrepublik Jugoslawien sah der IGH seine Zuständigkeit auch *prima facie* nur auf der Grundlage von Art. IX der Völkermordkonvention begründet. Alle anderen von Bosnien-Herzegowina angeführten Zuständigkeitsgrundlagen lehnte er ab.[568] Die bloße Geltendmachung einer Grundlage hat ihm in diesem Fall somit nicht genügt.

In zwei Fällen aus dem Jahr 2000 –*Activités armées sur le territoire du Congo (République démocratique du Congo c. Ouganda)* und *Mandat d'arrêt du 11 avril 2000 (République démocratique du Congo c. Belgique)*– hatte Kongo die Gerichtsbarkeit des IGH auf besondere Erklärungen nach Art. 36 Abs. 2 IGH-Statut gestützt. Das Vorliegen eines reziproken Jurisdiktionsbandes konnte der IGH relativ leicht bejahen.[569] Zwar hatte Belgien seine Erklärung unter dem Vorbehalt abgegeben, dass die Streitparteien sich nicht auf ein anderes Mittel der friedlichen Streiterledigung verständigen. Neben der Behauptung Belgiens, zum Zeitpunkt der kongolesischen Klageerhebung hätten Verhandlungen auf höchster Ebene stattgefunden, sah der IGH keine Anhaltspunkte für eine solche anderweitige Verständigung.[570] Der belgische Vorbehalt hinderte ihn daher nicht, seine Zuständigkeit *prima facie* festzustellen.

Da man sich in einem Spannungsfeld zwischen den Interessen des Klägers und des Beklagten befindet, ist Flexibilität erforderlich.[571] Die Gefahr einer Interes-

---

dieser Problematik oben 1. Teil C.I.1.c)aa)(2)(b)(bb).

568 *Provisional Measures, Order of 8 April 1993* und *Order of 13 September 1993,* I.C.J. Rep. 1993, S. 18, 342.

569 *Mesures conservatoires, ordonnance du 1er juillet 2000,* Tz. 34, ILM 2000, S. 1108 und *mesures conservatoires, ordonnance du 8 décembre 2000*, Tz. 63 ff. Der authentische französische Urteilstext ist im Internet unter <http://www.icj-cij.org/cijwww/cdecisions.htm> veröffentlicht.

570 Tz. 66.

571 So auch Mendelson, BYIL 1972-73, S. 321: „To lay down any hard-and-fast test may be wrong...There are *degrees* of urgency, of seriousness of anticipated harm, and so on; this should make a difference to the way in which the Court approaches the jurisdictional issue. If the surrounding circumstances militate strongly in favour of indicating interim measures, the Court would be justified in granting them even if the objections to jurisdiction seem very strong indeed...If, on the other hand, the case for indicating the measures seems marginally stronger than the case for refusing them, the Court could reasonably insist on a higher degree of probability."

senbeeinträchtigung kann von Fall zu Fall eher von der einen oder von der anderen Seite größer sein. So sollte man zwar grundsätzlich von einer möglichst umfassenden Zuständigkeitsprüfung ausgehen, je nach Dringlichkeit aber Abstriche machen, so dass im Einzelfall sogar die Darlegung *irgendeiner* Zuständigkeitsgrundlage genügen kann.
Um eine Verletzung des Grundsatzes der Staatengleichheit zu vermeiden, ist die Anordnung inhaltlich so zu gestalten, dass die Interessen des beklagten Staates gewahrt werden. Je unsicherer das Vorhandensein einer Zuständigkeitsgrundlage ist, umso geringer muss der durch die vorsorgliche Maßnahme bewirkte Eingriff in die Rechte des beklagten Staates sein. Präjudizwirkung darf einer vorsorglichen Maßnahme schon aufgrund des Konsensprinzips nicht zukommen, wenn die Zuständigkeit des Gerichts noch nicht einwandfrei ermittelt wurde.[572]

bb) Prüfung in der Hauptsache

Dass die einstweilige Anordnung keine präjudizielle Wirkung haben darf, bedeutet zunächst, dass sich die Feststellung der *prima facie*-Zuständigkeit auf die Phase der einstweiligen Anordnung beschränkt. Dies drückt der Internationale Gerichtshof mit der folgenden immer wiederkehrenden Formel aus:

> „...[T]he indication of such measures in no way prejudges the question of the jurisdiction of the Court to deal with the merits of the case and leaves unaffected the right of the Respondent to submit arguments against such jurisdiction."[573]

Der IGH nimmt daher in der Hauptsache noch einmal eine umfassende Prüfung seiner Zuständigkeit vor. Einzige Ausnahme: Die Unzuständigkeit ist offensichtlich. In diesem Fall streicht er den Fall von der Liste und der Prozess ist beendet. So ergab im Fall *Licéité de l'emploi de la force* schon die *prima facie*-Überprüfung der Zuständigkeit, dass sich weder Spanien noch die USA der Gerichtsbarkeit des IGH für diesen Fall unterworfen hatten.[574] Gegenüber beiden

---

572 Natürlich verbietet auch die fehlende materielle Prüfung eine Präjudizwirkung, so dass einstweilige Anordnungen auch im nationalen Recht grundsätzlich die Hauptsache nicht vorwegnehmen dürfen.

573 *Anglo-Iranian Oil Co., Interim Protection, Order of 5 July 1951,* I.C.J. Rep. 1951, S. 93; *Preliminary Objection, Judgment,* I.C.J. Rep. 1952, S. 102; vgl. auch *Interhandel, mesures conservatoires, ordonnance du 24 octobre 1957,* C.I.J. Rec. 1957, S. 111; *Frontière terrestre et maritime entre le Cameroun et le Nigéria, mesures conservatoires, ordonnance du 15 mars 1996,* C.I.J. Rec. 1996 (I), S. 23; *Mandat d'arrêt du 11 avril 2000, mesures conservatoires, ordonnance du 8 décembre 2000,* Tz. 77, im Internet unter <http://www.icj-cij.org/cijwww/cdecisions.htm> veröffentlicht.

574 *Licéité de l'emploi de la force (Yougoslavie c. Espagne* bzw. *Etats-Unis d'Amérique), mesures conservatoires, ordonnance du 2 juin 1999,* Tz. 35 bzw. 29. Der englische Text der relevanten Urteilspassage findet sich in ILM 1999, S. 1158 bzw. ILM 1999, S. 1195.

Staaten hatte sich Jugoslawien auf Art. IX der Völkermordkonvention gestützt. Da jedoch entsprechende Vorbehalte vorlagen, konnte diese kompromissarische Klausel dem IGH keine Zuständigkeit verleihen.[575] Freilich lag auf Seiten Spaniens auch eine einseitige Unterwerfungserklärung nach Art. 36 Abs. 2 IGH-Statut vor. Allerdings mangelte es an der erforderlichen Reziprozität, hatte doch Jugoslawien seine eigene Erklärung erst zwei Tage vor Klageerhebung abgegeben, diese aber mit einem doppelten Vorbehalt *ratione temporis* versehen.[576] Der Fall *Licéité de l'emploi de la force* ist zugleich der erste Fall, in dem der IGH den Erlass vorsorglicher Maßnahmen wegen des Fehlens einer *prima facie*-Zuständigkeit abgelehnt hat. In den Verfahren gegen Belgien, Kanada, Deutschland, Italien, die Niederlande, Portugal und Großbritannien hat der IGH das Verfahren jedoch aufrecht erhalten, und er prüft nun seine Zuständigkeit in der Hauptsacheentscheidung erneut.

Ebenfalls nur einmal in seiner Geschichte musste sich der Internationale Gerichtshof nach einer erneuten Zuständigkeitsprüfung in der Hauptsache für unzuständig erklären, nachdem er seine Kompetenz zum Erlass vorsorglicher Maßnahmen bejaht hatte: im Fall *Anglo-Iranian Oil Co.*[577] Dies wurde auch als Auslöser für den veränderten Prüfungsmaßstab des IGH gewertet.[578]

3. *Inhalt der Anordnung*

Die Forderung, einstweiligen Anordnungen dürfe keine Präjudizwirkung zukommen, bedingt auch, dass die Anordnung rückgängig zu machen sein muss, wenn im weiteren Verfahrensverlauf doch noch die Unzuständigkeit des Gerichts festgestellt wird. Sie darf nicht nur *ex nunc* keine Wirkung mehr entfalten, d.h. das Gericht muss sie nicht nur aufheben, wie im Fall *Anglo-Iranian Oil Co.* geschehen:

> „...[T]his Order ceases to be operative upon the delivery of this judg-

---

Der authentische französische Text ist im Internet unter <http://www.icj-cij.org/cijwww/cdecisions.htm> veröffentlicht.

575 Tz. 33 bzw. 25. Der englische Text der relavanten Urteilspasssage findet sich in ILM 1999, S. 1157 bzw. ILM 1999, S. 1194. Der authentische französische Text ist im Internet unter <http://www.icj-cij.org/cijwww/cdecisions.htm> veröffentlicht.

576 *Licéité de l'emploi de la force (Yougoslavie c. Espagne), mesures conservatoires, ordonnance du 2 juin 1999,* Tz. 25. Der englische Text der relavanten Urteilspasssage findet sich in ILM 1999, S. 1156. Der authentische französische Text ist im Internet unter <http://www.icj-cij.org/cijwww/cdecisions.htm> veröffentlicht.

577 *Preliminary Objection, Judgment,* I.C.J. Rep. 1952, S. 114.

578 So Oda, in: Lowe/M. Fitzmaurice (Hrsg.), Fifty Years of the International Court of Justice, S. 549; s.o. 3. Teil B.II.2.b)aa).

ment and...the Provisional Measures lapse at the same time."[579]

Die Anordnung sollte grundsätzlich als *nul et non avenu* angesehen werden. Freilich müssen hier aus Effektivitätsgesichtspunkten wiederum gewisse Grenzen gelten. *Ex tunc*-Nichtigkeit kann in diesem Zusammenhang nur bedeuten, dass die Anordnung keine unzumutbaren, nicht wieder aufzuhebenden Schäden oder Nachteile für den Beklagten mit sich bringen darf, gewisse Einschränkungen während des Bestehens einer solchen Anordnung sind aber hinzunehmen. So hätte Walter LaGrands Hinrichtung, wenn sich die Vereinigten Staaten an die Anordnung gehalten hätten und der IGH später seine Zuständigkeit abgelehnt hätte, nicht mehr zu dem zunächst anvisierten Datum erfolgen können. Die durch die Anordnung unterbundene Handlung, nämlich die Vollstreckung der Todesstrafe, wäre aber auch zu einem späteren Zeitpunkt noch nachholbar gewesen. Wirtschaftlichen Schäden kann durch die Anordnung einer Sicherheitsleistung vorgebeugt werden.[580] So hätte sich in den Fällen *Nuclear Tests* eine mit der Aufschiebung der Atomversuche verbundene Kostensteigerung durch eine Sicherheitsleistung von Seiten Australiens und Neuseelands kompensieren lassen. Die durch die Versuche erzeugten Umweltschäden zu Lasten Neuseelands und Australiens sind wirtschaftlich hingegen nicht vollständig zu beseitigen. Die Anordnung einer einstweiligen Unterlassungsanordnung war daher geboten.

In diesem Zusammenhang stellt sich auch hinsichtlich des Konsensprinzips die Frage, ob die einstweilige Anordnung inhaltlich von der möglichen Hauptsacheentscheidung abweichen darf oder ob sie ein Minus zu dieser sein muss. Dies könnte insofern problematisch sein, als es im Rahmen der Anordnung vorsorglicher Maßnahmen zu Entscheidungen kommen kann, die im Hauptverfahren außerhalb des Kompetenzbereichs des internationalen Gerichts lägen, Entscheidungen also, die vom materiellen Konsens der beteiligten Staaten nicht gedeckt sind. Im Fall *Vienna Convention on Consular Relations (Paraguay v. United States of America)* sowie im Fall *LaGrand (Germany v. United States of America)* hatte der IGH die USA im Rahmen einstweiliger Maßnahmen aufgefordert, alles Mögliche zu tun, um die Vollstreckung der Todesstrafe an den verurteilten

---

579 *Preliminary Objection, Judgment,* I.C.J. Rep. 1952, S. 114.

580 Oellers-Frahm, Die einstweilige Anordnung, S. 81. Dazu auch Mendelson, BYIL 1972-73, S. 312 f.; Elkind, Interim Protection, S. 238 ff.; Thirlway, in: Bernhardt (Hrsg.), Interim Measures, S. 33. Im Fall *Passage through the Great Belt (Finland v. Denmark), Provisional Measures, Order of 29 July 1991,* I.C.J. Rep. 1991, S. 15 hatte Dänemark argumentiert, der Vollzug einer einstweiligen Anordnung verursache hohe Kosten für Dänemark, weshalb der IGH eine Sicherheitsleistung von Finnland verlangen müsse. Dänemarks Anliegen basierte allerdings nicht auf der Vermutung, der IGH werde im weiteren Verfahren seine Zuständigkeit verneinen, sondern darauf, dass die Klage unbegründet sein könne. Da der IGH den Erlass vorsorglicher Maßnahmen ablehnte, musste er sich nicht mit der Frage auseinandersetzen, ob die Anordnung einer Sicherheitsleistung überhaupt zulässig wäre.

mutmaßlichen Mördern Angel Francisco Breard und Walter LaGrand zu verhindern.[581] Paraguay bzw. die Bundesrepublik Deutschland hatten eine Klage vor dem IGH angestrengt, da die Urteile gegen ihre Staatsangehörigen unter Verletzung von Art. 36 der Wiener Konsularrechtskonvention zustande gekommen waren, der den Angeklagten das Recht auf konsularischen Beistand gewährt. Nach amerikanischer Auffassung konnte das Gericht keinen Aufschub der Todesstrafe verlangen, da auch eine Verletzung der genannten Vorschrift nicht zur Nichtigkeit des Urteils führen würde.[582] Die einstweilige Anordnung wäre damit über die mögliche Feststellung im Hauptverfahren hinausgegangen. Das Argument findet sich auch in den Erklärungen von Richter Oda,[583] der allein aus humanitären Gründen („humanitarian reasons") für die Anordnung der vorsorglichen Maßnahme stimmte.[584] Streitig war vor dem IGH gerade die Frage, welche Konsequenz sich aus einem Verstoß gegen Art. 36 WKRK ergibt. Dass ein solcher Verstoß stattgefunden hatte, war von den USA schon im Vorfeld zugestanden worden.[585] Sowohl Paraguay als auch Deutschland hatten beantragt, die USA zu verurteilen, durch Wiederaufnahme des Verfahrens den *status quo ante* wiederherzustellen.[586] Es ging in der Hauptsache also um die Auslegung der Konsularrechtskonvention und um die Frage, ob der amerikanische Verstoß zur Nichtigkeit des Urteils führt oder nur einen formellen Prozessfehler darstellt, der die Rechtstaatlichkeit des Verfahrens aber nicht grundsätzlich beeinträchtigt.[587] Der IGH hätte in seinem Urteil feststellen können, dass eine Verletzung von Art. 36 WKRK die Verpflichtung des Verletzerstaates mit sich bringt, den *status quo ante* wiederherzustellen.[588] Aufgrund ihrer Pflicht zur Urteilsbefolgung aus Art.

---

581 *Provisional Measures, Order of 9 April 1998,* I.C.J. Rep. 1998, S. 258; *Provisional Measures, Order of 3 March 1999,* I.C.J. Rep. 1999, S. 16.

582 I.C.J. Rep. 1998, S. 256. Da der IGH im Fall *LaGrand* die vorsorglichen Maßnahmen aufgrund der Dringlichkeit ohne Anhörung *proprio motu* anordnete, lässt sich die Argumentation der USA nur der Hauptentscheidung entnehmen, *Judgment of 27 June 2001.* Das Urteil ist im Internet unter <http://www.icj-cij.org/icjwww/idecisions.htm> veröffentlicht. Im Fall *Vienna Convention on Consular Relations* kam es nicht zu einer Entscheidung *„on the merits"*, da Paraguay nach der Exekution Breards seine Klage zurückzog.

583 I.C.J. Rep. 1998, S. 261; I.C.J. Rep. 1999, S. 19.

584 I.C.J. Rep. 1998, S. 262; I.C.J. Rep. 1999, S. 20. Die Haltung ist problematisch, da der IGH keine vorsorglichen Maßnahmen anordnen kann, wenn ihm die Kompetenz fehlt, wie Oda meint. Eine „Kompetenz aus humanitären Gründen" gibt es nicht.

585 I.C.J. Rep. 1998, S. 253; *Judgment of 27 June 2001,* Tz. 11.

586 I.C.J. Rep. 1998, S. 250 f.; I.C.J. Rep. 1999, S. 11.

587 Nagel/Norba, JA 2000, S. 133.

588 Im Fall *LaGrand* stellte der IGH fest, dass es sich bei den Rechten aus Art. 36 WKRK nicht nur um Rechte der Staaten, sondern um Individualrechte handelt. Dies spricht dafür, dass eine Wiederaufnahme erforderlich gewesen wäre, hätten die USA Walter LaGrand nicht unter Missachtung der einstweiligen Anordnung umgebracht. Für eine solche Ver-

94 UN-Charta hätten die amerikanischen Behörden dann die Vollstreckung der Todesstrafe verhindern und das Verfahren unter Wahrung der Rechte aus der Konvention wiederaufnehmen müssen.[589] Es liegt in der Natur der einstweiligen Anordnung, dass sie sich vom Tenor der Hauptsacheentscheidung unterscheidet. Um effektiven Rechtsschutz zu gewährleisten und eine Entscheidung in der Hauptsache sicherzustellen, muss eine „erweiterte" Anordnung zulässig sein, d.h. eine Anordnung, die sich auch auf die sich aus dem Urteil ergebenden Konsequenzen bezieht. Die erforderliche Zustimmung der Parteien ergibt sich aus dem formellen Konsens zum Erlass einstweiliger Maßnahmen in Verbindung mit dem materiellen Konsens zum Erlass eines Urteils in der Hauptsache.[590] Das setzt aber voraus, dass die einstweilige Maßnahme in einem engen Zusammenhang mit der Hauptentscheidung steht. Ein Gegenbeispiel stellt der Fall *Arbitral Award of 31 July 1989* dar.[591] Guinea-Bissau erhob Klage gegen den Senegal, um die Ungültigkeit eines Schiedsspruches feststellen zu lassen, der die maritime Grenze zwischen den beiden Staaten bestimmt hatte. Den Antrag Guinea-Bissaus auf Erlass vorsorglicher Maßnahmen wies der Gerichtshof zu Recht zurück. Die Rechte, die durch vorsorgliche Maßnahmen geschützt würden, seien keine Rechte, die sich auch aus dem Urteil ergeben könnten. Der IGH entscheide nur über die Nichtigkeit des Schiedsspruches. Wenn er zu dem Ergebnis komme, der Schiedsspruch sei nichtig, bedeute dies nicht, dass das von Guinea-Bissau beanspruchte und in dem Schiedsspruch dem Senegal zugesprochene Gebiet tatsächlich Guinea-Bissau zustehe.[592] Darüber muss vielmehr erneut durch Verhandlung, Gerichtsentscheid oder auf andere Weise entschieden werden. Die Pflicht des Senegal, sich aus dem umstrittenen Gebiet fernzuhalten, ist nicht Gegenstand des Urteils – im Gegensatz zum *LaGrand*-Urteil, wo sich die Verpflichtung zur erneuten Durchführung des Strafverfahrens aus der Pflicht zur Urteilsbefolgung ergibt. Dass die Entscheidung über die Gültigkeit des Schieds-

---

pflichtung sprechen sich aus Norba/Nagel, JA 2000, S. 134 und Mennecke/Tams, GYIL 1999, S. 234 aus; Schulte äußert sich hingegen skeptisch zu einer Wiederaufnahme im Fall *Vienna Convention on Consular Relations* (die mit der Exekution von Angel Francisco Breard hinfällig geworden ist), EJIL 1998, No. 4.

589 Wie das Gericht selbst feststellt, handelt es nicht als Superrevisionsinstanz, sondern entscheidet internationale Streitfälle, *Order of 3 March 1999,* I.C.J. Rep. 1999, S. 15. Dass ihm in einem Verfahren, in dem es um ein nationales Verfahrensrecht geht, das sich aus einer internationalen Konvention ergibt, faktisch einmal diese Funtion zukommt, liegt in der Natur der vorliegenden Streitigkeit, widerspricht aber nicht seiner Aufgabe als Hüter des Völkerrechts.

590 Eine andere Frage ist jedoch, ob die Anordnung vorsorglicher Maßnahmen *proprio motu,* ohne Anhörung der Parteien, nicht gegen den Grundsatz *audiatur et altera pars* verstößt. Zum Grundsatz *audiatur et altera pars*, oben 2. Teil C.

591 *Provisional Measures, Order of 2 March 1990,* I.C.J. Rep. 1990, S. 64 ff.

592 I.C.J. Rep. 1990, S. 70.

spruches möglicherweise Voraussetzung für eine Lösung der Grenzstreitigkeit ist,[593] stellt keinen ausreichenden Zusammenhang mit den Rechten dar, die durch vorsorgliche Maßnahmen hätten geschützt werden können. Im Fall *Arbitral Award of 31 July 1989* war die Gerichtsbarkeit des IGH gemäß Art. 36 Abs. 2 IGH-Statut begründet worden, Guinea-Bissau hatte seine Erklärung jedoch mit einem Vorbehalt *ratione temporis* versehen. Der IGH hätte daher auch bei entsprechender Klageerhebung nicht über die Grenzziehung entscheiden können. Die Anordnung vorsorglicher Maßnahmen hätte somit dem Konsensprinzip widersprochen, da der Inhalt der Maßnahme nicht vom Konsens der Parteien erfasst gewesen wäre.[594]

Auch im Fall *Application of the Convention on Prevention and Punishment of the Crime of Genocide* musste der IGH die Anordnung vorsorglicher Maßnahmen auf den Schutz derjenigen Rechte beschränken, deren Geltendmachung auch im Hauptverfahren in Frage kommt.[595] Da seiner Auffassung zufolge seine Zuständigkeit auch *prima facie* nur auf die Völkermordkonvention und nicht auf ein weiteres von Jugoslawien angeführtes Instrumentarium gestützt werden konnte,[596] ordnete der IGH nur vorsorgliche Maßnahmen an, die sich aus der Völkermordkonvention ergeben und den Gegenstand des Hauptverfahrens darstellen können.

Voraussetzung für die Anordnung einer vorsorglichen Maßnahme, die von der Hauptentscheidung wesentlich abweicht, ist die Verleihung einer diesbezüglichen (zusätzlichen) Kompetenz für das Gericht, wie es für den Seegerichtshof in Art. 290 Abs. 1 SRÜ geschehen ist. Wie bereits oben erwähnt, kann der ISGH vorsorgliche Maßnahmen zum Schutz der Meeresumwelt erlassen, auch wenn der Hauptklageantrag ein anderes Ziel hat.

---

593 So das Argument Guinea-Bissaus, I.C.J. Rep. 1990, S. 69 f., zustimmend *ad hoc*-Richter Thierry in seiner dissentierenden Meinung, S. 83.

594 Vgl. Beveridge, ICLQ 1992, S. 893; Merrills, BYIL 1993, S. 215 f.; ders., ICLQ 1995, S. 102.

595 *Provisional Measures, Order of 8 April 1993,* I.C.J. Rep. 1993, S. 19, 20.

596 I.C.J. Rep. 1993, S. 18.

III. Die Drittintervention – Erfordernis eines durch Konsens begründeten Jurisdiktionsbandes zwischen dem Intervenienten und den ursprünglichen Streitparteien?

Das Recht zur Drittintervention findet sich sowohl im IGH-Statut (Art. 62, 63) als auch in der EMRK (Art. 36 Abs. 2) und im SRÜ (Art. 31, 32 Anl. VI).
Schon im Zusammenhang mit der vom IGH entwickelten *L'or monétaire*-Regel wurde das Verhältnis zwischen Konsensprinzip und Drittintervention angesprochen. Dabei wurde festgestellt, dass das Interventionsrecht, das einem Drittstaat grundsätzlich zustehen würde, die sich zu dessen Schutz aus dem Konsensprinzip ergebenden Prozesshindernisse nicht aus der Welt schaffen kann. Verfügt ein Staat verfahrensrechtlich über ein Interventionsrecht, kann ein internationales Gericht seine Gerichtsbarkeit dennoch nicht ausüben, wenn der Staat von seinem Recht zur Intervention keinen Gebrauch macht, die Entscheidung sich aber faktisch für ihn auswirken würde.[597]
An dieser Stelle soll zusätzlich der Frage nachgegangen werden, ob es das Konsensprinzip gebietet, die Beteiligung eines dritten Staates zu untersagen, um *die ursprünglichen Streitparteien* zu schützen.

1. Die Problematik, dargestellt an der Auseinandersetzung um die Regelung des Art. 62 IGH-Statut

Die Parteien einer Streitigkeit, die vom IGH entschieden werden soll, sind durch ein Jurisdiktionsband miteinander verbunden. Sowohl in formeller als auch in materieller Hinsicht haben sie ihren Konsens zur Gerichtsbarkeit des IGH erteilt, einen Konsens, der auch dem Reziprozitätserfordernis genügt. Möchte nun ein Drittstaat in dem Rechtsstreit intervenieren, stellt sich unabhängig von den nach Art. 62 IGH-Statut zusätzlich zu erfüllenden Voraussetzungen die Frage, ob auch der dritte Staat –in welcher Form auch immer– Konsens erteilt haben muss oder ob das Interventionsrecht grundsätzlich jedem Staat zusteht, unabhängig von einer Unterwerfung unter die Gerichtsbarkeit des IGH.
Art. 62 IGH-Statut ist in dieser Hinsicht zunächst wenig aussagekräftig.[598] Seinem Wortlaut zufolge kommt das Interventionsrecht *ratione personae* jedem „Staat" zu. Nach Art. 35 IGH-Statut steht der Gerichtshof den Staaten jedoch nur offen, wenn sie sich auf eine der dort genannten Arten in formeller Hinsicht

[597] S. o. 2. Teil B.

[598] Art. 62 Abs. 1 IGH-Statut lautet:
engl.: „Should a State consider that it has an interest of a legal nature which may be affected by the decision in the case, it may submit a request to the Court to be permitted to intervene."; franz.: „Lorsqu'un Etat estime que, dans un différend, un intérêt d'ordre juridique est pour lui en cause, il peut adresser à la Cour une requête, à fin d'intervention."

der Gerichtsbarkeit des IGH unterworfen haben.[599] Dies gilt nicht nur für das Streitverfahren, sondern ebenso für die Inzidentgerichtsbarkeit, folglich auch für einen Intervenienten.[600]
Ob ein darüber hinausgehendes materielles Jurisdiktionsband zwischen den ursprünglichen Streitparteien und dem intervenierenden Staat bestehen muss, ist bisher ungeklärt.[601] Nach der Definition des IGH im Fall *Land, Island and Maritime Frontier Dispute (El Salvador/Honduras)* ist unter einem Jurisdiktionsband *„...a basis of jurisdiction which could be invoked, by a State seeking to intervene, in order to institute proceedings against either or both of the parties..."* zu verstehen.[602]
Die Verfahrensordnung des IGH sieht seit ihrer Änderung 1978 in Art. 81 Abs. 2 lit. c) zwar vor, dass der Intervenient „jede Zuständigkeitsgrundlage" darlegen soll, „die nach Meinung des intervenierenden Staates zwischen ihm und den Parteien der Rechtssache besteht."[603] Daraus allein kann sich gleichwohl für den Intervenienten nicht das Erfordernis einer materiellen Unterwerfung ergeben. Die Kompetenz des IGH zum Erlass einer Verfahrensordnung, die sich aus Art. 30 des IGH-Statuts ableitet, verleiht ihm nicht das Recht, das Statut abzubedin-

---

599 Art. 31 Abs. 1 Anl. IV SRÜ hingegen billigt schon seinem Wortlaut nach das Recht zur Intervention ausschließlich Vertragsstaaten („State Party") zu, wobei gemäß Art. 1 Abs. 2 SRÜ unter Vertragsstaaten „Staaten" zu verstehen sind, „die zugestimmt haben, durch dieses Übereinkommen gebunden zu sein; und für die es in Kraft ist." („States which have consented to be bound by the Convention and for which this Convention is in force.")

600 Rosenne, Intervention, S. 82.

601 Im Anschluss an die Problematik im Rahmen des IGH-Statuts hätte sich vor dem ISGH die Parallelproblematik ergeben können, ob hier zusätzlich der intervenierende Staat die besondere Erklärung nach Art. 287 Abs. 1 lit. c) SRÜ abgegeben haben muss; vgl. Rosenne, in: Platzöder/Verlaan (Hrsg.), The Baltic Sea, S. 211 f.: „...[T]he thorny issue of the „link of jurisdiction"...does not arise in respect of the Statute of the Tribunal. The reason is that article 31 limits the right to request permission to intervene to States which are parties to the Convention, and have therefore accepted the dispute settlement mechanism of the Convention, unless the Tribunal should decide that it requires a specific consent, under article 287, for it to exercise meritorious jurisdiction in respect of the intervener against one or both of the principal parties, something not to be excluded." Zur Einordnung der Erklärung nach Art. 287 Abs. 1 lit. c) SRÜ s.o. 1. Teil C.I.1.c)aa)(1).

Der ISGH hat sich gegen das Erfordernis eines Jurisdiktionsbandes ausgesprochen, wenn er in Art. 99 Abs. 3 seiner Verfahrensordnung die Zulassung der Intervention ausdrücklich nicht von der Wahl eines bestimmten Verfahrens nach Art. 287 SRÜ abhängig macht, vgl. Eiriksson, The International Tribunal of the Law of the Sea, S. 243.

602 *Application to Intervene, Judgment,* I.C.J. Rep. 1990, S. 132.

603 Engl.: „[The application]...shall set out: ...any basis of jurisdiction which is claimed to exist as between the State applying to intervene and the parties to the case."; franz.: „[La requête]...spécifie:...toute base de compétence qui, selon l'Etat demandant à intervenir, existerait entre lui et les parties."

gen.[604] Die Verfahrensordnung kann die Regelungen des Statuts konkretisieren, sie ändern hingegen nicht. Ist das Statut so auszulegen, dass man ihm das Erfordernis eines Jurisdiktionsbandes nicht entnehmen kann, kommt auch der Verfahrensordnung in ihrem Art. 81 Abs. 2 lit. c) kein anderer materieller Gehalt zu.[605] Die Darlegung einer möglichen Unterwerfungsgrundlage kann dann nur der Information des IGH dienen. Im Fall *Continental Shelf (Tunisia/Libyan Arab Jamahiriya)*[606] hatte sich der IGH entsprechend geäußert:

> „...[T]he Court introduced, in Article 81, paragraph 2, thereof, a new sub-paragraph *(c)*...This it did in order to ensure that, when the question did arise in a concrete case, it would be in possession of all the elements which might be necessary for its decision."[607]

Demnach wollte der IGH, wie schon der StIGH 1922,[608] die Frage nicht in seiner Verfahrensordnung verbindlich regeln, sondern sich die Entscheidung für den Einzelfall vorbehalten. Durch die Änderung der Verfahrensordnung hatte der IGH lediglich Vorsorge treffen wollen, um die notwendigen Informationen zur Hand zu haben, sollte die Frage virulent werden:

> „...[T]he Court left any question with which it might in future be confronted in regard to intervention to be decided on the basis of the Statute and in the light of the particular circumstances of each case."[609]

a) Literaturstimmen

Während sich der IGH erstmals im Jahr 1990 auf die Frage nach dem Jurisdiktionsband ausführlich einlassen musste, waren die Voraussetzungen einer wirksamen Intervention in der Literatur schon vorher diskutiert worden. Im wesentlichen lassen sich drei Richtungen ausmachen:

Eine Vielzahl von Autoren hatte das Jurisdiktionsband als unerlässliche Bedingung einer Intervention erachtet. Die Vertreter dieser Auffassung stützten sich dabei nicht zuletzt auf das Konsensprinzip, z.T. konkretisiert durch das Prinzip

---

604 Chinkin, AJIL 1986, S. 497, 524; Fritzemeyer, Die Intervention, S. 92; Elias, in: Bernhardt u.a. (Hrsg.), Festschrift für H. Mosler, S. 166.

605 Im Fall *Continental Shelf (Tunisia/Libyan Arab Jamahiriya), Application for Permission to Intervene, Judgment,* I.C.J. Rep. 1981, S. 8 argumentierte Malta, der IGH habe mit der Regelung des Art. 82 Abs. 2 lit. c) IGH-VerfO seine Zuständigkeit überschritten, Art. 81 Abs. 2 lit. c) der VerfO sei mithin nichtig. Zur Kritik Fritzemeyer, Die Intervention, S. 92 f.

606 *Application for Permission to Intervene, Judgment,* I.C.J. Rep. 1981, S. 3 ff.

607 I.C.J. Rep. 1981, S. 16.

608 Rosenne, Intervention, S. 92 und ders., NILR 1987, S. 82.

609 I.C.J. Rep. 1981, S. 16.

der Gegenseitigkeit:[610] Nur ein durch ein reziprokes Jurisdiktionsband mit den Hauptparteien verbundener Drittstaat habe die Möglichkeit, im Wege einer separaten Klage seine Interessen zu vertreten. Bestehe ein Jurisdiktionsband nicht, müsse es dem Drittstaat verwehrt sein, über den Umweg der Intervention unter Umgehung einer Klage und deren Zulässigkeitserfordernissen zum gleichen Ergebnis zu gelangen.[611] Auch der in Verbindung mit dem Konsensprinzip besonders ausgeprägte Gedanke der Rechtssicherheit in der internationalen Gerichtsbarkeit ließ in den Augen einiger Autoren keinen anderen Schluss zu. Wenn ein Staat einen Teil seiner Souveränität aufgebe, indem er sich der Gerichtsbarkeit eines internationalen Gerichts unterwerfe, müsse er in diesem Moment das Ausmaß seiner Unterwerfung abschätzen können. Interveniere ein Staat, ohne ebenfalls unterworfen zu sein, sei dies unvorhersehbar und den Hauptparteien unter dem Aspekt der Rechtssicherheit nicht zumutbar.[612]
Daneben wurde die Gegenansicht vertreten, eine Intervention nach Art. 62 IGH-Statut setze kein Jurisdiktionsband voraus. Dies wurde damit begründet, dass der Anwendung der Interventionsbestimmungen andernfalls schier unüberbrückbare Hindernisse im Weg stünden, Art. 62 IGH-Statut mithin zur Bedeutungslosigkeit verdammt sei.[613]
Schließlich fand sich auch in der Literatur schon eine differenzierte Behandlung des Problems. So wurde im Falle eines mangelnden Jurisdiktionsbandes die Möglichkeit einer „non party intervention“ in Betracht gezogen. Danach soll eine Intervention auch ohne Unterwerfung des Drittstaates erlaubt sein, allerdings ohne dass der Intervenient Partei des Rechtsstreits wird.[614] Analog Art. 63 IGH-Statut soll der Intervenient an das Urteil nur in dem Umfang gebunden sein, in dem die Intervention zugelassen wird.[615]

---

610 Rosenne, NILR 1987, S. 84; Oellers-Frahm, ZaöRV 1981, S. 586; Fritzemeyer, Die Intervention, S. 98 ff.; Chinkin, AJIL 1986, S. 524; Jiménez de Aréchaga, in: Bernhardt u.a. (Hrsg.), Festschrift für H. Mosler, S. 463 f.

Zu weiteren Argumenten, z.B. dem Prinzip der „Waffengleichheit im Prozess“, der Prozessökonomie oder rechtspolitischen Überlegungen, vgl. Günther, GYIL 1991, S. 276 ff.

611 Jiménez de Aréchaga, in: Bernhardt u.a. (Hrsg.), Festschrift für H. Mosler, S. 465.

612 Oellers-Frahm, ZaöRV 1981, S. 585; Fritzemeyer, Die Intervention, S. 100 f.

613 Jessup, AJIL 1981, S. 906; Elias, in: Bernhardt u.a. (Hrsg.), Festschrift für H. Mosler, S. 166; Oda, ebd., S. 643.

614 Chinkin, AJIL 1986, S. 522 ff.; vgl. auch die Ausführungen von Oda in: Bernhardt u.a. (Hrsg.), Festschrift für H. Mosler, S. 643, die sich in seinen Sondervoten aus den Jahren 1981 und 1984 wiederfinden, dazu unten 3. Teil B.III.1.b)bb) und B.III.1.b)cc).

615 Chinkin, AJIL 1986, S. 526.

b) *Die Rechtsprechung des Internationalen Gerichtshofs*

Der StIGH/IGH war lange Zeit stumm geblieben zu der Frage, ob sich ein Intervenient der Gerichtsbarkeit des IGH unterworfen haben muss. Erst 1990, im Fall *Land, Island and Maritime Frontier Dispute (El Salvador/Honduras)*,[616] war er gezwungen, zur Frage des Jurisdiktionsbandes Stellung zu nehmen. Obgleich in Interventionsfällen die mit der Intervention nicht einverstandenen Streitparteien stets in dieser Hinsicht argumentiert hatten und die Problematik auch in diversen Sondervoten angesprochen worden war, war die Frage für den IGH zuvor nie wirklich entscheidungserheblich gewesen. Vielmehr hatte der IGH mit einer repressiven Spruchpraxis in den vorangegangenen Fällen durchweg andere Hindernisse für eine Intervention ausgemacht, die es ihm erlaubten, sich mit der Fragestellung der Unterwerfung nicht weiter zu befassen.

aa) *Nuclear Tests (Australia v. France und New Zealand v. France)*[617]

So scheiterte die Intervention Fidschis in den beiden Fällen *Nuclear Tests (Australia v. France bzw. New Zealand v. France)* bereits an der Erledigung der Klage Australiens respektive Neuseelands gegen Frankreich. Nachdem Frankreich die Atomtests, die Australien und Neuseeland verhindern wollten, trotz der anhängigen Klage durchgeführt hatte und versichert hatte, keine weiteren Atomtests im Pazifik mehr durchführen zu wollen, war nach Ansicht des Gerichts eine Sachentscheidung überflüssig geworden.[618] Die Entscheidung über den Interventionsantrag als Inzidentverfahren war aufgrund seiner Abhängigkeit von dem Hauptverfahren gegenstandslos geworden.[619]

bb) *Continental Shelf (Tunisia/Libyan Arab Jamahiriya)*[620]

Im Fall *Continental Shelf (Tunisia/Libyan Arab Jamahiriya)* war die Intervention Maltas ebenfalls aus einem anderen Grund abgewiesen worden. Malta hatte beabsichtigt, in einem Verfahren zu intervenieren, das auf der Grundlage eines tunesisch-libyschen Kompromisses zur Abgrenzung des Festlandssockels vor der Mittelmeerküste initiiert worden war. Obwohl Maltas Festlandssockel die Sockel Libyens und Tunesiens an einem bestimmten Punkt berühren musste, verneinte der Gerichtshof ein eigenes rechtliches Interesse Maltas im Sinne von

---

616 *Application to Intervene, Judgment*, I.C.J. Rep. 1990, S. 92 ff.

617 *Application for Permission to Intervene, Order of 20 December 1974*, I.C.J. Rep. 1974, S. 530 bzw. 535.

618 *Judgment*, I.C.J. Rep. 1974, S. 265 ff., 272 bzw. 469 ff., 477.

619 *Application for Permission to Intervene, Order of 20 December 1974*, I.C.J. Rep. 1974, S. 531 bzw. 540.

620 *Application for Permission to Intervene, Judgment*, I.C.J. Rep. 1981, S. 3 ff.

Art. 62 IGH-Statut.[621] Da er zudem kein zulässiges Interventionsziel nach Art. 62 IGH-Statut erkennen konnte,[622] sah er sich ausdrücklich nicht mehr dazu veranlasst, eine weitergehende Überprüfung des Begehrens vorzunehmen,[623] so dass die Frage unbeantwortet blieb, ob Malta mit Tunesien oder Libyen durch ein Jurisdiktionsband hätte verbunden sein müssen.[624] Sowohl Tunesien als auch Libyen hatten allerdings in diesem Sinne argumentiert.[625] Die Sondervoten der Richter Morozov, Oda und Schwebel beschäftigen sich ebenfalls mit der Problematik.[626] Während Schwebel ein Jurisdiktionsband als Voraussetzung einer Intervention für erlässlich hielt,[627] äußerten sich die Richter Morozov und Oda in die gegenteilige Richtung.[628] Morozov wies dabei auf die Gefahr hin, die Entscheidung des IGH könne als Präzedenzfall dafür missbraucht werden, das Vorliegen eines Jurisdiktionsbandes auch in Zukunft nicht als Voraussetzung für eine Intervention zu prüfen, „a practice which is not consistent with the Statute and might, moreover undermine the guiding principle of the consent of States."[629]

cc) Continental Shelf (Libyan Arab Jamahiriya/Malta)[630]

Dem Interventionsversuch Italiens im zweiten Festlandssockelfall, diesmal zwischen Libyen und Malta, lag ein ganz ähnlicher Sachverhalt zugrunde. Wiederum lehnte der Gerichtshof den Antrag mit der Begründung ab, ein zulässiges Interventionsziel sei nicht dargelegt worden. Mithin entspreche das Begehren keiner *„genuine intervention"*, wie sie aber von Art. 62 IGH-Statut vorausge-

---

621 I.C.J. Rep. 1981, S. 13.

622 I.C.J. Rep. 1981, S. 19 f.

623 I.C.J. Rep. 1981, S. 20: „Having reached the conclusion,..., that Malta's request for permission to intervene is in any event not one to which it can accede, the Court finds it unnecessary to decide in the present case whether the existence of a valid link of jurisdiction with the parties of the case is an essential condition for the granting of permission to intervene under Article 62 of the Statute."

624 Maltas Interessen wurden dadurch geschützt, dass der IGH sein Urteil *ratione materiae* beschränkte, indem er auf die Festlegung des Festlandssockelendpunktes vor der maltesischen Küste verzichtete, s.o. 2. Teil A.I.3.

625 I.C.J. Rep. 1981, S. 10, 11.

626 I.C.J. Rep. 1981, S. 22, 23 ff., 35 ff.

627 I.C.J. Rep. 1981, S. 40.

628 I.C.J. Rep. 1981, S. 22 und 25, wobei Oda auch die Möglichkeit einer „non party intervention" bejaht, die seiner Meinung nach keine Unterwerfung voraussetzen soll, S. 27; vgl. dazu auch Oda, in: Bernhardt u.a. (Hrsg.), Festschrift für H. Mosler, S. 643.

629 I.C.J. Rep. 1981, S. 22.

630 *Application for Permission to Intervene, Judgment,* I.C.J. Rep. 1984, S. 3 ff.

setzt werde.[631] Der Gerichtshof müsse erst authentisch festlegen, ob Italien tatsächlich Rechte am Festlandssockel besitze, um über eine mögliche Beeinträchtigung dieser Rechte durch das Urteil entscheiden zu können. Da dies aber der Einführung eines neuen Streitgegenstandes in den Prozess gleichkomme, sei der Rahmen einer Intervention gesprengt.[632] Die Intervention diene lediglich dem Schutz bestehender Drittstaatenrechte, die erstmalige Feststellung dieser Rechte könne indes nicht Gegenstand eines Interventionsverfahrens sein.[633] Auf den italienischen Versuch, das Vorliegen eines Jurisdiktionsbandes zu begründen, musste das Gericht daher auch in diesem Fall nicht mehr ausführlich eingehen. Italien hatte ein Jurisdiktionsband schon durch die Unterwerfung unter das IGH-Statut, im speziellen unter dessen Art. 62 begründet gesehen. Es hatte argumentiert, eine darüber hinausgehende, gesonderte materielle Unterwerfung sei im Rahmen einer Intervention nicht erforderlich.[634] Vielmehr stelle Art. 62 IGH-Statut eine *lex specialis* zu Kapitel II des Statuts dar. Art. 62 IGH-Statut würde nach dieser Auslegung eine Ausnahme von dem im Art. 36 IGH-Statut zum Ausdruck kommenden Konsensprinzip bilden.[635] Die Richter Schwebel und Sette-Camara schlossen sich in ihren dissentierenden Meinungen der italienischen Auffassung an. Kennzeichen der Inzidentgerichtsbarkeit sei es gerade, dass das Gericht –seine Zuständigkeit im Hauptfall unterstellt– aufgrund der Akzessorietät dieses Verfahrens keiner gesonderten Unterwerfungsgrundlage bedürfe.[636]

Auch wenn der IGH sich in seinem Urteil nicht abschließend äußern musste, ließ er in einem *obiter dictum* doch erkennen, dass er die Darlegung einer Unterwerfungsgrundlage vermisse:

> „...[A]ppeal to that article [62] should thus, if it is to justify an intervention in a case such as that of the Italian application, be backed by a

[631] I.C.J. Rep. 1984, S. 23.

[632] I.C.J. Rep. 1984, S. 19.

[633] I.C.J. Rep. 1984, S. 23.

[634] I.C.J. Rep. 1984, S. 13.

[635] Vgl. Günther, GYIL 1991, S. 277.

[636] I.C.J. Rep. 1984, S. 87, 140. Zur Ablehnung dieser Ansicht siehe oben 3. Teil B und unten B.III.2.a). Die Intervention ist zwar –wie alle Inzidentverfahren– akzessorisch. Dies bedeutet aber nur, dass die Intervention von der Durchführung des Hauptverfahrens abhängig ist. Entfällt das Hauptverfahren, wird auch das Inzidentverfahren hinfällig. Wird das Hauptverfahren jedoch durchgeführt, erübrigt sich das Konsenserfordernis für das Inzidentverfahren nicht.

Dass bei anderen Inzidentverfahren wie z.B. dem Erlass vorsorglicher Maßnahmen, der Auslegung eines Urteils oder der Kompetenz-Kompetenz kein gesonderter Konsens erforderlich ist, liegt allein daran, dass in diese Verfahren im Gegensatz zur Intervention kein neuer Beteiligter eingeführt wird. Zwischen den Parteien muss ein Jurisdiktionsband aber ebenfalls bestehen, vgl. Fritzemeyer, Die Intervention, S. 95.

basis of jurisdiction.[637]

In seiner dissentierenden Meinung wies Oda ebenfalls darauf hin, dass das Urteil gewisse Anzeichen dafür enthalte, der IGH könne ein Jurisdiktionsband für erforderlich halten:

> „...[T]he Court appears to indicate that a jurisdictional link would be required for a third State to intervene."[638]

Er selbst votierte wie auch schon im vorangegangenen Fall für die Möglichkeit der „non party intervention".[639] Auch in den Augen von Richter Jennings ist eine Intervention ohne Unterwerfung möglich, da es gerade einem nichtunterworfenen Staat verwehrt sei, seine Interessen im Wege einer eigenen Klage zu wahren.[640]

dd) Land, Island and Maritime Frontier Dispute (El Salvador/Honduras)[641]

Im Fall *Land, Island and Maritime Frontier Dispute (El Salvador/Honduras)* schließlich kam die nach Art. 26 Abs. 2 IGH-Statut gebildete Kammer nicht mehr umhin, der Frage nachzugehen, ob ein Jurisdiktionsband erforderlich sei. Auch diese Fallkonstellation war den Festlandssockelfällen vergleichbar. Allerdings ging es diesmal nicht um die Abgrenzung eines Festlandssockels, sondern um die Klärung der rechtlichen Situation Honduras und El Salvadors in Bezug auf bestimmte Meeresgewässer und Inseln. Die Kammer bejahte ein rechtliches Interesse Nicaraguas zumindest im Hinblick auf die Abgrenzung der maritimen Flächen im Golf von Fonseca, an den neben El Salvador und Honduras auch Nicaragua angrenzte, beschränkte die Intervention aber auf die Frage, ob der Golf ein Kondominium der drei Anrainerstaaten bildete. Die sich für den Fall einer negativen Beantwortung dieser Frage anschließende Problematik der Grenzziehung war von der Intervention ausgenommen worden. Nachdem die Kammer die Intervention also grundsätzlich für möglich erachtet hatte, musste sie entscheiden, ob ein Jurisdiktionsband *condicio sine qua non* für die Zulässigkeit einer Intervention nach Art. 62 IGH-Statut ist. Zwar hatte Honduras keine Ein-

---

637 I.C.J. Rep. 1984, S. 22; im Gegensatz zu der vorsichtigen Formulierung des IGH steht die individuelle Meinung von Jiménez de Aréchaga, der vehement die Auffassung vertrat, ein Jurisdiktionsband sei erforderlich, S. 55 ff.

638 I.C.J. Rep. 1984, S. 92.

639 I.C.J. Rep. 1984, S. 93 ff.; Mbaye entwickelte ebenfalls den Unterschied zwischen einer „party intervention" und einer „non party intervention", S. 39, 43.

640 I.C.J. Rep. 1984, S. 149 f.

641 *Application to Intervene, Judgment,* I.C.J. Rep. 1990, S. 92 ff.

wände gegen die Intervention Nicaraguas,[642] El Salvador jedoch widersetzte sich der Intervention und brachte die Frage der materiellen Unterwerfung Nicaraguas zur Sprache.[643] Wäre diese unabdingbare Voraussetzung für eine Intervention gewesen, hätte der nicaraguanische Antrag abgewiesen werden müssen, lag doch unstreitig ein Jurisdiktionsband nicht vor.[644] Die Kammer des Gerichtshofs wies den Antrag nicht ab. Zum ersten Mal in der Geschichte des StIGH/IGH hatte damit ein Interventionsbegehren nach Art. 62 IGH-Statut Erfolg. Die Richter betrachteten das Jurisdiktionsband nicht als zwingende Voraussetzung für eine Intervention.[645] Verwunderlich ist diese Entscheidung freilich nicht, bedenkt man, dass sich drei Richter der fünfköpfigen Kammer schon 1984 in ihren jeweiligen dissentierenden Meinungen zur Entscheidung des IGH im Fall *Continental Shelf (Libyan Arab Jamahiriya/Malta)* einschlägig geäußert hatten.[646]
Die Kammer begründete ihre Entscheidung folgendermaßen: Gerade für Staaten, die mangels reziproken Jurisdiktionsbandes keine eigene Klage anstrengen können, sei das Interventionsrecht zur Wahrung ihrer Interessen erforderlich. Die Richter stützten die Entscheidung auf ihre *„incidental jurisdiction"*, die ihnen das Recht verleihe, auch gegen den Willen der Hauptparteien eine Intervention zuzulassen.[647] Das Konsensprinzip blieb in den Ausführungen der Kammer aber nicht unberücksichtigt:

> „That the incidental jurisdiction conferred by Article 62 of the Statute is circumscribed by the general principle of consensual jurisdiction over particular disputes was stated by the Court in its Judgment on the Italian Application to intervene in the case concerning the *Continental Shelf*..."[648]

Die Richter folgerten:

> „It is therefore clear that a State which is allowed to intervene in a case, does not, by reason only of being an intervener, become also a party to the case."[649]

Nach Ansicht der Richter führt das Konsensprinzip demnach nicht dazu, das Jurisdiktionsband zur unabdingbaren Voraussetzung einer Intervention zu machen,

---

642 Im Verhältnis zu Honduras hätte daher zumindest ein Jurisdiktionsband durch *forum progatum* bestanden.

643 I.C.J. Rep. 1990, S. 111.

644 I.C.J. Rep. 1990, S. 132.

645 I.C.J. Rep. 1990, S. 135.

646 S.o.; darauf weisen Günther, GYIL 1991, S. 278 und E. Lauterpacht, Administration of International Justice, S. 28, hin.

647 I.C.J. Rep. 1990, S. 133.

648 I.C.J. Rep. 1990, S. 134.

649 I.C.J. Rep. 1990, S. 134.

wie zuvor teilweise in der Literatur gefordert worden war.[650] Vielmehr ließen die Richter eine Intervention zu, gewährten dem Intervenienten aber keine Parteistellung.

ee) Land and Maritime Boundary between Cameroon and Nigeria (Cameroon v. Nigeria)[651]

Die mangelnde Beteiligung dritter Staaten hatte von Anfang an als mögliches Hindernis für eine Entscheidung des IGH in der Grenzstreitigkeit zwischen Kamerun und Nigeria im Raum gestanden. So hatte Nigeria in seiner achten vorgängigen Einrede gerügt, wenn der Gerichtshof eine seewärtige Grenzziehung vornehme, seien die Interessen der anderen Anrainerstaaten im Golf von Guinea gefährdet– ein Argument, dem sich der IGH nicht völlig verschließen konnte. Da er die Einwendung nicht für ausschließlich vorgängig hielt, verwies er die Entscheidung zunächst in die Phase der *merits*. Schon in seiner diesbezüglichen Entscheidung stellte er fest:

> „...[L]a situation géographique des territoires des autres Etats riverains du golfe de Guinée, et en particulier de la Guinée équatoriale et de Sao Tomé-et-Principe, démontre qu'en toute probabilité le prolongement de la frontière maritime entre les Parties...finira par atteindre les zones maritimes dans lesquelles les droits et intérêts du Cameroun et du Nigeria chevaucheront ceux d'Etats tiers... ...la Cour ne saurait exclure que l'arrêt...puisse avoir sur les droits et intérêts des Etats tiers une incidence telle que la Cour serait empêchée de rendre sa décision en l'absence de ces Etats,...*La question de savoir si ces Etats tiers décideront d'exercer leurs droits à intervention dans l'instance conformément au Statut reste entière.*“[652]

Nach dieser Aufforderung zur Intervention verwundert es nicht, dass der IGH dem Antrag Äquatorialguineas, „to intervene as a non-party intervener“,[653] nachkam.[654] Der Gerichtshof bestätigte damit die Rechtsprechung der Kammer, wonach kein Jurisdiktionsband für eine Intervention nach Art. 62 IGH-Statut erforderlich ist.[655]

---

650 S.o. 3. Teil B.III.1.a).

651 *Application to Intervene, Order of 21 October 1999*, im Internet unter <http://www.icj-cij.org/icjwww/idecisions.htm> veröffentlicht.

652 *Frontière terrestre et maritime entre le Cameroun et le Nigéria (Cameroun c. Nigéria), exceptions préliminaires, arrêt,* C.I.J. Rec. 1998, S. 324; Hervorhebung von der Verfasserin.

653 *Application to Intervene, Order of 21 October 1999,* Tz. 2.

654 So auch Merrills, ICLQ 2000, S. 722.

655 *Application to Intervene, Order of 21 October 1999,* Tz. 15.

ff) Sovereignty over Pulau Litigan and Pulau Sipadan (Indonesia/Malaysia)[656]

Auch im jüngsten Interventionsantrag, dem Antrag der Philippinen, hatte das Fehlen eines Jurisdiktionsbandes eine Streitpartei –Malaysia- trotz der vorangegangenen Rechtsprechung dazu bewogen, sich gegen die Intervention auszusprechen.[657] In aller Kürze und Deutlichkeit stellte der Gerichtshof unter Hinweis auf die Urteile zu den Fällen *Land, Island and Maritime Boundary Dispute (El Salvador/Honduras)* und *Frontière terrestre et maritime entre le Cameroun et le Nigéria (Cameroun c. Nigéria)* fest, dass die Philippinen nicht anstreben, Partei des Rechtsstreits zu werden und dass daher das fehlende Jurisdiktionsband kein Hindernis für eine Intervention darstellt.[658]
Nach Ansicht des IGH war es den Philippinen aber nicht gelungen, ein rechtliches Interesse im Sinne von Art. 62 IGH-Statut darzulegen. Der Interventionsantrag hatte aus diesem Grund keinen Erfolg.[659]

2. Überprüfung der Lösungsansätze am Maßstab des Konsensprinzips

Während in der Literatur teilweise politisch argumentiert wurde, hat der IGH im Fall *Continental Shelf (Tunisia/Libyan Arab Jamahiriya)* darauf hingewiesen, dass derartige Gesichtspunkte für eine Auslegung des Art. 62 keine Rolle spielen dürfen:

> "The Court...emphasizes that it does not consider ...[article 62] paragraph 2 to confer upon it any general discretion to accept or reject a request for permission to intervene for reasons simply of policy."[660]

De lege lata ist vielmehr die Frage relevant, ob das Konsensprinzip eine bestimmte Auslegung des Statuts verlangt.

---

656 *Application to Intervene, Judgment of 23 October 2001,* im Internet unter <http://www.icj-cij.org/icjwww/idecisions.htm> veröffentlicht.

657 Tz. 32.

658 Tz. 35 f.

659 Tz. 93.

660 *Application for Permission to Intervene, Judgment,* I.C.J. Rep. 1981, S. 12.
Nichtsdestotrotz vermuten einige Autoren, der IGH habe sich in seinen ablehnenden Entscheidungen nicht ausschließlich von juristischen Überlegungen leiten lassen, vgl. Günther, GYIL 1991, S. 278; Rosenne, NILR 1987, S. 88 f.

a) Erfordernis eines Jurisdiktionsbandes?

Die von Richter Schwebel unterstützte Ansicht der italienischen Regierung im Fall *Continental Shelf (Libyan Arab Jamahiriya/Malta)*, schon die Unterwerfung unter Art. 62 IGH-Statut sei Konsens genug, ein gesonderter materieller Konsens mithin nicht erforderlich,[661] wurde vom IGH in seiner Entscheidung zu Recht ausdrücklich abgelehnt:

> „...[I]t would be admitting that the procedure of intervention under Article 62 would constitute an exception to the fundamental principles underlying its jurisdiction; primarily the principle of consent, but also the principles of reciprocity and equality of States. The Court considers that an exception of this kind could not be admitted unless it were very clearly expressed...such a limitation is not to be presumed, and must be clearly and expressly stated if it is to be admitted. Article 62 of the Statute contains no such express derogation; and neither its position in the Statute, nor the *travaux préparatoires* of its adoption, serve to support an interpretation of the Article intended to effect such derogation.“[662]

Tatsächlich läge in einer solchen Annahme noch kein grundsätzlicher Verstoß gegen das Konsensprinzip, wird doch der Konsens ausnahmsweise in der Unterwerfung unter Art. 62 IGH-Statut gesehen. Die Zustimmung zu Art. 62 IGH-Statut würde somit sowohl den formellen als auch den materiellen Konsens beinhalten. Allerdings würde der Verzicht auf eine zusätzliche Konsenserteilung im Sinne der Art. 36, 37 IGH-Statut eine Abweichung von den Vorschriften über die Unterwerfung darstellen– eine Abweichung, die einer klareren, ausdrücklicheren Regelung bedürfte, soll sie mehr als eine bloße Unterstellung

---

661 I.C.J. Rep. 1984, S. 13, 143; vgl. oben 3. Teil B.III.1.b)cc); diese Ansicht vertrat auch die nicaraguanische Regierung im Fall *Land, Island and Maritime Frontier Dispute (El Salvador/Honduras), Application to Intervene, Judgment*, I.C.J. Rep. 1990, S. 109. Sie argumentierte allerdings nicht, Art. 62 IGH-Statut sei *lex specialis* zu Art. 36 IGH-Statut, vielmehr sah sie das IGH-Statut und somit auch dessen Art. 62 als „treaties in force“ im Sinne von Art. 36 IGH-Statut an.

662 I.C.J. Rep. 1984, S. 22; Zwar stellte der IGH im Fall *Land, Island and Maritime Frontier Dispute (El Salvador/Honduras), Application to Intervene, Judgment,* I.C.J. Rep. 1990, S. 133, auch fest: „The competence of the Court in this matter of intervention is not, like its competence to hear and determine the dispute referred to it, derived from the consent of the parties to the case but from the consent given by them, in becoming parties to the Court's Statute, to the Court's exercise of its powers conferred by the Statute.“ E. Lauterpacht, Administration of International Justice, S. 28, sieht darin eine Aufweichung des Konsensgrundsatzes. Zu beachten ist allerdings, dass der IGH seine Aussage insofern relativierte, als er auf die oben zitierte Passage im Fall *Continental Shelf (Libyan Arab Jamahiriya/Malta), Application for Permission to Intervene, Judgment,* I.C.J. Rep. 1984, S. 22 verwies, vgl. oben 3. Teil B.III.1.b)dd).

sein.[663] Eine Unterstellung allein kann den Erfordernissen des Konsensprinzips nicht genügen. Die Unterwerfung unter Art. 62 IGH-Statut löst nur die Frage des *quis iudicabit:* Mit der Erteilung des formellen Konsenses überlassen es die Staaten dem IGH, über die Frage der Zulässigkeit einer Intervention zu urteilen. Die Erteilung eines materiellen Konsenses erübrigt sich dadurch noch nicht. Erfordert eine wirksame Intervention eine materielle Unterwerfung, ist es Aufgabe des IGH, über die Existenz derselben zu befinden.

Auch die Ansicht, der Wortlaut des Art. 62 IGH-Statut setze kein Jurisdiktionsband für eine wirksame Intervention voraus und schon aus diesem Grund sei eine Konsenserteilung erlässlich, kann vor dem Hintergrund des Konsensprinzips keinen Bestand haben. Das Konsensprinzip ist ein allgemeiner Grundsatz der internationalen Gerichtsbarkeit, der auch im Rahmen des Art. 62 IGH-Statuts Geltung beansprucht.[664]

Daraus folgt, dass das Konsensprinzip auch im Rahmen der Intervention Berücksichtigung finden muss, es ist nicht abbedungen, das IGH-Statut schreibt keine Ausnahme fest. Der IGH kommt zu der Schlussfolgerung, die Konstruktion der „non party intervention" könne im Fall einer mangelnden Unterwerfungsgrundlage Abhilfe schaffen, wie Richter Oda schon im Fall *Continental Shelf (Tunisia/Libyan Arab Jamahiriya)* vorgeschlagen hat.[665]

Die Beachtung des Konsensprinzips muss nicht dazu führen, dass die Intervention von einer materiellen Unterwerfung abhängig gemacht wird. Mit Hilfe der „non party intervention" kann ein Ausgleich zwischen den Drittinteressen und den Interessen der Hauptparteien hergestellt werden: Ließe man eine Intervention nicht zu, müsste dies nach der *L'or monétaire*-Rechtsprechung nämlich eventuell dazu führen, dass die Streitigkeit zwischen den Hauptparteien vom IGH nicht entschieden werden kann.[666] Soll der IGH tätig werden dürfen, muss dem Staat, dessen Interessen betroffen sein könnten, die Möglichkeit zur Intervention

---

663 Fritzemeyer, Die Intervention, S. 100; Oellers-Frahm, ZaöRV 1981, S. 583 Fn. 14.

664 So auch Oellers-Frahm, ZaöRV 1981, S. 583; Jiménez de Aréchaga, in: Bernhardt u.a. (Hrsg.), Festschrift für H. Mosler, S. 465.

665 S.o. 3. Teil B.III.1.b)bb).

666 Vgl. die dissentierende Meinung von Jennings im Fall *Continental Shelf (Libyan Arab Jamahiriya/Malta), Application for Permission to Intervene, Judgment,* I.C.J. Rep. 1984, S. 148; s.a. oben 2. Teil B.

Zu beachten ist freilich, dass zwischen der rechtlichen Betroffenheit im Sinne des Art. 62 IGH-Statut und der *L'or monétaire*-Konstellation ein Stufenverhältnis besteht, vgl. *Land, Island and Maritime Frontier Dispute (El Salvador/Honduras), Application to Intervene, Judgment,* I.C.J. Rep. 1990, S. 115. Verneint der IGH die Zulässigkeit der Intervention schon aufgrund mangelnden rechtlichen Interesses, wird die *L'or monétaire*-Rechtsprechung daher nicht zur Anwendung kommen.

zugestanden werden. Für die Qualität der Intervention ist der Umstand der Unterwerfung allerdings durchaus von Bedeutung.

b) Möglichkeit einer „party intervention"?

So ist umstritten, ob die „non party intervention" nicht sogar die einzig mögliche Form der Intervention darstellt. Bemerkenswert sind folgende Äußerungen des IGH im Fall *Land, Island and Maritime Frontier Dispute (El Salvador/Honduras):*

> „If an intervener were held to become a party to a case merely as a consequence of being permitted to intervene in it, this would be a very considerable departure from this principle of consensual jurisdiction."[667]

und:

> „It is not intended to enable a third State to tack on a new case, to become a new party and so have its own claims adjudicated by the Court. A case with a new party, and new issues to be decided, would be a new case. The difference between intervention under Art. 62, and the joining of a new party to a case, is not only a difference in degree; it is a difference in kind."[668]

In der Literatur wurden diese Urteilspassagen teilweise so verstanden, dass nach Ansicht des IGH eine Intervention gemäß Art. 62 IGH-Statuts *nur* in Form einer „non party intervention" stattfinden könne, d.h. selbst wenn der Intervenient mit den Hauptparteien durch ein Jurisdiktionsband verbunden sein sollte.[669] Eine dem nationalen Recht entsprechende „Hauptintervention" bzw. „party-intervention", also eine Intervention, in der der Intervenient seine eigenen Interessen vertritt und selbständige Partei des Streitfalles wird, scheide im Verfahren vor dem Internationalen Gerichtshof aus.

Wenn der IGH feststellt, Sinn der Intervention sei es nicht, einen neuen Streitgegenstand in den Prozess einzuführen, mag dies noch im Rahmen einer möglichen Auslegung liegen. Zwingend ist sie mit Blick auf die Regelungen des nati-

---

667 I.C.J. Rep. 1990, S. 134.

668 I.C.J. Rep. 1990, S. 134.

669 Vgl. Günther, GYIL 1991, S. 281; Greig, VJIL 1991/92, S. 291, 306; Chinkin, Third Parties, S. 174. E. Lauterpacht, Administration of International Justice, S. 29, sieht hingegen die Möglichkeit, dass „in future cases a distinction may be drawn between the case in which the applicant State is allowed to intervene other than a party (in which case a jurisdictional link is not required) and the case in which the applicant State is allowed to become a party (in which case a jurisdictional link *may* be required)..."

onalen Rechts, das z.T. durchaus Formen der Hauptintervention zulässt,[670] nicht unbedingt, wenngleich ein Vergleich zwischen nationalem und internationalem Recht stets mit Vorsicht zu genießen ist.[671]
Die „party intervention“ lässt sich jedoch nicht unter Hinweis auf das Konsensprinzip gänzlich ausschließen. Hat sich der Intervenient der Gerichtsbarkeit unterworfen und steht er zu den Hauptparteien in einem Verhältnis der Reziprozität, ist keine Verletzung des Konsensprinzips mehr denkbar. Wenn sogar eine gesonderte Klage möglich wäre, kann für die Intervention grundsätzlich nichts anderes gelten.
Auch der Wortlaut des Art. 62 IGH-Statut lässt keinen anderen Schluss zu. Zwar weicht die englische Fassung des IGH-Statuts gegenüber derjenigen des StIGH-Statuts ab. So enthielt Art. 62 StIGH-Statut den Zusatz „...to intervene *as a third party.*“ Eine inhaltliche Änderung war damit aber nicht beabsichtigt worden.[672] Die Anpassung des englischen an den französischen Wortlaut, der gleichfalls authentisch ist, stellt für die Frage der Parteistellung des Intervenienten ein *non liquet* dar.

Grundsätzlich kann der Intervenient daher als Partei an dem Rechtsstreit teilnehmen, wenn er mit den Hauptparteien durch ein Jurisdiktionsband verbunden ist.
Eine Einschränkung lässt sich jedoch machen: es kommt auf die Art der Vorlage des Streitfalles beim IGH an. Haben die Hauptparteien einen Streitfall aufgrund eines Kompromisses vorgelegt, mag der Intervenient ihnen auf andere Art reziprok verbunden sein, so dass er ohne weiteres eine gesonderte Klage auf dieser Grundlage anstrengen könnte. Die Intervention in einen aufgrund eines Kompromisses anhängig gemachten Prozess erscheint hingegen problematischer. Die Besonderheit des Kompromisses liegt gerade in seiner Bilateralität.[673] Wenn die

---

670 Günther, GYIL 1991, S. 256 mit Beispielen.

671 S. dazu schon oben 1. Teil A.II.2.c). Im Zusammenhang mit der Intervention weist Günther, GYIL 1991, S. 257 f. darauf hin, dass z.B. der Gedanke der Prozessökonomie, der im nationalen Recht als Geltungsgrund der Intervention als Institut des Verfahrensrecht eine wichtige Rolle spielt, auf internationaler Ebene angesichts der ungleich geringeren Anzahl zu entscheidender Fälle zu vernachlässigen ist.

Oda argumentiert in seiner dissentierenden Meinung zum Fall *Continental Shelf (Libyan Arab Jamahiriya/Malta), Application for Permission to Intervene, Judgment,* I.C.J. Rep. 1984, S. 93 allerdings in diese Richtung; vgl. auch Oellers-Frahm, ZaöRV 1981, S. 586.

672 *Continental Shelf (Tunisia/Libyan Arab Jamahiriya), Application for Permission to Intervene, Judgment,* I.C.J. Rep. 1981, S. 15.

673 Rosenne, NILR 1987, S. 84; ders., Intervention, S. 110; Vgl. Chinkin, AJIL 1986, S. 524 f., die darauf hinweist, dass sich bei einer Klageerhebung durch *forum prorogatum* ähnlich argumentieren ließe.

Parteien eines Streitfalles einen Kompromiss als Unterwerfungsgrundlage wählen, tun sie dies nicht zuletzt deshalb, weil sie die entscheidungserheblichen Fragen eingrenzen möchten.[674] Der IGH soll nur angehalten werden, über eine bestimmte Frage zu entscheiden– ohne eine eventuelle Beteiligung Dritter. Dies ist umso offensichtlicher, wenn die Parteien den Weg des Kompromisses wählen, obwohl sie bereits *ante hoc* ein Jurisdiktionsband begründet haben, sei es durch reziproke besondere Erklärungen gemäß Art. 36 Abs. 2 IGH-Statut oder auf andere Art und Weise, und es einer Unterwerfungsgrundlage daher gar nicht mehr bedürfte.[675] Etwas anderes gilt, wenn eine „non party intervention" stattfinden soll. Eine Anhörung muss zum Schutz des Drittstaates jedenfalls erfolgen.[676] Partei des Rechtsstreits kann der Intervenient in einem durch Kompromiss angestrengten Prozess nicht werden.[677] Dadurch scheidet eine gesonderte Klage auf anderer Grundlage, sofern sie existiert, nicht aus. Hat ein Drittstaat Interesse an einer derartigen Klage, müsste er sie jedoch selbst initiieren.

Abgesehen von diesem Fall, spricht das Konsensprinzip nicht gegen eine „party intervention". Insofern erscheint auch die in der Literatur dargestellte Auslegung der Urteilsbegründung nicht zwingend. Der IGH hatte im Fall *Land, Island and Maritime Frontier Dispute* über eine Konstellation zu entscheiden, in der ein Jurisdiktionsband gerade nicht vorlag, so dass es zumindest nicht ausgeschlossen erscheint, dass sich die Ausführungen des IGH auch nur darauf beziehen. Zwar beschränkt der IGH seine Aussagen nicht ausdrücklich, wenn er erläuternd anfügt:

> „Since this is the first case in the history of the two Courts in which a State will have been accorded to intervene under Article 62 of the Statute, it will appear appropriate to give some indication of the extent of the procedural rights acquired by the intervening State...In the first place, as has been explained above, the intervening State does not be-

---

674 Chinkin, AJIL 1986, S. 503 weist auf die Gefahr hin, dass die Hauptparteien ihren Kompromiss einvernehmlich zurückziehen könnten, wenn der Gerichtshof die Beteiligung eines Drittstaates zulässt. Das ist aber eher ein politisches, denn ein rechtliches Argument.

675 So auch Fritzemeyer, Die Intervention, S. 104.

676 Vgl. Chinkin, AJIL 1986, S. 504; dies., Third Parties, S. 184: „States should not be permitted to negotiate bilateral special agreements for the commencement of proceedings with total disregard for the interests of third states..."

677 Oellers-Frahm schließt in einem solchen Fall die Intervention wohl gänzlich aus, ZaöRV 1981, S. 585, v.a. Fn. 20: „So scheint es zumindest theoretisch möglich, daß zwei Staaten *dolos* eine Rechtssache vor den IGH bringen, in der die Rechtsposition eines dritten Staates berührt wird, ohne daß dieser nach Art. 62 intervenieren kann, da entweder ein Jurisdiktionsband nach Art. 36 II oder 37 des Statuts fehlt oder aber die Sache im Wege des Kompromisses anhängig gemacht worden ist."

come party to the proceedings...“[678]

Mit dem Verweis des IGH auf seine obigen Darstellungen lässt sich allerdings ein eindeutiger Bezug zum Konsensprinzip herstellen, das nur zur Begründung der „non party intervention“ bei fehlendem materiellen Konsens herangezogen werden kann. Der IGH führt aus, dass

> „It is...clear that a State which is allowed to intervene in a case, does not, by reason only of being an intervener, become also a party to the case.“

aber auch, dass

> „It is true, conversely, that, provided that there be the necessary consent by the parties to the case, the intervener is not prevented by reason of that status from itself becoming a party to the case.“[679]

Damit schließt der IGH m.E. die „party intervention“ nicht aus. Greig interpretiert die Urteilspassagen wiederum anders:

> „It is true that the Chamber did avert to the possibility of a third state becoming a party to the litigation, but did so in a way that showed that it was totally divorced from the fact of intervention. It could only occur through, and was therefore dependent upon, the quite separate acts of consent by the parties to the case before the (Chamber of the) Court.“[680]

Doch auch bei dieser Auslegung der Urteilspassage muss man die Aussage des Gerichtshofs nicht zwangsläufig auf den Fall beziehen, dass der intervenierende Staat mit den Hauptparteien durch ein reziprokes Jurisdiktionsband verbunden ist.[681]

Aus der Entscheidung des IGH zur Hauptsache im Jahr 1992 ergibt sich vielmehr, dass der gesonderte Konsensakt der Hauptparteien bei Fehlen des Jurisdiktionsbandes erfolgen muss. So bezieht sich der IGH ausdrücklich auf beide Alternativen, wenn er in Bezug auf seine Interventionsentscheidung erläutert.

> „In the Chamber's Judgment of 13 September 1990, emphasis was laid on the need, if an intervener is to become a party, for the consent of the existing parties to the case, either consent *ad hoc* or in the form

678 I.C.J. Rep. 1990, S. 135 f.

679 I.C.J. Rep. 1990, S. 134 f.

680 VJIL 1991/92, S. 326.

681 So auch Ratner, AJIL 1991, S. 685: „The Chamber...explicitly leaves open the possibility that, in future cases, a third state will be able to intervene as a party under Article 62,...“

of a pre-existing link of jurisdiction."[682]

Auch aus den vorhergehenden Sondervoten der drei Kammerrichter im Fall *Continental Shelf (Libyan Arab Jamahiriya/Malta)* lässt sich eine anderslautende Auslegung nicht ablesen. Im Gegenteil: Während Sette-Camara nur die Problematik der Unterwerfung an sich behandelt[683] und Jennings die weitergehende Frage, ob bei Vorliegen eines Jurisdiktionsbandes eine „party-intervention" möglich wäre, ausdrücklich unbeantwortet lässt,[684] propagiert Oda geradezu die Unterscheidung zwischen „party intervention" und „non party intervention".[685] Da im Fall *Frontière terrestre et maritime entre le Cameroun et le Nigéria* Äquatorialguinea von Anfang an nur eine „non-party intervention" beantragt hatte, stellte sich die Frage einer „party intervention" nicht. Auch im Fall *Sovereignty over Pulau Litigan and Pulau Sipadan (Indonesia/Malaysia)* wollten die Philippinen nicht als Partei intervenieren. Wenn der IGH unter Hinweis auf den Fall *Land, Island and Maritime Frontier Dispute (El Salvador/Honduras)* feststellt, dass

> „...[A] jurisdictional link between the intervening State and the Parties to the case is required only if the State seeking to intervene is desirous of "itself becoming a party to the case"..."[686],

scheint er eine „party intervention" bei Vorliegen eines Jurisdiktionsbandes zu akzeptieren. Da aber bisher in keinem Fall der Intervenient Partei des Rechtsstreits werden wollte und der IGH tatsächlich über diese Konstellation entscheiden musste, wird erst die Zukunft Klarheit über die diesbezügliche Position des IGH bringen.[687]

c) *Bindung des Intervenienten an das Urteil?*

Klar ist nach dem Urteil der Kammer 1990 und dem IGH 1999 allenfalls, dass nach Ansicht des IGH im Falle eines fehlenden Jurisdiktionsbandes eine Inter-

---

682 *Land, Island and Maritime Frontier Dispute (El Salvador/Honduras: Nicaragua intervening), Judgment,* I.C.J. Rep. 1992, S. 620.

683 Und die Erforderlichkeit eines Jurisdiktionsbandes verneint, s.o. 3. Teil B.III.1.b)cc).

684 I.C.J. Rep. 1984, S. 150.

685 I.C.J. Rep. 1984, S. 91 ff.; vgl. ders., in: Bernhardt u.a. (Hrsg.), Festschrift für H. Mosler, S. 640 ff.

686 *Application to Intervene, Judgment of 23 October 2001,* Tz. 35, im Internet unter <http://www.icj-cij.org/icjwww/idecisions.htm> veröffentlicht.

687 Vgl. Rosenne, The Law and Practice of the International Court, Vol. III, S. 1540: „Notwithstanding the broad language of these passages, they cannot be separated from the general circumstances of this case,...it cannot be asserted that the issue of the ‚jurisdictional link' is definitively settled for all purposes and in all circumstances."

vention zwar zulässig ist, der Intervenient aber keine Parteistellung erlangt – eine Lösung, die dem Konsensprinzip grundsätzlich entspricht. Problematisch ist allerdings, wenn teilweise ganz selbstverständlich davon ausgegangen wird, dass der materiell nicht unterworfene Intervenient an das Urteil in dem Umfang gebunden ist, in dem die Intervention zugelassen wurde,[688] Nicaragua im Fall *Land, Island and Maritime Frontier Dispute (El Salvador/Honduras)* also in Bezug auf die rechtliche Beurteilung der Gebietssouveränität über den Golf von Fonseca. Nachdem der IGH im Jahr 1990 sein Urteil über den Interventionsantrag Nicaraguas erlassen hatte, war Günther davon ausgegangen, auch der IGH sehe den Drittstaat bei der „non party intervention" in dem Umfang an das Urteil gebunden, in dem die Intervention zugelassen worden war.[689] M.E. war dem Urteil diese Auslegung nicht zu entnehmen, blieb der IGH in seinen Ausführungen doch eher kryptisch, wenn er feststellte, dass

> „...the intervening State...does not acquire the rights, or become subject to the obligations, which attach to the status of a party..."[690]

Spätestens jedoch mit Erlass des Urteils in der Hauptsache, hat der IGH deutlich gemacht, dass eine Bindung Nicaraguas nicht in Frage kommt:

> „The Chamber considers that...a State permitted to intervene under Article 62 of the Statute, but which does not acquire the status of party to the case, is not bound by the Judgment given in the proceedings in which it has intervened."[691]

Während Nicaragua selbst in seinem Interventionsantrag noch klärt hatte, dass es

> „intends to subject itself to the binding effect of the decision to be given.",[692]

nahm es bei der Anhörung zur Hauptsache die gegenteilige Position ein:

---

688 So Chinkin, AJIL 1986, S. 526.

689 GYIL 1991, S. 284.

690 *Application to Intervene, Judgment,* I.C.J. Rep. 1990, S. 135 f.; in seinem Urteil aus dem Jahr 1992 bezog sich der IGH auf diese Passage und stellte fest, er habe damals nur Hinweise zu den prozeduralen Rechten des Intervenienten geben wollen –„In its Judgment of 13 September 1990...the Chamber considered it appropriate „to give some indication of the procedural rights acquired by the intervening State as a result of that permission"..."– ebenso wolle er sich jetzt zu den Urteilsfolgen für den Intervenienten äußern: „Similarly, at the present stage, it appears appropriate for the Chamber to make some observations on the effect of the present Judgment for the intervening State."

691 *Land, Island and Maritime Frontier Dispute (El Salvador/Honduras: Nicaragua intervening), Judgment,* I.C.J. Rep. 1992, S. 609.

692 I.C.J. Rep. 1990, S. 109.

„It is the understanding of Nicaragua that as a non-party in this case, it cannot be effected by the decision of the Chamber on the merits. As a non-party Nicaragua is under the protection of Article 59 of the Statute of the Court...With respect to Nicaragua, the decision to be rendered by the Chamber on the merits will remain *res inter alios acta.*“[693]

Tatsächlich widerspricht die Bindung eines Staates, der nicht *Partei* des Rechtsstreits war, schon der Regelung des Art. 59 IGH-Statut.[694] Demnach ist „[die] Entscheidung des Gerichtshofs...nur für die Streitparteien...bindend...“[695]
Doch auch das Konsensprinzip verbietet eine bindende Entscheidung gegenüber einem nichtunterworfenen Staat. Denn selbst wenn der Intervenient –zumindest konkludent aufgrund seines Interventionsbegehrens– seine Zustimmung erteilt hat, fehlt es gerade an einer Zustimmung der Hauptparteien, zu deren Gunsten das Konsensprinzip ebenfalls Anwendung finden muss. Ist der Drittstaat nicht unterworfen, sind auch die Hauptparteien aufgrund des Reziprozitätserfordernisses im Verhältnis zu diesem Staat nicht unterworfen. Folglich fehlt dem Gerichtshof die Zuständigkeit, ein die Hauptparteien gegenüber dem Drittstaat bindendes Urteil zu erlassen. Dieser Gesichtspunkt findet sich auch in der Begründung des IGH:

„...[T]he force of *res judicata* does not operate in one direction only: if an intervener becomes a party, and is thus bound by the judgment, it becomes entitled equally to assert the binding force of the judgment against the other parties. A non-party to a case before the Court, whether or not admitted to intervene, cannot by its own unilateral act place itself in the position of a party, and claim to be entitled to rely on the judgment against the original parties.“[696]

Man könnte natürlich einer Beteiligung eines Drittstaates ohne Bindung an das folgende Urteil die Qualität einer Intervention absprechen, da sie auf eine bloße Anhörung hinausläuft. Angehört wird der Drittstaat bereits im Vorstadium der Intervention, und zwar in dem Moment, in dem der Intervenient, um seinen Antrag auf Intervention zu begründen, sein rechtliches Interesse im Sinne von Art. 62 IGH-Statut darlegt, Art. 84 Abs. 2 IGH-VerfO. Eine „echte“ Intervention könnte mithin überflüssig sein.[697] Allerdings ist zu bedenken, dass das Anhö-

---

693 I.C.J. Rep. 1992, S. 609.

694 Vgl. Günther, GYIL 1991, S. 284; Greig, VJIL 1991/92, S. 291.

695 Engl.: „The decision of the Court has no binding force except between the parties...“; franz.: „La décision de la Cour n'est obligatoire que pour les parties en litige...“

696 *Judgment,* I.C.J. Rep. 1992, S. 610.

697 So die Argumentation El Salvadors im Fall *Land, Island and Maritime Frontier Dispute (El Salvador/Honduras), Application to Intervene, Judgment,* I.C.J. Rep. 1990, S. 129;

rungsrecht des Drittstaates auf dieses Stadium begrenzt wäre, während sich ein Intervenient gemäß Art. 85 IGH-VerfO noch über den gesamten Zeitraum des Hauptverfahrens hinweg zur Sache äußern und Fragen, die sich erst im Laufe des Prozesses stellen, beantworten kann. Zweck der Intervention ist ja gerade auch die Information des Gerichts.[698] Zwar gilt: Da das Urteil den Drittstaat nicht binden darf, darf es ihn auch nicht faktisch berühren. Betrifft die Entscheidung ihn notwendigerweise auch, müsste das Gericht auch im Fall einer Intervention das Urteil materiell einschränken oder schlimmstenfalls sogar im Sinne der *L'or monétaire*-Rechtsprechung eine Entscheidung ablehnen. Die fortlaufende Information durch den Drittstaat ermöglicht dem IGH aber eine weitaus detailliertere Einschätzung, wieweit sein Urteil reichen darf und ab welchem Punkt der Drittstaat unzulässigerweise betroffen wäre. Ließe man eine Intervention nicht zu, würde es an dieser Informationsquelle fehlen, da dem Gericht im Streitverfahren gerade keine Formen der Beiladung oder Befragung eines Drittstaates zur Verfügung stehen. Unsicherheiten dürften nicht zu Lasten des Drittstaates gehen. Das Feld für die Anwendung der *L'or monétaire*-Regel wäre daher weiter, d.h. der IGH müsste im Zweifel öfter auf ein Urteil zur Hauptsache verzichten oder zumindest seine Entscheidung so weit einschränken, dass die Möglichkeit einer Drittbetroffenheit ausgeschlossen ist.

Fraglich könnte allenfalls sein, ob nicht nach der hier vertretenen Auffassung der Status des nichtunterworfenen gegenüber dem des unterworfenen Intervenienten ungerechtfertigterweise Vorteile mit sich bringt. So hat der Drittstaat in beiden Fällen die Möglichkeit, umfassend seine Interessen zu vertreten, ist aber nur als unterworfener Intervenient an das –möglicherweise negative– Urteil gebunden. Das Risiko eines Prozessverlustes trägt er als nichtunterworfener Intervenient nicht.[699] Insofern könnte sich ein Widerspruch zu dem Grundsatz der „Waffengleichheit im Prozess" ergeben.[700] Aus diesem Grundsatz allein könnte

---

vgl. auch die individuelle Meinung von Singh im Fall *Continental Shelf (Libyan Arab Jamahiriya/Malta), Application for Permission to Intervene, Judgment,* I.C.J. Rep. 1984, S. 31.

698 I.C.J. Rep. 1990, S. 130; *Land and Maritime Boundary between Cameroon and Nigeria (Cameroon v. Nigeria), Application to Intervene, Order of 21 October 1999,* Tz. 14; *Sovereignty over Pulau Litigan and Pulau Sipadan (Indonesia/Malaysia), Application to Intervene, Judgment of 23 October 2001*, Tz. 88, die Urteile sind im Internet unter <http://www.icj-cij.org/icjwww/idecisions.htm> veröffentlicht; s.a. Greig, VJIL 1991/92, S. 304.

699 Günther, GYIL 1991, S. 270; Jiménez de Aréchaga, in: Bernhardt u.a. (Hrsg.), Festschrift für H. Mosler, S. 455.

700 Mosler begründet mit dem Argument der „Waffengleichheit" die Figur der „non party intervention" im Falle eines fehlenden Jurisdiktionsbandes. Ließe man seiner Meinung nach eine Intervention nicht zu, hätte der die Intervention begehrende Drittstaat die Möglichkeit, sich gemäß Art. 84 Abs. 2 IGH-VerfO zu äußern, müsste die Folgen eines negativen Urteils aber nicht tragen, in: Jekewitz (Hrsg.), Festschrift für K. J. Partsch, S.

sich aber auch keine Bindung des nichtunterworfenen Intervenienten ergeben. Eine solche Konsequenz ließe das Konsensprinzips nicht zu. Läge tatsächlich ein Verstoß gegen das Prinzip der Waffengleichheit vor, müsste dies vielmehr zur Anwendung der *L'or monétaire*-Rechtsprechung führen, d.h. der IGH könnte in der Hauptsache kein Urteil fällen. Allerdings möchte die gefundene Lösung gerade einen Ausgleich zwischen den Interessen der Hauptparteien und des Drittstaates herbeiführen. Die Intervention wird zugelassen, damit der Intervenient seine Interessen wahren kann, das Urteil ist zwischen den Hauptparteien und dem Drittstaat nicht durchsetzbar, weil die Hauptparteien im Verhältnis zum Drittstaat der Gerichtsbarkeit des IGH nicht unterworfen sind. Richtig ist, dass sich die Hauptparteien gegenüber dem Drittstaat damit nicht auf das Urteil berufen können, der Drittstaat kann dies jedoch genauso wenig.[701] Zudem läge auch die alternative Folge –Anwendung der *L'or monétaire*-Regel– nicht im Interesse der Hauptparteien bzw. bei einer unilateralen Klageerhebung zumindest einer Hauptpartei.

Wenn die Bindung des nicht unterworfenen Intervenienten auf eine Analogie zu Art. 63 IGH-Statut gestützt wird,[702] liegt darin m.E. ein Verstoß gegen die Analogievoraussetzungen. Art. 63 IGH-Statut lautet:

> „(1) Handelt es sich um die Auslegung einer Übereinkunft, an der andere Staaten als die Streitparteien beteiligt sind, so unterrichtet der Kanzler unverzüglich diese Staaten.
>
> (2) Jeder dieser Staaten ist berechtigt, dem Verfahren beizutreten, macht er von diesem Recht Gebrauch, so ist die in dem Urteil enthaltene Auslegung auch für ihn bindend.“[703]

---

257 ff.

Dieser Auffassung liegt allerdings die Hypothese zugrunde, jede Intervention rufe eine Bindung hervor.

701 Die Anmerkung von Jiménez de Aréchaga, in: Bernhardt u.a. (Hrsg.), Festschrift für H. Mosler, S. 455, dass „...the eventual decision of the Court, including its *ratio decidendi*, if it were favourable...might later be invoked as *res iudicata* by the intervener against the original parties, either in litigation or on negotiations“, im Gegensatz dazu aber „...if the judgment were unfavourable to [the intervener], non of the original parties could invoke it conclusively against [the intervener], since the intervener had disclaimed the *status* of a party, and it is only to a party that Arts. 59 of the Statute and 94 (1) of the Charter apply.“ erscheint perplex. Nicht ersichtlich ist, wie sich der *Intervenient* auf das Urteil als *res iudicata* berufen könnte, da das Urteil nicht nur ihn nicht bindet, sondern gemäß Art. 59 IGH-Statut auch *res inter alios acta* ist. Sollte mit der Berufung auf das positive Urteil die mögliche Präjudizwirkung eines IGH-Urteils angesprochen sein, könnten auch die Hauptparteien davon profitieren.

702 Chinkin, AJIL 1986, S. 526.

703 Engl.: „(1) Whenever the construction of a convention to which states other than those

Zwar regelt Art. 62 IGH-Statut die Folgen einer Intervention nicht ausdrücklich,[704] so dass möglicherweise eine Lücke vorliegt. Zudem ähnelt der Sachverhalt des Art. 62 IGH-Statut dem des Art. 63 IGH-Statut insofern, als in beiden Fällen ein Drittstaat intervenieren kann, der nicht mit den Hauptparteien durch ein Jurisdiktionsband verbunden ist.[705] Dass wie bei Art. 62 IGH-Statut der Intervenient nach Art. 63 IGH-Statut nicht Partei des Rechtsstreits wird, ist daher ebenfalls nahezu unumstritten.[706] Allerdings statuiert Art. 63 IGH-Statut eine Ausnahme von Art. 59 IGH-Statut. Demnach ist der Intervenient nach Art. 63 IGH-Statut stets an das Urteil gebunden, soweit es die Auslegung des in Frage stehenden Vertrages behandelt.[707] Der Grund für diese Regelung liegt darin, dass der Intervenient, wenn schon nicht durch ein Jurisdiktionsband, so doch jeden-

---

concerned in the case are parties is in question, the Registrar shall notify all such states forthwith.
(2) Every state so notified has the right to intervene in the proceedings; but if it uses this right, the construction given by the judgment will be equally binding upon it.";
franz.: „(1) Lorsqu'il s'agit de l'interprétation d'une convention à laquelle ont participé d'autres Etats que les parties en litige, le Greffier les avertit sans délai.
(2) Chacun d'eux a le droit d'intervenir au procès et, s'il exerce cette faculté, l'interprétation contenue dans la sentence est également obligatoire à son égard."

704 Art. 31 Abs. 3 Anl. VI SRÜ enthält hingegen eine Vorschrift, der zufolge die Entscheidung für den Intervenienten „...in bezug auf die Sache bindend [ist], derentwegen der Vertragsstaat dem Verfahren beigetreten ist." (engl.: „...shall be binding upon the intervening State Party in so far as it relates to matters in respect of which that State Party intervened."; franz.: „...est obligatoire pour l'Etat intervenant dans la mesure où elle se rapporte aux points faisant l'objet de l'intervention.").

705 In Bezug auf Art. 63 IGH-Statut ist die Auslegung nahezu einhellig: schon 1951 im Fall *Haya de la Torre, arrêt,* C.I.J. Rec. 1951, S. 77 wurde Kubas Intervention nach Art. 63 IGH-Statut zugelassen, obwohl kein Jurisdiktionsband mit den Hauptparteien Kolumbien und Peru bestand; s.a. Greig, VJIL 1991/92, S. 308, Günther, GYIL 1991, S. 287; Fritzemeyer, Die Intervention, S. 159; Oda, in: Bernhardt u.a. (Hrsg.), Festschrift für H. Mosler, S. 644. Zweifel deutet lediglich Rosenne, The Law and Practice of the International Court, Vol. III, S. 1526, an. Die Auslegung der herrschenden Meinung widerspricht zumindest nicht den Konsenserfordernissen: Mit der Unterzeichnung des IGH-Statuts und dessen Art. 63 erteilen die Staaten einen formellen und materiellen Konsens – in Bezug auf die Auslegung eines Vertrages akzeptieren sie ihre Bindung auch gegenüber nicht der Gerichtsbarkeit des IGH unterworfenen Vertragspartnern.

706 Günther, GYIL 1991, S. 288; Oda, in: Bernhardt u.a. (Hrsg.), Festschrift für H. Mosler, S. 644.

707 In Jiménez de Aréchagas Augen beschränkt Art. 63 IGH-Statut die Bindungswirkung des Urteils in dieser Hinsicht, in: Bernhardt u.a. (Hrsg.), Festschrift für H. Mosler, S. 454; vgl. seine dissentierende Meinung zum Fall *Continental Shelf (Libyan Arab Jamahiriya/Malta), Application for Permission to Intervene, Judgment,* I.C.J. Rep. 1984, S. 58. Dieser Auffassung liegt allerdings die Prämisse zugrunde, der Intervenient wäre immer Partei des Rechtsstreits und dementsprechend nach Art. 59 IGH-Statut an das Urteil gebunden.

falls mit den Hauptparteien durch multilaterale Vertragsbeziehungen verbunden ist. Der Drittstaat steht damit im Gegensatz zum Intervenienten nach Art. 62 IGH-Statut in einem besonderen Verhältnis zu den Hauptparteien, das eine Bindung rechtfertigt. Die Lücke –wenn man mit Blick auf Art. 59 IGH-Statut überhaupt von einer solchen sprechen kann– ist folglich zumindest nicht planwidrig. So ist auch die dissentierende Meinung Odas abzulehnen, der, freilich ohne Begründung, eine Bindung begrenzt auf den Interventionsumfang für selbstverständlich hält.[708]

Fritzemeyer schließlich sieht in dem Verzicht auf eine Bindung ein Effektivitätsproblem.[709] Das Institut der Intervention könne seinen Zwecken so nicht gerecht werden. Der Intervenient wäre ein bloßer *amicus curiae*, wie er im Gutachtenverfahren auftreten kann. Für das Gutachtenverfahren findet sich in Art. 66 IGH-VerfO eine ausdrückliche Regelung, für die Intervention existiert diese Vorschrift hingegen nicht. Gleichwohl kann die Lücke in der Verfahrensordnung die Konstruktion des nichtunterworfenen Intervenienten, der durch das Urteil nicht gebunden wird, nicht ausschließen. Wie oben beschrieben, wollte sich der IGH in der Frage des Jurisdiktionsbandes und folglich auch der damit verbundenen Probleme in seiner Verfahrensordnung noch nicht festlegen. Die IGH-VerfO enthält somit in dieser Hinsicht keine Auslegung des Statuts, die Zulässigkeit der gefunden Lösung ergibt sich durch Auslegung des Statuts selbst– eine Lösung, die den Erfordernissen des Konsensprinzips gerecht wird, ohne jedoch die Wortlautgrenzen des Statuts zu überschreiten.
Ist der Intervenient mit den Hauptparteien nicht durch ein Jurisdiktionsband verbunden, kann das Urteil ihm gegenüber auch keine Bindungswirkung entfalten. Zu Recht stellte der IGH im Fall *Land, Island and Maritime Frontier Dispute (El Salvador/Honduras: Nicaragua intervening)* deshalb fest:

> „...[I]n the circumstances of the present case, this judgment is not *res judicata* for Nicaragua."[710]

---

[708] I.C.J. Rep. 1992, S. 620.

[709] Die Intervention, S. 103.

[710] *Judgment,* I.C.J. Rep. 1992, S. 610; vgl. aber auch die Kritik Rosennes, wonach der Gerichtshof das vorgängige Versprechen Nicaraguas, das Urteil zu befolgen, nicht unberücksichtigt lassen durfte, Intervention, S. 155 = The Law and Practice of the International Court, Vol. III, S. 1551.

IV. Verfahren in Abwesenheit einer Partei

Hat ein Staat die Gerichtsbarkeit eines internationalen Gerichts *ante hoc* akzeptiert,[711] ist er diesem Gericht grundsätzlich unterworfen. Solange er seinen Konsens nicht wirksam widerruft, bleibt die Zuständigkeit des Gerichts begründet. Ist einmal Klage gegen einen Staat erhoben worden, kann er sich von der Bindung an seinen Konsens nicht mehr lösen. Es ist Sache des Gerichts aufgrund seiner Kompetenz-Kompetenz zu entscheiden, ob die erforderliche Unterwerfungsgrundlage existiert oder nicht. Die bloße Weigerung eines Staates auf eine gegen ihn anhängige Klage zu reagieren, hat nicht die Unzuständigkeit des Gerichts zur Folge.[712]

Das internationale Gericht kommt aber auch bei Abwesenheit einer Partei nicht umhin, seine Zuständigkeit zu überprüfen. Sowohl Art. 53 IGH-Statut als auch der ähnlich formulierte Art. 28 Anl. VI SRÜ schreiben vor, dass das jeweilige Gericht in einem Versäumnisverfahren neben der tatsächlichen und rechtlichen Begründetheit *proprio motu* auch seine Zuständigkeit zu überprüfen hat. Art. 53 IGH-Statut lautet:

> „(1) Erscheint eine der Parteien nicht vor dem Gerichtshof oder verzichtet sie darauf, sich zur Sache zu äußern, so kann die andere Partei den Gerichtshof ersuchen, im Sinne ihrer Anträge zu entscheiden.
>
> (2) Bevor der Gerichtshof diesem Ersuchen stattgibt, muß er sich nicht nur vergewissern, daß er nach den Artikeln 36 und 37 zuständig ist, sondern auch, daß die Anträge tatsächlich und rechtlich begründet sind."[713]

---

711 Denkbar, aber eher unwahrscheinlich ist eine Situation, in der sich ein Staat *ad hoc* oder *post hoc* unterwirft und dann seine Mitwirkung verweigert. Zu Recht weist v. Mangoldt, in: Bernhardt u.a. (Hrsg.), Festschrift für H. Mosler, S. 504 vor diesem Hintergrund darauf hin, dass in diversen *ad hoc* Schiedskompromissen ein *„ex parte-*Verfahren" zwar vorgesehen war, in der Praxis aber nie zur Anwendung kam, da sich die Parteien stets am Verfahren beteiligten.

712 Näher dazu oben 3. Teil B.I. Der Position einer der Staaten den Vorrang einzuräumen scheidet nach v. Mangoldt, in: Bernhardt u.a. (Hrsg.), Festschrift für H. Mosler, S. 514 „wegen der souveränen Gleichheit beider Parteien und der damit verbundenen prinzipiellen rechtlichen Gleichwertigkeit beider Auffassungen im fundamentalen Relativismus der anarchischen Völkerrechtsordnung von vornherein aus."

713 Engl.: „(1) Whenever one of the parties does not appear before the Court, or fails to defend its case, the other party may call upon the Court to decide in favour of its claim. (2) The Court must, before doing so, satisfy itself, not only that it has jurisdiction in accordance with Articles 36 and 37, but also that the claim is well founded in fact and law."; franz.: „(1) Lorsqu'une des parties ne se présente pas, ou s'abstient de faire valoir ses

Dass in der EMRK eine derartige Bestimmung fehlt, bedeutet nicht, dass vor dem EGMR eine Zuständigkeitsprüfung überflüssig wäre. Vielmehr ist für ein internationales Gericht die Bejahung der eigenen Zuständigkeit stets unerlässliche Voraussetzung für eine Entscheidung in der Sache. Die Zustimmung eines Staates darf auch nicht fingiert oder zumindest widerlegbar vermutet werden, um ihn zu einer Beteiligung zu zwingen. Auf diesem Wege das Verhalten eines kooperationsunwilligen Staates zu sanktionieren, schließt das der internationalen Gerichtsbarkeit zugrundeliegende Konsensprinzip aus.[714] Dies gilt umso mehr, als die Weigerung eines Staates, an einem Verfahren teilzunehmen, i.d.R. gerade darauf beruht, dass er die Zuständigkeit des Gerichts bestreitet. Die USA begründeten im Fall *Military and Paramilitary Activities in and against Nicaragua (Nicaragua v. United States of America)* ihre Abwesenheit z.B. damit, dass

> „...the judgment of the Court was clearly and manifestly erroneous as to both fact and law...[the government] remains firmly of the view...that the Court is without jurisdiction to entertain the dispute...“[715]

Der abwesende Staat hat nur die Nachteile zu tragen, die ihm möglicherweise daraus erwachsen, dass durch seine Absenz Fakten oder Rechtsansichten im Verborgenen bleiben. Wenngleich sich der IGH gemäß Art. 53 Abs. 2 IGH-Statut auch im *ex parte*-Verfahren von der tatsächlichen und rechtlichen Begründetheit der Anträge überzeugen muss, fehlt dem abwesenden Staat die Möglichkeit, den Anstoß für eine Recherche in eine bestimmte Richtung geben zu

---

moyens, l'autre partie peut demander à la Cour de lui adjuger ses conclusions. (2) La Cour, avant d'y faire droit, doit s'assurer non seulement qu'elle a compétence aux termes des Articles 36 et 37, mais que les conclusions sont fondées en fait et en droit."

714 Hier zeigt sich wiederum der Unterschied zwischen dem nationalen und dem internationalen Recht; dazu v. Mangoldt, in: Bernhardt u.a. (Hrsg.), Festschrift für H. Mosler, S. 522.

715 *Merits, Judgment,* I.C.J. Rep. 1986, S. 23.

Auch im Fall *Fisheries Jurisdiction (United Kingdom v. Iceland* bzw. *Federal Republic of Germany v. Iceland), Jurisdiction of the Court, Judgment,* I.C.J. Rep. 1973, S. 7 bzw. 54, verweigerte Island aufgrund der vermeintlich fehlenden Zuständigkeit des IGH seine Teilnahme am Verfahren.

Diese Argumentation war auch in den Fällen *Corfu Channel Assessment of Compensation, Judgment,* I.C.J. Rep. 1949, S. 246; *Trial of Pakistani Prisoners of War, Interim Protection, Order of 13 July 1973,* I.C.J. Rep. 1973, S. 329 f.; *Nuclear Tests (Australia v. France* bzw. *New Zealand v. France), Judgment,* I.C.J. Rep. 1974, S. 257 bzw. 460; *Aegean Sea Continental Shelf, Interim Protection, Order of 11 September 1976,* I.C.J. Rep. 1976, S. 5 f. und *United States Diplomatic and Consular Staff in Tehran, Judgment,* I.C.J. Rep. 1980, S. 8 auf Seiten Albaniens, Indiens, Frankreichs, der Türkei bzw. des Iran zu beobachten.

können.[716]

Eine Auslegungsschwierigkeit ergibt sich in Bezug auf den Erlass vorsorglicher Maßnahmen. Nach dem Wortlaut des Art. 53 IGH-Statut ebenso wie des Art. 28 Anl. VI SRÜ, muss das angerufene Gericht vor jeder Entscheidung, die auf Antrag der gegnerischen Partei ergeht, seine Zuständigkeit überprüfen – also grundsätzlich auch bei einer Entscheidung über den Antrag auf Erlass vorsorglicher Maßnahmen (Art. 74 IGH-VerfO). So wenig seine Teilnahmeverweigerung den abwesenden Staat schlechter stellen soll, so wenig soll sie ihn aber übervorteilen.[717] Folglich können die Vorschriften des *ex parte*-Verfahrens eine Überprüfung nur in dem Umfang verlangen, wie sie auch bei Anwesenheit eines Staates erforderlich wäre. So beschränkt sich die Prüfung beim Erlass vorsorglicher Maßnahmen auch im Säumnisverfahren auf die Zuständigkeit *prima facie*. Erst in der Hauptsache wird eine erneute, diesmal ausführlichere Prüfung durchgeführt. Der Wortlaut des Art. 53 IGH-Statut und des Art. 28 Anl. VI SRÜ ist insofern teleologisch zu reduzieren.

---

716 *United States Diplomatic and Consular Staff in Tehran, Judgment,* I.C.J. Rep. 1980, S. 20; Mosler, in: v. Münch (Hrsg.), Festschrift für H.-J. Schlochauer, S. 443.

717 Magiera, JIR 1974, S. 265; Thirlway, Non-Appearance, S. 86 ff.; Oxman, in: Damrosch (Hrsg.), The International Court of Justice at a Crossroads, S. 339; a.A.: Gross in seiner dissentierenden Meinung zum Fall *Nuclear Tests (Australia* bzw. *New Zealand v. France), Interim Protection, Order of 22 June 1973,* I.C.J. Rep. 1973, S. 119 bzw. 154.

4. TEIL: DAS KONSENSPRINZIP IM GUTACHTEN-VERFAHREN

Das Gutachtenverfahren ist neben dem Streit- und dem Inzidentverfahren die dritte Verfahrensart vor internationalen Gerichten. Im Gegensatz zum Streitverfahren dient das Gutachtenverfahren nicht unmittelbar der Lösung einer zwischenstaatlichen Streitigkeit, sondern der Beantwortung einer Rechtsfrage, die nicht an einen bestimmten Streitfall gebunden sein muss. Die Gutachtenkompetenz eines internationalen Gerichts gehört nicht zu seinen ureigenen Kompetenzen. Sie muss dem internationalen Gericht vielmehr ausdrücklich zugewiesen werden.[718]

Dies ist im Rahmen des Seerechtsübereinkommens grundsätzlich nur in Hinblick auf die Kammer für Meeresbodenstreitigkeiten geschehen und lediglich für Fragen, die den Tätigkeitsbereich der Versammlung oder des Rates der Meeresbodenbehörde betreffen, Art. 191 SRÜ. Der Internationale Seegerichtshof kann gemäß Art. 138 ISGH-VerfO ein Gutachten zu bestimmten Fragen erstatten, vorausgesetzt ihm wurde diese Kompetenz durch eine vertragliche Vereinbarung zugeteilt.

Auch die Gutachtenkompetenz des Europäischen Gerichtshofs für Menschenrechte ist eine eingeschränkte. Zwar verleiht Art. 47 Abs. 1 EMRK dem Gerichtshof grundsätzlich die Kompetenz, Gutachten zur Auslegung der Konvention und der Protokolle zu erstellen, ausgenommen sind nach Art. 47 Abs. 2 EMRK aber Gutachten zu Fragen, über die der EGMR in einem aufgrund der Konvention eingeleiteten (Streit-)Verfahren entscheiden könnte.

Wesentlich umfassender stellt sich die Kompetenz des IGH dar: Ob der Gerichtshof auch in einem Streitverfahren über die Gutachtenfrage entscheiden könnte, spielt nach dem Wortlaut keine Rolle. Art. 65 Abs. 1 IGH-Statut ermächtigt den Gerichtshof, „Gutachten zu jeder Rechtsfrage"[719] zu erstatten. Art. 68 IGH-Statut sieht jedoch vor, dass sich der IGH „[b]ei der Ausübung seiner gutachterlichen Tätigkeit...von den Bestimmungen...[des] Statuts leiten [lässt], die auf Streitsachen Anwendung finden, soweit er sie für anwendbar hält."[720]

---

718 Thirlway, Advisory Opinions, in: Bernhardt (Hrsg.), EPIL I, S. 38.

719 Engl.: „an advisory opinion on any legal question"; franz.: „un avis consultatif sur toute question juridique".

720 Engl.: „In the exercise of its advisory functions the Court shall...be guided by the provisions of the...Statute which apply in contentious cases to the extent to which it recognizes them to be applicable."; franz.: „Dans l'exercice de ses attributions consultatives, la Cour s'inspirera...des dispositions du...Statut qui s'appliquent en matière contentieuse dans la mesure où elle les reconnaîtra applicables".

Diese Formulierung vermittelt auf den ersten Blick den Eindruck, auch die Art. 36, 37 IGH-Statut seien zu beachten, d.h. der IGH dürfe nur dann ein Gutachten erstellen, wenn die von der Frage betroffenen Staaten sich gemäß Art. 36 f. IGH-Statut seiner Gerichtsbarkeit unterworfen haben. Die Auslegung des IGH scheint diese Vermutung nicht zu stützen, da Art. 102 Abs. 2 und 3 der Verfahrensordnung Gutachten zu einer „Rechtsfrage..., die gegenwärtig zwischen zwei oder mehr Staaten anhängig ist“,[721] ausdrücklich nicht ausschließen. Die an den Art. 68 IGH-Statut angelehnte Formulierung, wonach sich der Gerichtshof „von den Bestimmungen des Statuts und...[der] Verfahrensordnung leiten“ lässt, „soweit er sie für anwendbar hält“,[722] erscheint dementsprechend in einem anderen Licht. So muss einem betroffenen Staat gemäß Art. 102 Abs. 3 IGH-VerfO i.V.m. Art. 31 IGH-Statut, Art. 7 f. IGH-VerfO ein *ad hoc*-Richter gewährt werden. Die Art. 36, 37 IGH-Statut sind hingegen nach dem bloßen Wortlaut nicht zwangsläufig einschlägig.
Trotzdem stellt sich erneut die Frage, ob die Zustimmung der von der Fragestellung betroffenen Staaten erforderlich ist, damit der IGH seine Kompetenz ausüben kann. Die Beschränkung der Gutachtenkompetenz des EGMR beruhte auch auf der Überlegung, eine mittelbare Beeinträchtigung derjenigen Staaten zu verhindern, die sich nicht der Gerichtsbarkeit des Gerichtshofs für Menschenrechte unterworfen hatten.[723] Obgleich sich in den Vorschriften über die Gutachtenkompetenz des IGH keine ausdrückliche Einschränkung findet, kann wiederum das der Gerichtsbarkeit des IGH zugrundeliegende Konsensprinzip eine Begrenzung der Kompetenzausübung erforderlich machen. Dass nach der Verfahrensordnung im Falle einer Betroffenheit z.B. ein *ad hoc*-Richter bestimmt werden kann, ist keine –in der Verfahrensordnung auch nicht mögliche– positivrechtliche Entscheidung gegen das Konsensprinzip. Bei Einschlägigkeit des Konsensgedankens im Gutachtenverfahren könnte diese Verfahrensvorschrift vielmehr nur dann Anwendung finden, wenn sich die betroffenen Staaten der Gerichtsbarkeit unterworfen haben. Die fehlende Unterwerfung jedoch müsste zu einer gänzlichen Ablehnung des Gutachtens durch den IGH führen.

---

721 Engl. (Art. 102 Abs. 3 IGH-VerfO): „...advisory opinion...requested upon a legal question actually pending between two or more States,...“; franz.:“...avis consultatif demandé au sujet d'une question juridique actuellement pendante entre deux ou plusieurs Etats,...“

722 Engl.: „The Court...shall be guided by the provisions of the Statute and of these Rules which apply in contentious cases to the extent to which it recognizes them to be applicable.“; franz.: “La Cour s'inspire...des dispositions du Statut et du présent Règlement en matière contentieuse, dans la mesure où elle les reconnaît applicables“.

723 BT-Drucks. V/2583, S. 16; Hamacher, Die Maxime audiatur et altera pars, S. 34, Fn. 2.

A. Die Rechtsprechung des StIGH und des IGH

Mehrere Gutachtenfragen, mit denen der IGH und sein Vorgänger konfrontiert waren, hatten den Widerstand vermeintlich betroffener, aber nicht unterworfener Staaten hervorgerufen und den Gerichten Gelegenheit geboten, sich mit der Problematik der fehlenden Staatenzustimmung im Gutachtenverfahren auseinander zusetzen.

I. Status of Eastern Carelia

Der Fall *Statuts of Eastern Carelia,*[724] der vom Ständigen Internationalen Gerichtshof im Jahr 1923 entschieden wurde, wird oftmals als *leading case* für diese Fragestellung angesehen.

Er betraf eine Streitigkeit zwischen Finnland, einem Mitgliedstaat des Völkerbundes, und der Sowjetunion, die nicht Mitglied im Völkerbund war. Art. 12-16 der Völkerbundssatzung sahen verschiedene Möglichkeiten der Streiterledigung durch den Völkerbundsrat vor, die den Völkerbundsmitgliedern offen standen. Nichtmitgliedern bot Art. 17 der Völkerbundssatzung die Option, sich *ad hoc* den Streiterledigungsmechanismen des Völkerbunds zu unterwerfen. Wünschte ein Mitgliedstaat die verbindliche Streitschlichtung durch den Völkerbundsrat, musste eine Einladung an den Nichtmitgliedstaat ergehen, dem Mechanismus zuzustimmen. Da Finnland der Auffassung war, die UdSSR erfülle ihre Verpflichtungen aus dem Friedensvertrag[725] nicht, entschloss es sich, den Streit vor den Völkerbundsrat zu bringen. Auf die Einladung nach Art. 17 Völkerbundssatzung, an einer Vermittlung („mediation") durch den Völkerbundsrat teilzunehmen, reagierte die Sowjetunion allerdings ablehnend. Daraufhin initiierte die finnische Regierung im Völkerbundsrat eine Gutachtenanfrage an den StIGH zu der Frage, ob sich aus dem Friedensvertrag und einer angefügten russischen Erklärung für die Sowjetunion bestimmte völkerrechtliche Verpflichtungen in Bezug auf Ostkarelien ergäben.[726] Der StIGH lehnte die Erstattung des Gutachtens mit folgender Argumentation ab:

> „...[T]he opinion which the Court has been requested to give bears on an actual dispute between Finland and Russia. As Russia is not Member of the League of Nations, the case is one under *Article 17 of the Covenant*...It is well established in international law that no State can, without its consent, be compelled to submit its dispute...to any...kind

[724] *Advisory Opinion, 1923,* P.C.I.J., Ser. B, No. 5.

[725] Friedensvertrag von Dorpat vom 14. Oktober 1920.

[726] „Do Articles 10 and 11 of the Treaty of Peace between Finland and Russia signed at Dorpat on October 14th, 1920, and the annexed Declaration of the Russian delegation regarding the autonomy of Eastern Carelia, constitute engagements of an international character which place Russia under an obligation to Finland as the carring out of the provisions contained therein?", Ser. B, No. 5, S. 7.

> of pacific settlement...[T]he Members of the League..., *having accepted the Covenant,* are under the obligation resulting from the provisions *of this pact*...As concerns States not members of the League, the situation is quite different; they are not bound by the Covenant. The submission therefore, of a dispute between them and a Member of the League *for solution according to the methods provided for in the Covenant*, could take place only by virtue of their consent. Such consent, however, has never been given by Russia. On the contrary, Russia has, on several occasions, clearly declared that it accepts no intervention *by the League of Nations* in the dispute with Finland. The refusals...have been renewed upon the receipt by it of the notification of the request for an advisory opinion. The Court therefore finds it impossible to give its opinion on a dispute of this kind."[727]

Der Gerichtshof qualifizierte die Beantwortung der Gutachtenfrage als gleichbedeutend mit der Entscheidung des Streitfalles zwischen Finnland und der Sowjetunion:

> „The Court is...not requested to decide a dispute, but to give an advisory opinion. This circumstance, however, does not essentially modify the above considerations. The question put to the Court is not one of abstract law, but concerns directly the main point of the controversy between Finland and Russia, and can only be decided by an investigation into the facts underlying the case. Answering the question would be substantially equivalent to deciding the dispute between the parties. The Court, being a Court of Justice, cannot, even in giving advisory opinions, depart from the essential rules guiding their [sic] activities as a Court."[728]

II. Interprétation des traités de paix conclus avec la Bulgarie, la Hongrie et la Roumanie[729]

Der IGH nahm erstmals im Fall *Interprétation des traités de paix conclus avec la Bulgarie, la Hongrie et la Roumanie* zu der Problematik Stellung. Er stellte klar, dass der Konsens der Parteien nur die Grundlage für seine Gerichtsbarkeit im Streitverfahren bildet und verwies auf die lediglich beratende („consultatif") Funktion des Gutachtens. Kein Staat, sei er Mitglied der UNO oder nicht, könne die Erstattung eines Gutachtens verhindern. Es sei Sinn des Gutachtens, dem jeweiligen Organ Hilfestellung bei der Erfüllung *seiner* Aufgaben zu geben,

[727] Ser. B, No. 5, S. 27. Hervorhebungen von der Verfasserin.

[728] Ser. B, No. 5, S. 28 f.

[729] *Première phase, avis consultatif,* C.I.J. Rec. 1950, S. 65 ff.

nicht aber einen konkreten zwischenstaatlichen Streitfall zu lösen. Als Organ der UNO sei der IGH gehalten, seine Aufgaben innerhalb der Gemeinschaft zu erfüllen. Dazu gehöre auch die Anfertigung von Gutachten, die grundsätzlich nicht verwehrt werden dürfe.[730] Gleichzeitig erkannte der IGH an, dass er als Hauptrechtsprechungsorgan („organe judiciaire principal") seinem richterlichen Charakter Rechnung tragen muss. Diese Verpflichtung könne ihn davon abhalten, seine Gutachtenkompetenz auszuüben, wenn die Umstände es erfordern.[731] Ein entsprechendes Ermessen komme ihm nach Art. 65 IGH-Statut zu.
Obwohl die betroffenen Staaten Bulgarien, Ungarn und Rumänien wie Russland im Ostkarelienfall nicht Mitglied der UNO waren, sah der Gerichtshof insofern einen Unterschied zu der bereits entschiedenen Fallkonstellation, als er der nunmehr vorgelegten Frage nur einen vorgängigen Charakter prozessualer Art zubilligte. In dem Gutachten ging es nach Ansicht des IGH um die Anwendbarkeit der Vorschriften in den Friedensverträgen, die Streitschlichtungsmechanismen vorsahen. Der eigentliche Inhalt des Streits mit Bulgarien, Ungarn und Rumänien, nämlich die Einhaltung der Menschenrechte, sei nicht Gegenstand des Verfahrens. Das Gutachten, führte der IGH aus, betreffe somit nur die Arbeit eines UN-Organs, nicht aber einen oder mehrere Staaten.[732]

III. Réserves à la convention pour la prévention et la répression du crime de génocide[733]

Da zahlreiche Staaten der Erklärung von Vorbehalten zur Völkermordkonvention widersprochen hatten, strengte die Generalversammlung ein Gutachten zu der Frage an, ob derartige Vorbehalte rechtmäßig seien. Einige Regierungen hatten argumentiert, dass der Widerstand gegenüber ergangenen Vorbehalten einen Streitfall produziere und die Erstattung des Gutachtens gleichbedeutend mit der Entscheidung dieses Streitfalles durch den IGH sei. Der IGH betonte demgegenüber, Sinn des Gutachtens sei es, einem UN-Organ Hilfestellung bei der Erfüllung seiner Aufgaben zu bieten. Sowohl die Generalversammlung, die die Konvention ausgearbeitet und verabschiedet hat, als auch der UN-Generalsekretär, der die Ratifikations- und Beitrittsurkunden entgegennimmt, hätten ein berechtigtes Interesse daran, zu wissen, welche rechtliche Bedeutung den Vorbehalten und Widersprüchen zukomme.[734]

---

[730] C.I.J. Rec. 1950, S. 71.

[731] C.I.J. Rec. 1950, S. 71 f.

[732] C.I.J. Rec. 1950, S. 72.

[733] *Avis consultatif*, C.I.J. Rec. 1951, S. 15 ff.

[734] C.I.J. Rec. 1951, S. 19.

IV. Legal Consequences for States of the Continued Presence of South Africa in Namibia (South West Africa) notwithstanding Security Council Resolution 276 (1970)[735]

Auch im *Namibia*-Fall war der Gerichtshof mit dem Widerstand eines nichtunterworfenen, betroffenen Staates konfrontiert, nämlich dem Widerstand Südafrikas. In Abgrenzung zum *Ostkarelien*-Fall verwies der Gerichtshof auf die UN-Mitgliedschaft Südafrikas und dessen Bindung an Art. 96 UN-Charta, der dem IGH die Erstattung von Gutachten übertrage.[736]

Aus der Beteiligung Südafrikas am Verfahren leitete der IGH dessen Zustimmung ab.[737] Auch hier verwies der Gerichtshof wieder darauf, dass das Gutachten die Vereinten Nationen bei der Erfüllung ihrer Aufgaben unterstützen wolle, nicht aber einen Streit beilege, an dem Südafrika beteiligt sei:

> „The Court [does not] find that in this case the Security Council's request relates to a legal dispute actually pending between two or more States...The request is put forward by a United Nations organ with reference to its own decision and it seeks legal advice from the Court on the consequences and implications of these decisions."[738]

Die Bestimmung eines *ad hoc*-Richters wurde Südafrika verwehrt.

V. Sahara occidental[739]

Marokko erhielt hingegen im *Westsahara*-Fall gemäß Art. 102 Abs. 3 IGH-VerfO einen *ad hoc*-Richter.[740]

Spanien wehrte sich gegen die Erstattung eines Gutachtens durch den IGH, da es der Gerichtsbarkeit nicht unterworfen war. Bevor die Frage dem IGH zur Begutachtung vorgelegt worden war, hatte Marokko der spanischen Regierung vorgeschlagen, die zwischen ihnen bestehende Streitigkeit um die territoriale Zugehörigkeit der Westsahara dem IGH im Wege des Kompromisses[741] gemeinsam vorzulegen und so dessen Kompetenz zur Entscheidung im Streitverfahren zu begründen.[742] Erst nachdem Spanien das Angebot zurückgewiesen hatte, initiier-

---

735 *Advisory Opinion*, I.C.J. Rep. 1971, S. 16 ff.

736 I.C.J. Rep. 1971, S. 23.

737 I.C.J. Rep. 1971, S. 23 f.

738 I.C.J. Rep. 1971, S. 24.

739 *Avis consultatif*, C.I.J Rec. 1975, S. 12 ff.

740 *Ordonnance du 22 mai 1975*, C.I.J. Rec. 1975, S. 8.

741 Zum Begriff s.o. 1. Teil C.I.1.d).

742 C.I.J. Rec. 1975, S. 22: „Vous prétendez, Gouvernement espagnol, que le Sahara était *res nullius*. Vous prétendez que c'était une terre ou un bien qui était en déshérence, vous

te Marokko die Gutachtenanfrage in der Generalversammlung.
Spanien sah in der Erstattung eines Gutachtens eine Umgehung des Konsensprinzips. Da es an Spaniens Zustimmung zu einem Streitverfahren fehle, versuche Marokko mit Hilfe des Gutachtenverfahrens die Streitfrage zu lösen. Die durch Konsens begründete Gerichtsbarkeit internationaler Gerichte werde durch einen Mehrheitsbeschluss in der Generalversammlung ersetzt.[743]
In Abgrenzung zum Fall *Eastern Carelia* betonte der IGH wiederum die Mitgliedschaft Spaniens in der UNO:

> „Dans la présente affaire, l'Espagne est Membre des Nations Unies et a accepté les dispositions de la Charte et du Statut; elle a de ce fait donné d'une manière générale son consentement à l'exercice par la Cour de sa juridiction consultative."[744]

Außerdem rekapitulierte er die Rechtsprechung zum Fall *Interprétation des traités de paix conclus avec la Bulgarie, la Hongrie et la Roumanie* und bestätigte:

> „...[L]e consentement d'un Etat intéressé conserve son importance non pas du point de vue de la compétence de la Cour mais pour apprécier s'il est opportun de rendre un avis consultatif....le défaut de consentement d'un Etat intéressé peut dans certaines circonstances, rendre le prononcé d'un avis consultatif imcompatible [sic] avec le caractère judiciaire de la Cour. Tel serait le cas si les faits montraient qu'accepter de répondre aurait pour effet de tourner le principe selon lequel un Etat n'est pas tenu de soumettre un différend au règlement judiciaire s'il n'est pas consentant. Si une telle situation devait se produire, le pouvoir discrétionnaire que la Cour tient de l'article 65, paragraphe 1, du Statut fournirait des moyens suffisants pour assurer le respect du principe fondamental du consentement à la juridiction."[745]

Da die Generalversammlung lediglich eine Anleitung für ihre eigenen Aufgaben im Dekolonisierungsprozess wünsche und nicht den eigentlichen Streitfall zwischen Spanien und Marokko zur Entscheidung vorgelegt habe, sei die fehlende Zustimmung Spaniens jedoch kein Hindernis für die Erstattung des Gutachtens.[746]

---

prétendez qu'il n'y avait aucun pouvoir ni aucune administration établis sur le Sahara; le Maroc prétend le contraire. Alors, demandons l'arbitrage de la Cour internationale de Justice de La Haye..."

[743] C.I.J. Rec. 1975, S. 22.

[744] C.I.J. Rec. 1975, S. 24.

[745] C.I.J. Rec. 1975, S. 25.

[746] C.I.J. Rec. 1975, S. 27.

VI. Applicabilité de la section 22 de l'article VI de la convention sur les privilèges et immunités des Nations Unies[747]

Die Gutachtenanfrage entstammte in diesem Fall dem UN-Wirtschafts-und Sozialrat. Der IGH sollte sich mit der Frage auseinandersetzen, ob Art. VI, 22. Abschnitt des Übereinkommens über die Vorrechte und Immunitäten der Vereinten Nationen auf Herrn Mazilu, einen rumänischen Staatsangehörigen und Sonderberichterstatter des Unterausschusses zur Verhütung von Diskriminierung und zum Schutz von Minderheiten, Anwendung findet. Den Vorbehalt Rumäniens zur kompromissarischen Klausel[748] (Art. VIII, 30. Abschnitt) des Übereinkommens sowie die grundsätzlich fehlende Zustimmung Rumäniens zur Durchführung eines Gutachtenverfahrens, wertete der IGH wiederum nicht als Hindernis für die Ausübung seiner Gutachtenkompetenz.
Er betonte, dass die *Anwendbarkeit* einer Konvention nicht mit ihrer *Anwendung* zu verwechseln sei. Im vorliegenden Fall ginge es aber nur um die Anwendbarkeit und somit nicht um den konkreten Streit zwischen Rumänien und den Vereinten Nationen.[749]

B. Stellungnahme

I. Analyse der Rechtsprechung

Welche Erkenntnisse sich aus der Rechtsprechung des Ständigen Internationalen Gerichtshofs und seines Nachfolgers gewinnen lassen, wird unterschiedlich bewertet. Nicht selten ist die Auffassung anzutreffen, der StIGH habe im Fall *Eastern Carelia* das Konsensprinzip auch als Grundlage seiner Gerichtsbarkeit im Gutachtenverfahren ausgemacht. Der StIGH sei also der Meinung gewesen, er besitze nur dann die Kompetenz zur Erstattung eines Gutachtens, wenn die betroffenen Staaten seiner Gerichtsbarkeit zugestimmt haben.[750] Zu diesem Ergebnis kommen viele Autoren allerdings, indem sie das Urteil teilweise fehlinterpretieren und wichtige Passagen unterschlagen.[751] Wie sich aus der oben[752] aus-

---

747 *Avis consultatif,* C.I.J. Rec. 1989, S. 177 ff.

748 Zum Begriff oben 1. Teil C.I.1.c)aa)(2)(a)(bb).

749 C.I.J. Rec. 1989, S. 190 f.

750 Vgl. Pratap, Advisory Jurisdiction, S. 154 f.; Sugihara, JAIL 1974, S. 33; vgl. auch die abweichenden Meinungen der Richter Azevedo, Winiarski, Zoricic und Krylov zum Fall *Interprétation des traités de paix conclus avec la Bulgarie, la Hongrie et la Roumanie, première phase, avis consultatif,* C.I.J. Rec. 1950, S. 81, 90, 102 f., 108.

751 So auch die Analyse von Keith, Advisory Jurisdiction, S. 95; Pomerance, The Advisory Function of the International Court, S. 287.

752 4. Teil A.I.

führlich zitierten Entscheidung ergibt, begründete der StIGH seine Ablehnung, das Gutachten zu erstatten, mit der fehlenden Zustimmung der UdSSR zum Streitschlichtungsverfahren des Völkerbundsrates nach Art. 17, 12-16 Völkerbundssatzung.[753] Da dem Völkerbund aufgrund des fehlenden russischen Konsenses die Kompetenz zur Lösung des Streitfalles fehlte, war dieser auch nicht kompetent, ein Gutachten zu diesem Thema einzuholen. Die Ausführungen des StIGH zum Konsens der Parteien als Voraussetzung der friedlichen Streiterledigung beziehen sich ausschließlich auf die Streiterledigung des Völkerbundsrates, nicht aber auf seine eigene Streiterledigung. Es wäre falsch, diesen Aussagen entnehmen zu wollen, der StIGH habe die Zustimmung der betroffenen Parteien zur unabdingbaren Voraussetzung einer Gutachtenerstattung gemacht. So hatte auch der StIGH einleitend bemerkt:

> „There has been some discussion as to whether questions for an advisory opinion, if they relate to matters which form the subject of a pending dispute between nations, should be put to the Court without the consent of the parties. *It is unnecessary in the present case to deal with this topic.*“[754]

Richtig ist allerdings, dass der Gerichtshof an späterer Stelle Aussagen trifft, die eher auf die Auslegung hindeuten, der fehlende Konsens zur Gerichtsbarkeit sei ein Ablehnungskriterium gewesen. In der oben[755] zitierten zweiten Passage stellte der StIGH fest, dass die Erstattung des Gutachtens gleichbedeutend mit der Entscheidung des Streitfalles sei, er sich aber auch im Gutachtenverfahren an die grundlegenden Regeln halten müsse, die sein Tätigwerden als Gericht bestimmen.[756] M.E. ist als grundlegende Regel in diesem Zusammenhang tatsächlich das Konsensprinzip angesprochen. Allerdings bezieht sich auch diese Aussage des StIGH nur auf das Streitverfahren vor dem Völkerbundsrat. Der StIGH ist der Auffassung, dass die Gutachtenanfrage der Streitfrage vor dem Völkerbundsrat entspricht, und er nun ersatzweise einen Streit entscheiden soll, den der Völkerbundsrat aufgrund des Konsensprinzips nicht entscheiden darf. Der StIGH darf aber nicht als „verlängerter Arm“ des Völkerbundsrates auftreten und so das Konsensprinzip umgehen, das den Völkerbundsrat an einer Entscheidung hindert. Die Auffassung, der Konsens der betroffenen Parteien sei Voraussetzung für die Erstattung eines Gutachtens, hat der StIGH niemals vertreten.[757]

---

[753] Keith, Advisory Jurisdiction, S. 96 m.w.N.; Pomerance, The Advisory Function of the International Court, S. 287; Lalonde, U.T. Fac. L. Rev. 1979, S. 84; Hamacher, Die Maxime audiatur et altera pars, S. 57.

[754] Ser. B, No. 5, S. 27. Hervorhebung von der Verfasserin.

[755] 4.Teil A.I.

[756] „...[E]ssential rules guiding their [sic] activities as a Court.“, Ser. B, No. 5, S. 29.

[757] Im Fall *Interprétation de l'article 3, paragraphe 2, du traité de Lausanne, avis consultatif, 1925,* C.P.J.I. sér. B n° 12, S. 15 betonte er sogar lediglich, dass im Gegensatz zum

Aus diesem Grund musste der IGH auch nicht mit der Rechtsprechung des StIGH zum Ostkarelienfall brechen,[758] wenn er sich als Organ der UNO für verpflichtet hält, auf Antrag eines anderen Organs ein Gutachten zu erstatten. Auch in der Feststellung, dass grundsätzlich kein Staat die Erstattung eines Gutachtens verhindern könne, ist keine Abweichung von den Ostkarelien-Prinzipien zu sehen. Dem IGH fehlt seiner Ansicht nach nur dann die Kompetenz, wenn das anfragende Organ –z.B. aufgrund fehlender Konsenserteilung– unzuständig[759] ist oder die weiteren Voraussetzungen des Art. 65 IGH-Statut nicht vorliegen.[760] Den hier interessierenden Fall sieht der IGH als ein Problem der „judicial propriety".[761] Nach Art. 65 IGH-Statut stehe ihm ein Ermessen („discretion") bei der Ausübung seiner Gutachtenkompetenz zu, aufgrund dessen er die Erstattung des Gutachtens verweigern könne. Ermessen ist auch hier nicht als Willkür zu verstehen, vielmehr bedarf die Ablehnung eines Gutachtens eines zwingenden Grundes („compelling reason"). Ein zwingender Grund kann darin liegen, dass ein Staat nicht der Gerichtsbarkeit des IGH zugestimmt hat, er an der Gutachtenfrage aber interessiert ist.[762] Neben dem formellen Konsens ist dabei auch der materielle Konsens von Bedeutung, wie sich z.B. aus dem *Westsahara*-Fall er-

---

Fall *Eastern Carelia* die Türkei, die wie Russland nicht Mitglied des Völkerbunds war, der Befassung des Völkerbundsrates nach Art. 17 Völkerbundssatzung zugestimmt hatte und der Rat daher zuständig sei, das Gericht anzurufen. Der StIGH erklärte sich für zuständig, ohne die Auswirkungen der fehlenden türkischen Zustimmung zu untersuchen. Ob der StIGH damit zum Ausdruck gebracht hat, dass der Konsens keine Rolle spiele, wurde wiederum unterschiedlich bewertet, vgl. Keith, Advisory Jurisdiction, S.97 ff.; Lalonde, U.T. Fac. L. Rev. 1979, S. 86 ff.

758 Pomerance, in: Muller u.a. (Hrsg.), The International Court of Justice, S. 301. A.A.: Pratap, Advisory Jurisdiction, S. 157, 161; Herndl, Eastern Carelia, in: Bernhardt (Hrsg.), EPIL II, S. 6.

759 In den Fällen *Interprétation des traités de paix conclus avec la Bulgarie, la Hongrie et la Roumanie, première phase* und *Réserves à la convention pour la prévention et la répression du crime de génocide* war die Unzuständigkeit der Genralversammlung gerügt worden, der IGH hielt diese jedoch für zuständig, C.I.J. Rec. 1950, S. 70 f., C.I.J. Rec. 1951, S. 19 f. Im Fall *Licéité de l'utilisation des armes nucléaires par un état dans un conflit armé* war der IGH unzuständig, da die WHO eine Gutachtenfrage gestellt hatte, die nicht in ihren Aufgabenbereich fiel, *avis consultatif*, C.I.J. Rec. 1996 (I), S. 84.

760 Wenn z.B. keine „Rechtsfrage" („legal question", „question juridique") gestellt wird. Kritisch dazu äußert sich Morozov in seiner dissentierenden Meinung zum Fall *Interpretation of the Agreement of 25 March 1951 between the WHO and Egypt, Advisory Opinion*, I.C.J. Rep. 1980, S. 190 ff.

761 Vgl. die ähnliche Rechtsprechung in Fällen mit Drittbezug, 2. Teil A.I.

762 Im Fall *Legality of the Threat or Use of Nuclear Weapons* prüfte der IGH, ob andere zwingende Gründe vorliegen. So rügten mehrere Staaten beispielsweise, die Frage sei zu abstrakt, und eine Beantwortung helfe der Generalversammlung nicht bei der Erfüllung ihrer Aufgaben. Der IGH sah darin aber keinen zwingenden Grund, die Gutachtenerstattung abzulehnen, *Advisory Opinion*, I.C.J. Rep. 1996 (I), S. 236 f.

gibt. Dort hatte der IGH, nachdem er das Vorliegen des formellen Konsenses bejaht hatte, („...a...donné d'une manière générale son consentement...“),[763] weitere Ausführungen zur Relevanz der Zustimmung für die „judicial propriety“[764] gemacht („...le défaut de consentement...peut...rendre le prononcé d'un avis consultatif imcompatible [sic] avec le caractère judiciaire de la Cour.“)[765]

II. Bewertung

Entscheidend ist die Frage, wann das Interesse eines Staates so übermächtig ist, dass seine fehlende Konsenserteilung zur Verweigerung eines Gutachtens führen muss. Wie bei der Problematik, ob der Erlass einer einstweiligen Anordnung die Unterwerfung der betroffenen Staaten voraussetzt, muss Ausgangspunkt die Frage nach der Bindungswirkung einer Gutachtenentscheidung sein. Die Antwort fällt in diesem Fall negativ aus: Gutachten entfalten im Gegensatz zu einstweiligen Anordnungen keine Bindungswirkung.[766] Da Gutachten nicht einmal Empfehlungen, sondern nur unverbindliche Meinungsäußerungen sind,[767] binden sie weder das Organ, welches das Gutachten angefordert hat, noch bzw. erst recht nicht die betroffenen Staaten. In Ausnahmefällen kann einem Gutachten des IGH zwar einmal verbindliche Wirkung zukommen, wie es z.B. bei Gutachten zu Streitigkeiten zwischen internationalen Organisationen und Staaten aus Sitzabkommen oder Abkommen über Immunitäten und Privilegien der Fall ist.[768] Die Verbindlichkeit einer solchen Entscheidung ergibt sich jedoch nicht aus der Natur des Gutachtens und den Statutsvorschriften des IGH, sondern allein aus einer *ante hoc* oder *ad hoc* getroffenen Parteivereinbarung. Eine rechtliche Betroffenheit *durch die Entscheidung* des IGH scheidet deshalb aus.[769]

---

763 *Sahara occidental, avis consultatif,* C.I.J. Rec. 1975, S. 24; s.o. 4. Teil A.V.

764 „[L]'opportunité de son exercice“, C.I.J. Rec. 1975, S. 20.

765 C.I.J. Rec. 1975, S. 25; s.o. 4. Teil A.V.

766 *Interprétation des traités de paix conclus avec la Bulgarie, la Hongrie et la Roumanie, première phase, avis consultatif,* C.I.J. Rec. 1950, S. 71; *South West Africa, Preliminary Objections, Judgment,* I.C.J. Rep. 1962, S. 337; Keith, Advisory Jurisdiction, S. 196 f.; Pratap, Advisory Jurisdiction, S. 227. Zu vorsorglichen Maßnahmen s.o. 3. Teil B.II.1.

767 Hamacher, Die Maxime audiatur et altera pars, S. 28 f.

768 Sog. „compulsive opinions“, vgl. Keith, Advisory Jurisdiction, S. 196; Pratap, Advisory Jurisdiction, S. 228 f.; Hamacher, Die Maxime audiatur et altera pars, S. 37; Pomerance, The Advisory Function of the International Court, S. 388 mit weiteren Beispielen.

769 So auch der IGH in *Judgments of the Administrative Tribunal of the ILO upon Complaints Made against Unesco, Advisory Opinion,* I.C.J. Rep. 1956, S. 84: „Under Art. XII of the Statute of the Tribunal the Opinion thus requested will be binding. Such effect of the Opinion goes beyond the scope attributed by the Charter and by the Statute...to an

Nichtsdestotrotz ist eine faktische Betroffenheit nicht auszuschließen. Hier lässt sich eine Parallele zu der *L'or monétaire*-Konstellation ziehen.[770] Freilich entfaltet die Gutachtenentscheidung im Gegensatz zum Urteil in der *L'or monétaire*-Konstellation den interessierten Staaten gegenüber keine unmittelbare Wirkung, da die Entscheidung des Organs, das die Gutachtenfrage gestellt hat, zwischengeschaltet ist. Zu bedenken ist auch, dass das Organ die Entscheidung, gegenüber einem Staat eine bestimmte Handlung vorzunehmen, auch ohne das Gutachten des IGH treffen kann, indem es einen Beschluss mit der erforderlichen Mehrheit fasst. Wenn das Organ ein Gutachten des IGH einholt, sichert es die eigene Entscheidung vorher rechtlich ab– eigentlich ein Vorgehen, das im Interesse der Staaten sein sollte. Ob allein dadurch aber die Zustimmung der Staaten zum Gutachten erlässlich wird, ist zweifelhaft. In der Praxis wird die Gutachtenentscheidung regelmäßig Voraussetzung für einen Beschluss des jeweiligen UN-Organs sein, da aufgrund der unterschiedlichen Einschätzung der Sach- und Rechtslage eine Mehrheitsfindung zunächst unmöglich ist. Auch wenn das Organ an die Entscheidung des IGH nicht gebunden ist, ist es Sinn und Zweck der Gutachtenanfrage, Anleitung für das eigene Handeln zu erlangen. Nicht zu verkennen ist der moralische Druck, die Erkenntnisse des IGH umzusetzen. Der Gerichtshof handelt auch im Gutachtenverfahren als Justizorgan der UNO. Seine Entscheidungen besitzen dementsprechend eine so hohe Autorität, dass ihre Nichtbeachtung eines erheblichen Begründungsaufwandes bedürfte.[771]
Umgekehrt gilt: Urteile sind im Gegensatz zu Gutachtenentscheidungen gemäß Art. 59 IGH-Statut zwar rechtlich bindend, fehlt es am guten Willen der Parteien zur Umsetzung, hängt die Durchsetzung ebenfalls von einem Mehrheitsbeschluss der Völkergemeinschaft ab.[772] Da Maßnahmen, die dem Urteil Wirk-

---

Advisory Opinion. However, the provision in question was nothing but a rule of conduct for the Executive Board, a rule determining the action to be taken by it on the Opinion of the Court. It in no wise affected the way in which the Court functions; that continues to be determined by the Statute and the Rules."

770 So auch Steinberger, in: Mosler/Bernhardt (Hrsg.), Judicial Settlement of International Disputes, S. 257; Higgins, in: Lowe/M. Fitzmaurice (Hrsg.), Fifty Years of the International Court of Justice, S. 571, Fn. 19.

771 Vgl. die dissentierenden Meinungen von Winiarski, Zoricic und Krylov im Fall *Interprétation des traités de paix conclus avec la Bulgarie, la Hongrie et la Roumanie, première phase, avis consultatif,* C.I.J. Rec. 1950, S. 89 ff., 98 ff. und 106 ff.; Pomerance, in: Muller u.a. (Hrsg.), The International Court of Justice, S. 300; Pratap, Advisory Jurisdiction, S. 232; Steinberger, in: Mosler/Bernhardt (Hrsg.), Judicial Settlement of International Disputes, S. 256 f.; Lalonde, U.T. Fac. L. Rev. 1979, S. 92; G. Fitzmaurice, The Law and Procedure of the International Court of Justice, Vol. I, S. 123 f.; Hamacher, Die Maxime audiatur et altera pars, S. 28 f., 49 f.; Rosenne, The Law and Practice of the International Court, Vol. II, S. 747; Dugard, International Law, S. 389 ff.

772 Darauf weisen auch Pratap, Advisory Jurisdiction, S. 233 und Hamacher, Die Ma-

samkeit verschaffen sollen, gemäß Art. 94 Abs. 2 HS 2 UN-Charta vom Sicherheitsrat beschlossen werden müssen, kann ein solcher Beschluss sogar am Veto eines einzigen (ständigen) Mitglieds (Art. 27 Abs. 3 UN-Charta) scheitern.
Die Wirkung beider Entscheidungsarten –Urteil bzw. Gutachten– ist also so unterschiedlich nicht. Aufgrund der Autorität des Gerichts macht die –ein Handeln stützende– Entscheidung des IGH im Gutachtenverfahren ein Tätigwerden des um Rat fragenden Organs wahrscheinlicher, wenngleich nicht sicher. Genauso ist aber auch die Umsetzung eines Urteils Hindernissen ausgesetzt.
Die entscheidende Frage ist daher, wie unmittelbar die Gutachtenentscheidung auf dritte Staaten einwirkt. Die Beantwortung dieser Frage muss Einzelfallentscheidung sein und kann nicht abstrakt erfolgen. Die Konsequenz, die das Organ aus der Antwort des IGH zieht, kann Drittstaaten betreffen – kann, muss aber nicht, zumindest nicht unmittelbar: Ist die Antwort nur ein Teil in einem ganzen Puzzle von Fragen, die erst zusammen zu einer Lösung führen und weiterer Auslegung und Entscheidung bedürfen, kann von einer unmittelbaren Wirkung der Gutachtenentscheidung nicht gesprochen werden. Stellt das Gutachten hingegen konkrete Rechte und Pflichten bestimmter Staaten fest, gewinnt es an Bedeutung für die betroffenen Staaten, und die fehlende Zustimmung kann zu einer Ablehnung der Gutachtenerstattung durch das Gericht führen.
Die Initiierung einer Gutachtenanfrage in einem Organ der UNO darf keine Umgehung des Konsensprinzips mit sich bringen. Das könnte jedoch eintreten, wenn das Gutachtenverfahren „quasi-contentious" ist, obwohl die betroffenen Staaten der Gerichtsbarkeit des IGH nicht zugestimmt haben. Ein Indiz für eine derartige Charakterisierung des Gutachtenverfahrens kann die Gewährung eines *ad hoc*-Richters gemäß Art. 102 Abs. 3 IGH-VerfO i.V.m. Art. 31 IGH-Statut darstellen. Nach Art. 102 Abs. 3 IGH-VerfO darf, wenn ein Gutachten zu einer Rechtsfrage erstattet wird, die zwischen zwei oder mehreren Staaten anhängig ist, jeder betroffene Staat einen *ad hoc*-Richter benennen. Der IGH sah in der Gewährung eines *ad hoc*-Richters trotzdem keine Qualifizierung der Gutachtenantwort als Entscheidung eines anhängigen Rechtsstreits.[773] Im *Namibia*-Fall hatte der IGH klargestellt, dass ein *ad hoc*-Richter zu gewähren sei, wenn die Gutachtenfrage *anlässlich* einer Streitigkeit zwischen zwei Staaten gestellt werde („*upon* a legal question actually pending"), dass sie aber nicht eine Entscheidung der Streitfrage fordern müsse („*relates* to such a question").[774]

---

xime audiatur et altera pars, S. 51 hin.

773 Pratap, Advisory Jurisdiction, S. 168 sieht in dem Antrag, einen *ad hoc*-Richter benennen zu dürfen, eine Konsenserteilung durch *forum prorogatum*. Im Westsahara-Fall hatte der konsentierende Staat –Marokko– den Antrag gestellt. Spaniens Zustimmung konnte nicht auf diesem Weg fingiert werden.

774 *Legal Consequences for States of the Continued Presence of South Africa in Namibia (South West Africa) notwithstanding Security Council Resolution 276 (1970), Advisory Opinion,* I.C.J. Rep. 1971, S. 26.

Mit derselben Formulierung begründete der Gerichtshof im *Westsahara*-Fall, dass, obwohl ein *ad hoc*-Richter bestellt werden dürfe, das Gutachten nicht den Streitfall entscheide. Zwar existiere ein Streit zwischen Spanien und Marokko, der mit dem Gutachten zusammenhänge,[775] die Antwort solle aber nur der Generalversammlung Hilfestellung bieten. Da es lediglich um die Rechte Marokkos während der Kolonisation, aber nicht um den aktuellen juristischen Status der Westsahara gehe, werde Spaniens Position als „Puissance administrante" nicht beeinträchtigt.[776] Tatsächlich war es lediglich das Ziel der Gutachtenanfrage im *Westsahara*-Fall, der Generalversammlung Hilfestellung bei ihrer Tätigkeit zur Beschleunigung der Entkolonialisierung zu verschaffen. Hätte der IGH die Frage nach möglichen rechtlichen Bindungen Marokkos an die Westsahara positiv beantwortet, wären von der Generalversammlung auch Marokkos Ansprüche im Dekolonisationsprozess zu berücksichtigen gewesen. Die Streitigkeit zwischen Spanien und Marokko wurde nicht behandelt. Fraglich ist dann aber, ob Spanien wirklich ein *ad hoc* Richter gewährt werden musste.[777]

---

775 *Sahara occidental, ordonnance du 22 mai 1975,* C.I.J. Rec. 1975, S. 7.

776 *Avis consultatif,* C.I.J. Rec. 1975, S. 27.

777 Pomerance, in: Muller u.a. (Hrsg.), The International Court of Justice, S. 304 f. sieht ebenfalls einen Widerspruch in der Rechtsprechung und spricht von einer Kehrtwendung bzw. einem „Sichwinden": „judicial backtracking" bzw. „judicial squirming".

SCHLUSSBETRACHTUNG

Zu den Zeiten des Völkerbundes, in den ersten Jahren nach dem 2. Weltkrieg und noch bis zum Anfang der 1990er Jahre stand die Frage im Mittelpunkt, auf welche Art und Weise die Staaten ihre Zustimmung zur internationalen Gerichtsbarkeit erteilen sollten und wie man eine Ausweitung der internationalen Gerichtsbarkeit erreichen könnte: Ist die *ante hoc*-Begründung der Gerichtsbarkeit der *ad hoc*-Zustimmung vorzuziehen? Wäre ein allgemeines Obligatorum wünschenswerter als eine zweistufige Konsenserteilung? Dass sich nie die Mutigeren in der Diskussion durchsetzten, lag nicht zuletzt an den Schwierigkeiten, die eine Urteilsumsetzung mit sich bringt. Auch ein allgemeines Obligatorum hätte die internationale Gerichtsbarkeit nicht der nationalen Gerichtsbarkeit angenähert, da keine akute Exekutionsdrohung bestand. Die latente Exekutionsdrohung durch den Sicherheitsrat ist ein zahnloser Tiger geblieben – zu einer Durchsetzung eines Urteils nach Art. 94 Abs. 2 UN-Charta ist es nie gekommen. Auch die Forderung, wenn man schon kein allgemeines Obligatorum einführen könne, so doch wenigstens die Zustimmungserklärungen extensiv auszulegen, da eine juristische allemal besser als eine militärische Lösung sei, ist rasch an der Realität gescheitert: Hat sich der IGH einmal weit vorgewagt und trotz massiver Bedenken gegen seine Zuständigkeit entschieden, hat dies des Öfteren dazu geführt, dass seine Urteile nicht beachtet wurden und der unterlegene Staat seine Unterwerfung zurückgezogen hat – so geschehen u.a. im Nicaragua-Fall durch die USA und in den Atomtest-Fällen durch Frankreich. Man wünschte sich daher zwar eine umfassende Unterwerfung aller Staaten, angesichts des Wissens um die reservierte Haltung vieler Staaten, hütete man sich aber davor, die Unterwerfung „zwangszuverordnen".[778] Dies hätte nur den integrativen Charakter internationaler Organisationen gefährdet, da sich unter solchen Voraussetzungen immer wieder Staaten gegen eine Mitgliedschaft entschieden hätten.

Mittlerweile hat sich die Wirklichkeit verändert. Bedrohungen sind nicht mehr nur gegen einzelne Staaten gerichtet, sondern globaler geworden. Als der Generalsekretär der UNO, Kofi Annan, am 10. Dezember 2001 gemeinsam mit den Vereinten Nationen den Friedensnobelpreis erhielt, bemerkte er in seiner Dankesrede:

> „Today, no walls can separate humanitarian or human rights crises in one part of the world from national security crises in another."

und

[778] Vgl. oben 1. Teil A.II.2.c) und B.II.6.

> „The sovereignty of States must no longer be used as a shield for gross violations of human rights. Peace must be made real and tangible in the daily existence of every individual in need."[779]

Kofi Annans Aussagen enthalten nicht nur Forderungen an das zukünftige Handeln der Völkergemeinschaft, sie spiegeln auch eine schon aktuelle Tendenz im Völkerrecht wider:
Der staatlichen Souveränität wird keine absolute Geltung mehr zugestanden, ein sog. „Schurkenstaat" muss mit einer Einmischung von außen rechnen. Dass humanitäre Gründe ein solches Vorgehen ermöglichen können, steht spätestens seit dem Kosovo-Einsatz im Raum, der der Konzeption der „humanitären Intervention" als Rechtfertigung für die Durchbrechung des allgemeinen Gewaltverbots neue Impulse gegeben hat. Mit dem Anschlag auf das World Trade Center am 11. September 2001 ist der zweite Gesichtspunkt aus Annans Rede ins Bewusstsein gerückt: auch nationale Sicherheitsinteressen können unter Umständen einen Angriff gegen einen anderen Staat gebieten. So umstritten die Angriffe gegen Jugoslawien und Afghanistan völkerrechtlich noch sein mögen[780] – der Zug der Zeit scheint unaufhaltsam. Faktisch ist das Souveränitätsdogma durchbrochen. Da die inneren Angelegenheiten anderer Staaten nicht mehr als rein interne Angelegenheiten betrachtet werden, interveniert die Staatenwelt vermehrt.[781]

So sehr das Recht auf Souveränität also von der Staatengemeinschaft in Frage gestellt wird, so sehr wird es jedoch vom Internationalen Gerichtshof hochgehalten. Der IGH hat sich bisher nicht zu einer Abkehr vom Konsensprinzip bewegen lassen. Im Fall *East Timor* 1995 betonte er sogar den Unterschied zwischen dem *erga omnes*-Charakter einer Norm und dem Konsensprinzip. Ohne die Zustimmung des betroffenen Staates könne das Gericht auch dann nicht entscheiden, wenn die Verletzung einer *erga omnes* wirkenden Norm gerügt werde.[782] Eine andere Grundlage für seine Gerichtsbarkeit als den Konsens sieht der IGH im Gegensatz zu seinem Richter Alvarez[783] somit nicht. Bisweilen mag man freilich einen eher laxen Umgang mit dem Prinzip der Zustimmung feststellen. So stellt sich, trotz der expliziten Berufung auf das Konsensprinzip, die Rechtsprechung des IGH zu Art. 35 Abs. 2 IGH-Statut bei genauer Betrachtung als Verletzung des Konsensgrundsatzes dar.[784] Auch ist die auf das Konsensprinzip ge-

---

779 Im Internet unter <http://www.un.org/NEWS/PRESS/docs/2001/sgsm8071.doc.htm> abrufbar.

780 Vgl. Blumenwitz, ZRP 2002 (im Erscheinen).

781 Vgl. auch die Durchbrechung des Grundsatzes *par in parem non habet iudicium*, oben Fn. 59.

782 Vgl. oben Fn. 325.

783 S. Einführung B.

784 Vgl. 1. Teil C.I.1.c)bb)(2)(b).

stützte *L'or monétaire*-Rechtsprechung in Wahrheit mit dem Konsensprinzip nicht zu begründen.[785] Nichtsdestotrotz hat der IGH keine Bereitschaft gezeigt, *ausdrücklich* eine andere Grundlage als den Konsens der Parteien anzuerkennen.[786]

Die Konsenserteilung selbst ist nicht in dem Maße erfolgt, wie man sich das bei Errichtung des IGH gewünscht hatte. So hat sich Art. 36 Abs. 2 IGH-Statut nicht als Ersatz für ein allgemeines Obligatorum bewährt, da die erhoffte „Schneeballwirkung"[787] ausgeblieben ist. Von einer „Allzuständigkeit" des IGH für die Entscheidung völkerrechtlicher Streitigkeiten sind wir weit entfernt und stehen daher vor der perplexen Situation, dass in Zukunft ein Vorgehen gegen einen Staat immer leichter zulässig sein soll, eine vorherige gerichtliche Verurteilung des vermeintlich rechtswidrigen Verhaltens aber weiterhin der Zustimmung des betroffenen Staates (und der eingreifenden Staaten) bedarf und deshalb u.U. nicht stattfinden kann.

Um einen Rückfall auf die längst überwunden geglaubte[788] Forderung eines George F. Kennan zu verhindern, reine Machtkalkulationen zur Grundlage zwischenstaatlicher Beziehungen zu machen,[789] tut rechtliche Kontrolle Not. Es geht in diesem Zusammenhang nicht mehr, wie zu Zeiten des Völkerbunds und in den Anfängen der UNO, um die Gefahr, dass ein Urteil gegen einen Aggressorstaat ineffektiv bleibt, weil es nicht durchsetzbar ist. Es geht vielmehr darum zu verhindern, dass die sich durch das Recht berufene oder zumindest auf das Recht berufende Staatengemeinschaft ihre Vorstellungen von Legalität und Legitimität umsetzt, ohne eine unabhängige, rechtliche Instanz zu bemühen.

Der IGH kann jedoch keine unabhängige Wächterrolle übernehmen. Er ist vom Konsens der Parteien abhängig. Um die Zuständigkeit des Internationalen Gerichtshofs im Streitverfahren konsensunabhängig zu begründen, wäre wiederum ein (rechtsgeschäftlicher) Konsens nötig.

---

785 S. oben 2. Teil; vgl. auch die Darstellungen zur formellen Konsenserteilung bei vorsorglichen Maßnahmen , 3. Teil B.II.2.a).

786 Der IGH hält die Staatensouveränität auch in anderen Bereich hoch. So entschied er im Fall *Mandat d'arrêt du 11 avril 2000 (République Démocratique du Congo c. Belgique), arrêt du 14 février 2002*, dass nationale Gerichte die Immunität von Staatsoberhäuptern auch im Fall schwerster Verbrechen wie Völkermord achten müssen und hat damit der teilweise auch im Fall Pinochet verfolgten gegenläufigen Staatenpraxis Einhalt geboten. Das Urteil ist im Internet unter <http://www.icj-cij.org/cijwww/cdecisions.htm> veröffentlicht.

787 Mosler, in: Jekewitz (Hrsg.), Festschrift für K. J. Partsch, S. 254.

788 Vgl. Berber, Lehrbuch I, S. 24 ff.

789 American Diplomacy 1900-1950, S. 91 ff.

Zur Zeit ist der Gerichtshof in Ermangelung einer Unterwerfung daher auf die Erstellung von Gutachten beschränkt, ein Gebiet, auf dem der IGH schon von jeher hohe Maßstäbe an ein Konsenserfordernis betroffener Staaten gelegt hat, ein Gebiet also, auf dem es ihm i.d.R. möglich ist, sich ohne staatliche Zustimmung zu äußern.[790]

---

[790] Oben 4. Teil.

LITERATURVERZEICHNIS

Abi-Saab, Georges
De l'évolution de la Cour Internationale, réflexions sur quelques tendances récentes
RGDIP 1992, S. 274 ff.

Adede, Andonico O.
Judicial Settlement in Perspective
in: Sam Muller, David Raic, Johanna M. Thuránszky (Hrsg.), The International Court of Justice, Its Future Role after Fifty Years, S. 47 ff.
Den Haag u.a. 1997
zitiert: Adede, in: Muller u.a. (Hrsg.), The International Court of Justice, S.(...)

Alexandrov, Stanimir A.
Reservations in Unilateral Declarations Accepting the Compulsory Jurisdiction of the International Court
Dordrecht 1995
zitiert: Alexandrov, Reservations in Unilateral Declarations, S.(...)

Anand, R.P.
Compulsory Jurisdiction of the International Court of Justice
Neu Delhi 1961

Ballreich, Hans
Wesen und Wirkung des »Konsens« im Völkerrecht
in: Rudolf Bernhardt u.a. (Hrsg.), Völkerrecht als Rechtsordnung, Internationale Gerichtsbarkeit, Menschenrechte, Festschrift für Hermann Mosler, S. 1 ff.
Berlin, Heidelberg, New York 1983
zitiert: Ballreich, in: Bernhardt u.a. (Hrsg.), Festschrift für H. Mosler, S.(...)

ders.
Treaties, Effect on Third States
in: Rudolf Bernhardt (Hrsg.), Encyclopedia of Public International Law, Vol. IV, S. 945 ff.
Amsterdam u.a. 2000
zitiert: Ballreich, Treaties, Effect on Third States, in: Bernhardt (Hrsg.), EPIL IV, S.(...)

Baudissin, Georg Graf v./Platzöder, Renate
Modalitäten für die Unterwerfung der Bundesrepublik Deutschland unter die obligatorische Gerichtsbarkeit des Internationalen Gerichtshofs unter besonderer Berücksichtigung der bisherigen Staatenpraxis
AöR 1974, S. 32 ff.

Bekker, Pieter H.F.
Liechtenstein Sues Germany before the World Court over a Dispute Concerning Property Seized by Czechoslovakia During WW II
ASIL Insights No. 73

Berber, Friedrich
Lehrbuch des Völkerrechts, I. Band, Allgemeines Friedensrecht, 2. Aufl.
München 1975
zitiert: Berber, Lehrbuch I, S.(...)

ders.
Lehrbuch des Völkerrechts, III. Band, Streiterledigung, Kriegsverhütung, Integration, 2. Aufl.
München 1977
zitiert: Berber, Lehrbuch III, S.(...)

Bernhardt, Rudolf
Das Gegenseitigkeitsprinzip in der obligatorischen internationalen Gerichtsbarkeit
in: Faculté de Droit de l'Université de Genève (Hrsg.), Recueil d'Études Internationales, en Hommage à Paul Guggenheim, S. 615 ff.
o.O. 1968
zitiert: Bernhardt, in: Hommage à Paul Guggenheim, S.(...)

ders.
Interim Measures of Protection under the European Convention on Human Rights
in: Rudolf Bernhardt (Hrsg.), Interim Measures Indicated by International Courts, S. 95 ff.
Berlin u.a. 1994
zitiert: Bernhardt, in: Bernhardt (Hrsg.), Interim Measures, S.(...)

ders.
Reform of the Control Machinery under the European Convention on Human Rights: Protocol No. 11
AJIL 1995, S. 150 ff.

Beveridge, Fiona
Case Concerning the Arbitral Award of 31 July 1989 (*Guinea-Bissau v. Senegal*): Provisional Measures, Merits
ICLQ 1992, S. 891 ff.

Blum, Yehuda Z.
UN Membership of the „New" Yugoslavia: Continuity or Break?
AJIL 1992, S. 830 ff.

Blumenwitz, Dieter
Die mögliche Gestaltung der Beziehung der Bundesrepublik Deutschland zum Internationalen Gerichtshof
GYIL 1978, S. 207 ff.

ders.
Einsatzmöglichkeiten der Bundeswehr im Kampf gegen den internationalen Terrorismus
ZRP 2002 (im Erscheinen)

ders.
Die Liechtenstein-Entscheidung des Europäischen Gerichtshof für Menschenrechte
AVR 2002 (im Erscheinen)

Briggs, Herbert W.
Reservations to the Acceptance of Compulsory Jurisdiction of the International Court
Hague Recueil 1958, S. 229 ff.

Brownlie, Ian
Principles of Public International Law, 5. Aufl.
Oxford 1998

Castro Rial, J. M.
States, Sovereign Equality
in: Rudolf Bernhardt (Hrsg.), Encyclopedia of Public International Law, Vol. IV, S. 682 ff.
Amsterdam u.a. 2000
zitiert: Castro Rial, States, Sovereign Equality, in: Bernhardt (Hrsg.), EPIL IV, S.(...)

Chinkin, C. M.
Third-Party Intervention before the International Court of Justice
AJIL 1986, S. 495 ff.

dies.
Third Parties in International Law
Oxford 1993
zitiert: Chinkin, Third Parties, S.(...)

Couvreur, Philippe
The Effectiveness of the International Court of Justice in the Peaceful Settlement of International Disputes
in: Sam Muller, David Raic, Johanna M. Thuránszky (Hrsg.), The International Court of Justice, Its Future Role after Fifty Years, S. 83 ff.
Den Haag u.a. 1997
zitiert: Couvreur, in: Muller u.a. (Hrsg.), The International Court of Justice, S.(...)

D'Amato, Anthony
Modifying U.S. Acceptance of the Compulsory Jurisdiction of the World Court
AJIL 1985, S. 385 ff.

Damrosch, Lori Fisler
Multilateral Disputes
in: Lori Fisler Damrosch (Hrsg.), The International Court of Justice at a Crossroads, S. 376 ff.
Dobbs Ferry, New York 1987

Department of State, United States of America (Hrsg.)
The United Nations Conference on International Organization, Selected Documents
Washington 1946
zitiert: Department of State, United States of America (Hrsg.), The United Nations Conference on International Organization, S.(...)

De Taube, Michel
Les origines de l'arbitrage international, antiquité et moyen âge
RdC 1932-IV, S. 1 ff.

Dugard, John
International Law, A South African Perspective, 2. Aufl.
Kenwyn 2000
zitiert: Dugard, International Law, S.(...)

Eiriksson, Gudmundur
The International Tribunal for the Law of the Sea
Den Haag, London, Boston 2000

Eisemann, Pierre Michel
L'arrêt de la C.I.J. du 26 novembre 1984 (compétence et recevabilité) dans l'affaire des activités militaires et paramilitaires au Nicaragua et contre celui-ci
AFDI 1984, S. 372 ff.

Eitel, Tono
The Law of the Sea Tribunal: Its Status and Scope of Jurisdiction after November 16, 1994 – Comment
ZaöRV 1995, S. 452 ff.

Elias, Taslim O.
The Limits of the Right of Intervention in a Case before the International Court of Justice
in: Rudolf Bernhardt u.a. (Hrsg.), Völkerrecht als Rechtsordnung, Internationale Gerichtsbarkeit, Menschenrechte, Festschrift für Hermann Mosler, S. 159 ff.
Berlin, Heidelberg, New York 1983
zitiert: Elias, in: Bernhardt u.a. (Hrsg.), Festschrift für H. Mosler, S.(...)

Elkind, Jerome B.
Interim Protection. A Functional Approach
Den Haag u.a. 1981
zitiert: Elkind, Interim Protection, S.(...)

ders.
Non-Appearance before the International Court of Justice, Functional and Comparative Analysis
Dordrecht 1984
zitiert: Elkind, Non-Appearance, S.(...)

Epping, Volker
in: Knut Ipsen, Völkerrecht, 4. Aufl.
München 1999

Evans, Malcolm D.
Case Concerning Maritime Delimitation and Territorial Questions between Qatar and Bahrain (*Qatar v. Bahrain*), Jurisdiction and Admissibility
ICLQ 1995, S. 691 ff.

Eyffinger, Arthur
The International Court of Justice
Den Haag 1996

Fassbender, Bardo
Der Fürst, ein Bild und die deutsche Geschichte, Anmerkung zur Entscheidung des Europäischen Gerichtshofs für Menschenrechte im Fall Fürst Hans-Adam II. von und zu Liechtenstein gegen Deutschland
EuGRZ 2001, S. 459 ff.

Fischer, Peter/Köck, Heribert Franz
Allgemeines Völkerrecht, 4. Aufl.
Wien 1994

Fischer, Horst
in: Knut Ipsen, Völkerrecht, 4. Aufl.
München 1999

Fitzmaurice, Sir Gerald
The Law and Procedure of the International Court of Justice, Vol. I-II
Cambridge 1986

Fritzemeyer, Wolfgang
Die Intervention vor dem internationalen Gerichtshof – eine international-verfahrensrechtliche Untersuchung auf rechtsvergleichender Grundlage
Baden-Baden 1984
zitiert: Fritzemeyer, Die Intervention, S.(...)

Frowein, Jochen Abr.
Probleme des allgemeinen Völkerrechts vor der Europäischen Kommission für Menschenrechte
in: Ingo v. Münch (Hrsg.), Staatsrecht, Völkerrecht, Europarecht, Festschrift für Hans-Jürgen Schlochauer zum 75. Geburtstag, S. 289 ff.
Berlin, New York 1981
zitiert: Frowein, in: v. Münch (Hrsg.), Festschrift für H.-J. Schlochauer, S.(...)

Frowein, Jochen Abr./Peukert, Wolfgang
Europäische Menschenrechtskonvention – EMRK-Kommentar, 2. Aufl.
Kehl u.a 1996
zitiert: Frowein/Peukert, EMRK-Kommentar, Art...., Rn....

Giegerich, Thomas
Vorbehalte zu Menschenrechtsabkommen: Zulässigkeit, Gültigkeit und Prüfungskompetenz von Vertragsgremien
ZaöRV 1995, S. 713 ff.

Glahn, Gerhard v.
Law Amongst Nations, 7. Aufl.
Boston u.a. 1996

Gottlieb, Gidon
The Nature of International Law: Toward a Second Concept of Law
in: Cyril E. Black/Richard Falk (Hrsg.), The Future of the International Legal Order, Vol. IV, The Structure of the International Environment, S. 331 ff.
Princeton, New Jersey 1972
zitiert: Gottlieb, in: Black/Falk (Hrsg.), The Future of the International Legal Order, Vol. IV, S.(...)

Greig, D. W.
Third Party Rights and Intervention Before the International Court
VJIL 1991/92, S. 285 ff.

Grewe, Wilhelm G.
Epochen der Völkerrechtsgeschichte
Baden-Baden 1984

Gross, Leo
Compulsory Jurisdiction under the Optional Clause: History and Practice in: Lori Fisler Damrosch (Hrsg.), The International Court of Justice at a Crossroads, S. 19 ff.
Dobbs Ferry, New York 1987

Günther, Konstantin
Zulässigkeit und Grenzen der Intervention bei Streitigkeiten vor dem IGH, Rechtsfragen zu Artikel 62 und 63 des IGH-Statuts
GYIL 1991, S. 254 ff.

Hamacher, Peter
Die Maxime audiatur et altera pars im Völkerrecht: ein Beitrag zum internationalen Verfahrensrecht unter besonderer Berücksichtigung der Rechtsgutachten des (StIGH) IGH
Wien, New York 1986
zitiert: Hamacher, Die Maxime audiatur et altera pars, S.(...)

Hamilton, Regina N.
Nicaragua v. United States of America: Jurisdiction of the International Court of Justice
George Mason University Law Review 1985, S. 253 ff.

Heintschel von Heinegg, Wolff
in: Knut Ipsen, Völkerrecht, 4. Aufl.
München 1999

Herndl, Kurt
Eastern Carelia (Request for Advisory Opinion)
in: Rudolf Bernhardt (Hrsg.), Encyclopedia of Public International Law, Vol. II, S. 4 ff.
Amsterdam u.a. 1995
zitiert: Herndl, Eastern Carelia, in: Bernhardt (Hrsg.), EPIL II, S.(...)

Heselhaus, Sebastian
Die Entscheidung des IGH über den Erlaß vorsorglicher Maßnahmen in den Fällen Legality of Use of Force vom 2. Juni 1999
AVR 2000, S. 328 ff.

Higgins, Rosalyn
A comment on the current health of Advisory Opinions
in: Vaughan Lowe/Malgosia Fitzmaurice (Hrsg.), Fifty Years of the International Court of Justice: Essays in Honour of Sir Robert Jennings, S. 567 ff.
Cambridge 1996
zitiert: Higgins, in: Lowe/M. Fitzmaurice (Hrsg.), Fifty Years of the International Court of Justice, S.(...)

Hillgruber, Christian
Die Jurisdiktionsgewalt des IGH nach Art. IX Genozidkonvention und ihre Grenzen
ZÖR 1998, S. 363 ff.

Hudson, Manley O.
La Cour Permanente de Justice Internationale
Paris 1936

ders.
International Tribunals: Past and Future
Washington 1944
zitiert: Hudson, International Tribunals, S.(...)

Ipsen, Knut
in: Knut Ipsen, Völkerrecht, 4. Aufl.
München 1999

Janis, M. W.
Equity in International Law
in: Rudolf Bernhardt (Hrsg.), Encyclopedia of Public International Law, Vol. II, S. 109 ff.
Amsterdam u.a. 1995
zitiert: Janis, Equity in International Law, in: Bernhardt (Hrsg.), EPIL II, S.(...)

Jenks, Clarence Wilfred
The Prospects of International Adjudication
London 1964

Jessup, Philip C.
Intervention in the International Court
AJIL 1981, S. 903 ff.

Jiménez de Aréchaga, Eduardo
Intervention under Article 62 of the Statute of the International Court of Justice
in: Rudolf Bernhardt u.a. (Hrsg.), Völkerrecht als Rechtsordnung, Internationale Gerichtsbarkeit, Menschenrechte, Festschrift für Hermann Mosler, S. 453 ff.
Berlin, Heidelberg, New York 1983
zitiert: Jiménez de Aréchaga, in: Bernhardt u.a. (Hrsg.), Festschrift für H. Mosler, S.(...)

Keith, Kenneth James
The Extent of the Advisory Jurisdiction of the International Court of Justice
Leyden 1971
zitiert: Keith, Advisory Jurisdiction, S.(...)

Kelsen, Hans
The Law of the United Nations, 2. Aufl.
London 1951

Kennan, George Frost
American Diplomacy 1900-1950
London 1952

Krieger, Heike
Die Zuständigkeit *ratione temporis* internationaler Streitbeilegungsinstanzen
in: Jörn Ipsen/Edzard Schmidt-Jorzig (Hrsg.), Recht, Staat, Gemeinwohl, Festschrift für Dietrich Rauschning, S. 577 ff.
Köln u.a. 2001
zitiert: Krieger, in: J. Ipsen/Schmidt-Jorzig (Hrsg.), Festschrift für D. Rauschning, S.(...)

Kwiatkowska, Barbara
Case Report: Southern Bluefin Tuna (Australia and New Zealand v. Japan)
AJIL 2001, S. 162 ff.

Lammasch, Heinrich
Die Lehre von der Schiedsgerichtsbarkeit in ihrem ganzen Umfang
Handbuch des Völkerrechts, fünfter Band, zweite Abteilung
Stuttgart 1914
zitiert: Lammasch, Die Lehre von der Schiedsgerichtsbarkeit, S.(...)

Lalonde, Philippe V.
The Death of the Eastern Carelia Doctrine: Has Compulsory Jurisdiction Arrived in the World Court?
U.T. Fac. L. Rev. 1979, S. 80 ff.

Laslett, Peter
John Locke – Two Treatises of Government
Cambridge 1960

Lauterpacht, Elihu
Aspects of the Administration of International Justice
Cambridge 1991
zitiert: E. Lauterpacht, Administration of International Justice, S.(...)

ders.
‚Partial' judgments and the inherent jurisdiction of the International Court of Justice
in: Vaughan Lowe/Malgosia Fitzmaurice (Hrsg.), Fifty Years of the International Court of Justice: Essays in Honour of Sir Robert Jennings, S. 465 ff.
Cambridge 1996
zitiert: E. Lauterpacht, in: Lowe/M. Fitzmaurice (Hrsg.), Fifty Years of the International Court of Justice, S.(...)

Lawson, Ruth
The Problem of the Compulsory Jurisdiction of the World Court
AJIL 1952, S. 219 ff.

League of Nations
Documents Concerning the Action Taken by the Council of the League of Nations under Article 14 of the Covenant and the Adoption by the Assembly of the Statute of the Permanent Court
1921
zitiert: League of Nations, Documents, S.(...)

Lloyd, Lorna
"A Springboard for the Future": A Historical Examination of Britain's Role in Shaping the Optional Clause of the Permanent Court of International Justice
AJIL 1985, S. 28 ff.

Macdonald, R.St.J.
Interim Measures in International Law, with Special Reference to the European System for the Protection of Human Rights
ZaöRV 1992, S. 703 ff.

Magiera, Siegfried
Zur Bezeichnung vorsorglicher Maßnahmen durch den Internationalen Gerichtshof: Verfahrenseffektivität gegen staatliche Souveränität
JIR 1974, 253 ff.

Malanczuk, Peter
Akehurst's Modern Introduction to International Law, 7. Aufl.
London u.a. 1997 (Nachdr. 1999)

Mangoldt, Hans v.
Arbitration and Conciliation
in: Hermann Mosler/Rudolf Bernhardt (Hrsg.), Judicial Settlement of International Disputes, S. 417 ff.
Berlin u.a. 1974

ders.
La comparaison des systèmes de droit et de la procédure des tribunaux internationaux
ZaöRV 1980, S. 554 ff.

ders.
Versäumnisverfahren in der internationalen (Schieds-)Gerichtsbarkeit und souveräne Gleichheit
in: Rudolf Bernhardt u.a. (Hrsg.), Völkerrecht als Rechtsordnung, Internationale Gerichtsbarkeit, Menschenrechte, Festschrift für Hermann Mosler, S. 503 ff.
Berlin, Heidelberg, New York 1983
zitiert: v. Mangoldt, in: Bernhardt u.a. (Hrsg.), Festschrift für H. Mosler, S.(...)

Marion, Loïc C.
La saisine de la C.I.J. par voie de compromis
RGDIP 1995, S. 258 ff.

Marston, Geoffrey
The London Committee and the statute of the International Court of Justice
in: Vaughan Lowe/Malgosia Fitzmaurice (Hrsg.), Fifty Years of the International Court of Justice: Essays in Honour of Sir Robert Jennings, S. 40 ff.
Cambridge 1996
zitiert: Marston, in: Lowe/M. Fitzmaurice (Hrsg.), Fifty Years of the International Court of Justice, S. (...)

Mendelson, M.H.
Interim Measures of Protection in Contested Cases of Jurisdiction
BYIL 1972-73, S. 259 ff.

Mennecke, Martin/Tams, Christian
The Right to Consular Assistance Under International Law: The *La-Grand Case* Before the International Court of Justice
GYIL 1999, S. 192 ff.

Merrills, J. G.
The Optional Clause Today
BYIL 1979, S. 87 ff.

ders.
The Optional Clause Revisited
BYIL 1993, S. 197 ff.

ders.
Interim Measures of Protection in the Recent Jurisprudence of the International Court of Justice
ICLQ 1995, S. 90 ff.

ders.
International Dispute Settlement, 3. Aufl.
Cambridge 1998

ders.
The Land and Maritime Boundary Case (*Cameroon* v. *Nigeria*) – the Intervention by Equatorial Guinea
ICLQ 2000, S. 720 ff.

Meurer, Christian
Übersicht über die Arbeiten der Haager Friedenskonferenz
Würzburg 1903

ders.
Das Friedensrecht der Haager Konferenz, Band 1
München 1905

Moore, John Bassett
History and Digest of the International Arbitrations to Which the United States Has Been a Party, 6 volumes
Washington 1898
zitiert: Moore, History and Digest, Vol.(...), S.(...)

Mosler, Hermann
Nichtteilnahme einer Partei am Verfahren vor dem Internationalen Gerichtshof
in: Ingo v. Münch (Hrsg.), Staatsrecht, Völkerrecht, Europarecht, Festschrift für Hans-Jürgen Schlochauer zum 75. Geburtstag, S. 439 ff.
Berlin, New York 1981
zitiert: Mosler, in: v. Münch (Hrsg.), Festschrift für H.-J. Schlochauer, S.(...)

ders.
Jurisdiktion und Konsens der Parteien, Bemerkungen zu den relativen Grenzen der internationalen Gerichtsbarkeit
in: Jürgen Jekewitz (Hrsg.), Des Menschen Recht zwischen Freiheit und Verantwortung, Festschrift für Karl Josef Partsch zum 75. Geburtstag, S. 253 ff.
Berlin 1989
zitiert: Mosler, in: Jekewitz (Hrsg.) Festschrift für K. J. Partsch, S.(...)

Niedermeier, Wilfried
Der Beitritt der Bundesrepublik Deutschland zum Statut des Internationalen Gerichtshofs unter besonderer Berücksichtigung der obligatorischen Gerichtsbarkeit
Frankfurt/Main 1975
zitiert: Niedermeier, Der Beitritt der Bundesrepublik Deutschland zum Statut des Internationalen Gerichtshofs, S.(...)

Nagel, Tobias/ Norba, Daniela
Der Fall LaGrand und das Völkerrecht
JA 2000, S. 132 ff.

Nussbaum, Arthur
Geschichte des Völkerrechts in gedrängter Darstellung
München, Berlin 1960
zitiert: Nussbaum, Geschichte des Völkerrechts, S.(...)

Oda, Shigeru
Intervention in the International Court of Justice, Articles 62 and 63 of the Statute
in: Rudolf Bernhardt u.a. (Hrsg.), Völkerrecht als Rechtsordnung, Internationale Gerichtsbarkeit, Menschenrechte, Festschrift für Hermann Mosler, S. 629 ff.
Berlin, Heidelberg, New York 1983
zitiert: Oda, in: Bernhardt u.a. (Hrsg.), Festschrift für H. Mosler, S.(...)

ders.
Provisional Measures
in: Vaughan Lowe/Malgosia Fitzmaurice (Hrsg.), Fifty Years of the International Court of Justice: Essays in Honour of Sir Robert Jennings, S. 541 ff.
Cambridge 1996
zitiert: Oda, in: Lowe/M. Fitzmaurice (Hrsg.), Fifty Years of the International Court of Justice, S.(...)

Oellers-Frahm, Karin
Die einstweilige Anordnung in der internationalen Gerichtsbarkeit
Berlin u.a. 1975
zitiert: Oellers-Frahm, Die einstweilige Anordnung, S.(...)

dies.
Der Beschluß des Internationalen Gerichtshofs im griechisch-türkischen Streit um den Festlandssockel in der Ägäis
ZaöRV 1977, S. 620 ff.

dies.
Die Intervention nach Art. 62 des Statuts des Internationalen Gerichtshofs
ZaöRV 1981, S. 579 ff.

dies.
Die »obligatorische« Gerichtsbarkeit des Internationalen Gerichtshofs, Anmerkungen anläßlich der Zuständigkeitsentscheidung im Fall *Nicaragua* gegen *USA*
ZaöRV 1987, S. 243 ff.

dies.
Compromis
in: Rudolf Bernhardt (Hrsg.), Encyclopedia of Public International Law, Vol. I, S. 712 ff.
Amsterdam u.a. 1992
zitiert: Oellers-Frahm, Compromis, in: Bernhardt (Hrsg.), EPIL I, S.(...)

dies.
Interim Measures of Protection
in: Rudolf Bernhardt (Hrsg.), Encyclopedia of Public International Law, Vol. II, S. 1027 ff.
Amsterdam u.a. 1995
zitiert: Oellers-Frahm, Interim Measures, in: Bernhardt (Hrsg.), EPIL II, S.(...)

dies.
Judicial and Arbitral Decisions: Validity and Nullity
in: Rudolf Bernhardt (Hrsg.), Encyclopedia of Public International Law, Vol. III, S. 38 ff.
Amsterdam u.a. 1997
zitiert: Oellers-Frahm, Judicial and Arbitral Decisions: Validity and Nullity, in: Bernhardt (Hrsg.), EPIL III, S.(...)

Oellers-Frahm, Karin/Wühler, Norbert
Dispute Settlement in Public International Law, Text and Materials
Berlin u.a. 1984
zitiert: Oellers-Frahm/Wühler, Dispute Settlement, S.(...)

Oxman, Bernard H.
Jurisdiction and the Power to Indicate Provisional Measures
in: Lori Fisler Damrosch (Hrsg.), The International Court of Justice at a Crossroads, S. 323 ff.
Dobbs Ferry, New York 1987

ders.
Complementary Agreements and Compulsory Jurisdiction
AJIL 2001, S. 277 ff.

Pax, Thomas J.
Nicaragua v. United States in the International Court of Justice: Compulsory Jurisdiction or Just Compulsion?
Boston College International & Comparative Law Review 1985, S. 471 ff.

Permanent Court of International Justice
Documents Presented to the Comittee Relating to Existing Plans for the Establishment of a Permanent Court of International Justice
1920
zitiert: P.C.I.J., Documents, S.(...)

ders.
Procès-verbaux of the Proceedings of the Committee, June 16th-July 24th 1920
1920
1920
zitiert: P.C.I.J., Procès-verbaux, S.(...)

Phillipson, Coleman
The International Law and Custom of Ancient Greece and Rome
London 1878 (Nachdr. New York 1979)

Pomerance, Michla
The Advisory Function of the International Court in the League and U.N. Eras
Baltimore, London 1973
zitiert: Pomerance, The Advisory Function of the International Court, S.(...)

ders.
The Advisory Role of the International Court of Justice and its 'Judicial' Character: Past and Future Prisms
in: Sam Muller, David Raic, Johanna M. Thuránsky (Hrsg.), The International Court of Justice, Its Future Role after Fifty Years, S. 271 ff.
Den Haag u.a. 1997
zitiert: Pomerance, in: Muller u.a. (Hrsg.), The International Court of Justice, S.(...)

Pratap, Dharma
The Advisory Jurisdiction of the International Court
Oxford 1972
zitiert: Pratap, Advisory Jurisdiction, S.(...)

Preiser, Wolfgang
Zum Völkerrecht der vorklassischen Antike
AVR 1954, S. 257 ff.

ders.
Die Epochen der antiken Völkerrechtsgeschichte
JZ 1956, S. 737 ff.

ders.
Macht und Norm in der Völkerrechtsgeschichte
Baden-Baden 1978

ders.
History of the Law of Nations: Basic Questions and Principles
in: Rudolf Bernhardt (Hrsg.), Encyclopedia of Public International Law, Vol. II, S. 716 ff.
Amsterdam u.a. 1995
zitiert: Preiser, History of the Law of Nations: Basic Questions and Principles, in: Bernhardt (Hrsg.), EPIL II, S.(...)

ders.
History of the Law of Nations: Ancient Times to 1648
in: Rudolf Bernhardt (Hrsg.), Encyclopedia of Public International Law, Vol. II, S. 722 ff.
Amsterdam u.a. 1995
zitiert: Preiser, History of the Law of Nations: Ancient Times to 1648, in: Bernhardt (Hrsg.), EPIL, Vol. II, S.(...)

Raeder, A.
L'arbitrage international chez les Hellènes
Christiania 1912

Ralston, Jackson H.
International Arbitration from Athens to Locarno
New York, London 1929 (Nachdr. 1972)

Ratner, Steven R.
Case Report: Land, Island and Maritime Frontier Dispute
AJIL 1991, S. 680 ff.

Reimann, Mathias
A Human Rights Exception to Sovereign Immunity: Some Thoughts on *Princz v. Federal Republic of Germany*
MichJIL 1995, S. 403 ff.

Reismann, Michael W.
Has the International Court Exceeded its Jurisdiction?
AJIL 1986, S. 128 ff.

Ress, Hans-Konrad
Die Zulässigkeit territorialer Beschränkungen bei der Anerkennung der Zuständigkeit des Europäischen Gerichtshofs für Menschenrechte, Anmerkung zum Urteil des Europäischen Gerichtshofs für Menschenrechte im Fall *Loizidou* gegen die Türkei am 23. März 1995
ZaöRV 1996, S. 427 ff.

Rosenne, Shabtai
The Law and Practice of the International Court, Vol. 1, 1. Aufl.
Leyden 1965

ders.
Practice and Methods of International Law
Dordrecht 1984

ders.
The Law and Practice of the International Court, 2. Aufl.
Dordrecht u.a. 1985

ders.
Some Reflections on Intervention in the International Court of Justice
NILR 1987, S. 75 ff.

ders.
Intervention in the International Court of Justice
Dordrecht 1993
zitiert: Rosenne, Intervention, S.(...)

ders.
The World Court, What it is and how it works, 5. Aufl.
Dordrecht u.a. 1995
zitiert: Rosenne, The World Court, S.(...)

ders.
The Qatar/Bahrain Case, What is a Treaty? A Framework Agreement and the Seising of the Court
LJIL 1995, S. 161 ff.

ders.

The International Tribunal for the Law of the Sea and the International Court of Justice: Some Points of Difference
in: Platzöder, Renate/Verlaan, P. (Hrsg.), The Baltic Sea: New Developments in National Policies and International Cooperation, S. 200 ff.
Den Haag u.a. 1996
zitiert: Rosenne, in: Platzöder/Verlaan (Hrsg.), The Baltic Sea, S.(...)

ders.

The Law and Practice of the International Court, 1920-1996, Vol. I-III, 3. Aufl.
Den Haag, Boston, London 1997
zitiert: Rosenne, The Law and Practice of the International Court, Vol.(...), S.(...)

Salmon, Jean

La convention européenne pour le règlement pacifique des différends
RGDIP 1959, S. 21 ff.

Schaumann, Wilfried

Gegenseitigkeit
in: Karl Strupp/Hans-Jürgen Schlochauer (Hrsg.), Wörterbuch des Völkerrechts, S. 630 ff.
Berlin 1960

Scheuner, Ulrich

Das Mehrheitsprinzip in der Demokratie
in: Rheinisch-Westfälische Akademie der Wissenschaften (Hrsg.), S. 7 ff.
Opladen 1973
zitiert: Scheuner, Das Mehrheitsprinzip in der Demokratie, in: Rheinisch-Westfälische Akademie der Wissenschaften (Hrsg.), S.(...)

ders.

Konsens und Pluralismus als verfassungsrechtliches Problem
in: Günther Jakobs (Hrsg.), Rechtsgeltung und Konsens, S. 33 ff.
Berlin 1976
zitiert: Scheuner, in: Jakobs (Hrsg.), Rechtsgeltung und Konsens, S.(...)

Schlochauer, Hans-Jürgen
Arbitration
in: Rudolf Bernhardt (Hrsg.), Encyclopedia of Public International Law, Vol. I, S. 215 ff.
Amsterdam u.a. 1992
zitiert: Schlochauer, Arbitration, in: Bernhardt (Hrsg.), EPIL I, S.(...)

Schorkopf, Frank
European Court of Human Rights Rules in the On-going Dispute Between Liechtenstein and Germany
GLJ Vol. 2, No. 15

Schulte, Constanze
Jurisprudence of the International Court of Justice: Order Issued in the Case concerning the Vienna Convention on Consular Relations (*Paraguay v. United States of America)*
EJIL 1998, No. 4

Scott, James Brown
The Reports to the Hague Conferences of 1899 and 1907
London u.a. 1917
zitiert: Scott, The Reports to the Hague Conferences, S.(...)

Shahabuddeen, Mohamed
The World Court at the Turn of the Century
in: Sam Muller, David Raic, Johanna M. Thuránszky (Hrsg.), The International Court of Justice, Its Future Role after Fifty Years, S. 3 ff.
Den Haag u.a. 1997
zitiert: Shahabuddeen, in: Muller u.a. (Hrsg.), The International Court of Justice, S.(...)

Shaw, Malcolm N.
International Law, 4. Aufl.
Cambridge 1997

Shihata, Ibrahim F. I.
The Power of the International Court to Determine its own Jurisdiction, Compétence de la Compétence
Den Haag 1965
zitiert: Shihata, Compétence de la Compétence, S.(...)

Sienho, Yee
The Interpretation of „Treaties in Force" in Article 35 (2) of the Statute of the ICJ
ICLQ 1998, S. 884 ff.

ders.
Forum Prorogatum in the International Court
GYIL 1999, S. 147 ff.

Simma, Bruno
Das Reziprozitätselement im Zustandekommen völkerrechtlicher Verträge
Berlin 1972

Sohol, Karen C.
Case Report: Ivcher Bronstein, Constitutional Tribunal
AJIL 2001, S. 178 ff.

Steinberger, Helmut
The International Court of Justice
in: Hermann Mosler/Rudolf Bernhardt (Hrsg.), Judicial Settlement of International Disputes, S. 193 ff.
Berlin u.a. 1974

ders.
Sovereignty
in: Rudolf Bernhardt (Hrsg.), Encyclopedia of Public International Law, Vol. IV, S. 500 ff.
Amsterdam u.a. 2000
zitiert: Steinberger, Sovereignty, in: Bernhardt (Hrsg.), EPIL IV, S.(...)

ders.
Judicial Settlement of International Disputes
in: Rudolf Bernhardt (Hrsg.), Encyclopedia of Public International Law, Vol. III, S. 42 ff.
Amsterdam u.a. 1997
zitiert: Steinberger, Judicial Settlement of International Disputes, in: Bernhardt (Hrsg.), EPIL III, S.(...)

Sugihara, Takane
The Advisory Function of the International Court of Justice
JAIL 1974, S. 23 ff.

Suy, Erik
Consensus
in: Rudolf Bernhardt (Hrsg.), Encyclopedia of Public International Law, Vol. I, S. 759 ff.
Amsterdam u.a. 1992
zitiert: Suy, Consensus, in: Bernhardt (Hrsg.), EPIL I, S.(...)

Szabó, Eelco
Provisional Measures in the World Court: Binding or Bound to be Ineffective?
LJIL 1997, S. 475 ff.

Sztucki, Jerzy
Interim Measures in the Hague Court
Deventer 1983
zitiert: Sztucki, Interim Measures, S.(...)

Thirlway, H.W.A.
Reciprocity in the Jurisdiction of the International Court
NYIL 1984, S. 97 ff.

ders.
Non-Appearance Before the International Court of Justice
Cambridge u.a. 1985
zitiert: Thirlway, Non-Appearance, S.(...)

ders.
Advisory Opinions of International Courts
in: Rudolf Bernhardt (Hrsg.), Encyclopedia of Public International Law, Vol. I, S. 38 ff.
Amsterdam u.a. 1992
zitiert: Thirlway, Advisory Opinions, in: Bernhardt (Hrsg.), EPIL I, S.(...)

ders.
The Indication of Provisional Measures by the International Court of Justice
in: Rudolf Bernhardt (Hrsg.), Interim Mesures Indicated by International Courts, S.1 ff.
Berlin u.a. 1994
zitiert: Thirlway, in: Bernhardt (Hrsg.), Interim Measures, S.(...)

Tod, Marcus Niebuhr
International Arbitration amongst the Greeks
Oxford 1913

Treves, Tullio
The Law of the Sea Tribunal: Its Status and Scope of Jurisdiction after November 16, 1994
ZaöRV 1995, S. 421 ff.

ders.
Conflicts between the International Tribunal for the Law of the Sea and the International Court of Justice
N.Y.U.J. Int'L L. & Pol. 1999, S. 809 ff.

Ullmann, Walter
The Medieval Papal Court as an International Tribunal
VJIL 1971, S. 356 ff.

United Nations Conference on International Organization
Documents of the United Nations Conference on International Organization, San Francisco 1945, Vol. XIV
New York 1954
zitiert: UNCIO, Vol. IX, S.(...)

Van Dervort, Thomas R.
International Law and Organization. An Introduction
Thousand Oaks 1998
zitiert: Van Dervort, International Law and Organization, S.(...)

Waldock, C.H.M.
Decline of the Optional Clause
BYIL 1955-56, S. 244 ff.

Waser, Hans
Das zwischenstaatliche Schiedsgericht als Spiegel der abendländischen Geschichte
Zürich 1960
zitiert: Waser, Das zwischenstaatliche Schiedsgericht, S.(...)

Weiss, Edith Brown
Reciprocity and the Optional Clause
in: Lori Fisler Damrosch (Hrsg.), The International Court of Justice at a Crossroads, S. 82 ff.
Dobbs Ferry, New York 1987

Wittmann, Fritz
Das Problem des Obligatorums in der internationalen Gerichtsbarkeit unter besonderer Berücksichtigung von Art. 36 Absatz 2 des Statuts des Internationalen Gerichtshofs
München 1963
zitiert: Wittmann, Das Problem des Obligatorums in der internationalen Gerichtsbarkeit, S.(...)

Ziegler, Karl-Heinz
Völkerrechtsgeschichte
München 1994

Zimmermann, Andreas
Sovereign Immunity and Violations of International *Jus Cogens* – Some Critical Remarks
MichJIL 1995, S. 433 ff.

ders.
Die Zuständigkeit des Internationalen Gerichtshofes zur Entscheidung über Ansprüche gegen am Verfahren nicht beteiligte Staaten
ZaöRV 1995, S. 1051 ff.

VERZEICHNIS DER VERWERTETEN JUDIKATE

[Die Urteile werden in der jeweils authentischen Fassung zitiert. Sind beide Sprachversionen authentisch, wird die englische Fassung zitiert (vgl. Fn. 1). Bei neueren Urteilen wird auf die Fundstelle in den *International Legal Materials (ILM)* verwiesen, soweit sie dort überhaupt bzw. zum Zeitpunkt der Erstellung dieser Arbeit schon veröffentlicht wurden. Ansonsten wird die Internetadresse genannt, unter der das Urteil abrufbar ist.]

A. Ständiger Internationaler Gerichtshof

Compagnie d'électricité de Sofia et de Bulgarie, arrêt, 1939, C.P.J.I. sér. A/B n° 77, S. 81, 82, 87

Compagnie d'électricité de Sofia et de Bulgarie, ordonnance du 5 décembre 1939, C.P.J.I. sér. A/B n° 79, S. 195

Concessions Mavrommatis à Jérusalem, arrêt n° 5, 1925, C.P.J.I. sér. A n° 5

Concessions Mavrommatis en Palestine, arrêt n° 2, 1924, C.P.J.I. sér. A n° 2, S. 16, 35

Dénonciation du traité sino-belge du 2 novembre 1865, ordonnance du 8 janvier 1927, C.P.J.I. sér A n° 8, S. 7

Droits des minorités en Haute-Silésie (écoles minoritaires), arrêt n° 12, 1928, C.P.J.I. sér. A n° 15, S. 22, 23

Factory at Chorzów, Merits, Judgment No. 13, 1928, P.C.J.I., Ser. A, No. 17

Interprétation de l'arrêt n° 3, arrêt n° 4, 1925, C.P.J.I. sér. A n° 4

Interprétation de l'articel 3, paragraphe 2, du traité de Lausanne, avis consultatif, 1925, C.P.J.I. sér. B n° 12, S. 15

Phosphates in Morocco, Judgment, 1938, P.C.J.I., Ser. A/B, No. 74, S. 24

Société commerciale de Belgique, arrêt, 1939, C.P.J.I. sér. A/B n° 78, S. 160

Statut juridique du territoire du sud-est du Groënland, ordonnances des 2 et 3 août 1932, C.P.J.I. sér. A/B n° 48, S. 288 f.

Status of Eastern Carelia, Advisory Opinion, 1923, P.C.I.J., Ser. B, No. 5, S. 7, 27, 28, 29

Usine de Chorzów, compétence, arrêt n° 8, 1927, C.P.J.I. sér. A n° 9, S. 5 ff.

B. Internationaler Gerichtshof

Actions armées frontalières et transfrontalières, compétence et recevabilité, arrêt, C.I.J. Rec. 1988, S. 88, 90

Activités armées sur le territoire du Congo (République démocratique du Congo c. Ouganda), mesures conservatoires, ordonnance du 1er juillet 2000, Tz. 33, 34, <http://www.icj-cij.org/cijwww/cdecisions.htm>

Aegan Sea Continental Shelf, Interim Protection, Order of 11 September 1976, S. 5 f., 15 f., 22 f.

Aerial Incident of 10 August 1999 (Pakistan v. India), Jurisdiction, Judgment, ILM 2000, S. 1132

Ambatielos, Merits, Judgment, I.C.J. Rep. 1953, S. 19, 28 ff.

Anglo-Iranian Oil Co., Interim Protection, Order of 5 July 1951, I.C.J. Rep. 1951, S. 92, 93, 96 f.

Anglo-Iranian Oil Co., Preliminary Objection, Judgment, I.C.J. Rep. 1952, S. 93, 102 f., 103, 110, 114, 127, 130, 132 f.

Appeal Relating to the Jurisdiction of the ICAO Council, Judgment, I.C.J. Rep. 1972, S. 56

Applicabilité de la section 22 de l'article VI de la convention sur les privilèges et immunités des Nations Unies, avis consultatif, C.I.J. Rec. 1989, S. 177, 190 f.

Application of the Convention on the Prevention and Punishment of the Crime of Genocide, Provisional Measures, Order of 8 April 1993, I.C.J. Rep. 1993, S. 11, 12 ff., 14, 18, 19, 20

Application of the Convention on the Prevention and Punishment of the Crime of Genocide, Provisional Measures, Order of 13 September 1993, I.C.J. Rep. 1993, S. 341, 342

Arbitral Award Made by the King of Spain on 23 December 1906, Judgment, I.C.J. 1960, S. 192

Arbitral Award of 31 July 1989, Provisional Measures, Order of 2 March 1990, I.C.J. Rep. 1990, S. 64, 69, 70, 83

Barcelona Traction, Light and Power Company, Limited, deuxième phase, arrêt, C.I.J. Rec. 1970, S. 3

Certains emprunts norvégiens, arrêt, C.I.J. Rec. 1957, S. 23 f., 27, 59 f.

Certaines terres à phosphates à Nauru (Nauru c. Australie), exceptions préliminaires, arrêt, C.I.J. Rec. 1992, S. 260, 261 f., 327, 328, 331, 334

Continental Shelf (Libyan Arab Jamahiriya/Malta), Application for Permission to Intervene, Judgment, I.C.J. Rep. 1984, S. 3, 12, 13, 19, 22, 23, 25, 31,

39, 43, 56, 58, 87, 91, 92, 93 ff., 140, 143, 148, 149, 150, 157

Continental Shelf (Libyan Arab Jamahiriya/Malta), Judgment, I.C.J. Rep. 1985, S. 24 ff.

Continental Shelf (Tunisia/Libyan Arab Jamahiriya), Application for Permission to Intervene, Judgment, I.C.J. Rep. 1981, S. 3, 8, 10, 11, 12, 13, 15, 16, 19, 20, 22, 23 ff., 25, 27, 35 ff., 40

Continental Shelf (Tunisia/Libyan Arab Jamahiriya), Judgment, I.C.J. Rep. 1982, S. 94

Corfu Channel Assessment of Compensation, Judgment, I.C.J. Rep. 1949, S. 246

Demande d'examen de la situation au titre du paragraphe 63 de l'arrêt rendu par la Cour le 20 décembre 1974 dans l'affaire des essais nucléaires (Nouvelle-Zélande c. France), ordonnance du 22 septembre 1995, C.I.J. Rec. 1995, S. 306

Délimitation de la frontière maritime dans la région du Golfe de Maine, arrêt, C.I.J. Rec. 1984, S. 265

Délimitation maritime et questions territoriales entre Qatar et Bahreïn (Qatar c. Bahreïn), compétence et recevabilité, arrêt, C.I.J. Rec. 1995, S. 6, 20 f.

Détroit de Corfou, exception préliminaire, arrêt, 1948, C.I.J. Rec. 1947-48, S. 17, 19, 27, 28, 32

Différend frontalier (Burkina Faso/République du Mali), mesures conservatoires, ordonnance du 10 janvier 1986, C.I.J. Rec. 1986, S. 3

Différend frontalier (Burkina Faso/République du Mali), arrêt, C.I.J. Rec. 1986, S. 577, 580

Différend territorial (Jamahiriya Arabe Libyenne/Tchad), arrêt, C.I.J. Rec. 1994, S. 33

Droit d'asile, arrêt, C.I.J. Rec. 1950, S. 266

East Timor (Portugal v. Australia), Judgment, I.C.J. Rep. 1995, S. 101, 102, 104, 105, 150 ff., 237 ff.

Fisheries Jurisdiction (Federal Republic of Germany v. Iceland), Interim Protection, Order of 17 August 1972, I.C.J. Rep. 1972, S. 14, 15, 32, 33

Fisheries Jurisdiction (Federal Republic of Germany v. Iceland), Jurisdiction of the Court, Judgment, I.C.J. Rep. 1973, S. 49, 54

Fisheries Jurisdiction (Spain v. Canada), Judgment of 4 December 1998, Jurisdiction, Tz. 46, <http://www.icj-cij.org/icjwww/idecisions.htm>

Fisheries Jurisdiction (United Kingdom v. Iceland), Jurisdiction of the Court, Judgment, I.C.J. Rep. 1973, S. 7

Frontière terrestre et maritime entre le Cameroun et le Nigéria, mesures conservatoires, ordonnance du 15 mars 1996, C.I.J. Rec. 1996 (I), S. 13, 23

Frontière terrestre et maritime entre le Cameroun et le Nigéria (Cameroun c. Nigéria), exceptions préliminaires, arrêt, C.I.J. Rec. 1998, S. 275, 284, 290, 291, 292, 293, 294, 295 f., 298, 299 f., 309, 312, 313, 322 f, 324 f., 362, 368, 370 ff.

Haya de la Torre, arrêt, C.I.J. Rec. 1951, S. 76, 77, 78

Incident aérien du 27 juillet 1955 (Israël c. Bulgarie), arrêt, C.I.J. Rec. 1959, S. 142

Interhandel, mesures conservatoires, ordonnance du 24 octobre 1957, C.I.J. Rec. 1957, S. 107, 111, 118 f.

Interhandel, arrêt, C.I.J. Rec. 1959, S. 23

Interprétation des traités de paix conclus avec la Bulgarie, la Hongrie et la Roumanie, première phase, avis consultatif, C.I.J. Rec. 1950, S. 65, 70, 71, 72, 81, 89 ff., 90, 98 ff., 102 f., 106 ff., 108

Interpretation of the Agreement of 25 March 1951 between the WHO and Egypt, Advisory Opinion, I.C.J. Rep. 1980, S. 190 ff.

Judgments of the Administrative Tribunal of the ILO upon Complaints Made against Unesco, Advisory Opinion, I.C.J. Rep. 1956, S. 84

Kasikili/Sedudu Island (Botswana/Namibia), Judgment of 13 December 1999, <http://www.icj-cij.org/icjwww/idecisions.htm>

LaGrand (Germany v. United States of America), Provisional Measures, Order of 3 March 1999, I.C.J. Rep. 1999, S. 9 ff., 11, 15, 16, 19, 20

LaGrand (Germany v. United States of America), Judgment of 27 June 2001, Tz. 11, 100, 101 ff., 104 ff., 108, 109, <http://www.icj-cij.org/icjwww/idecisions.htm>

Land and Maritime Boundary between Cameroon and Nigeria (Cameroon v. Nigeria), Application to Intervene, Order of 21 October 1999, Tz. 2, 14, 15, 18, <http://www.icj-cij.org/icjwww/idecisions.htm>

Land, Island and Maritime Frontier Dispute (El Salvador/Honduras), Application to Intervene, Judgment, I.C.J. Rep. 1990, S. 92 ff., 109, 111, 115 f., 122, 129, 130, 132, 133, 134 f., 135 f.

Land, Island and Maritime Frontier Dispute (El Salvador/Honduras: Nicaragua intervening), Judgment, I.C.J. Rep. 1992, S. 609, 610, 620

L'application de la convention pour la prévention et la répression du crime de génocide, exceptions préliminaires, arrêt, C.I.J. Rec. 1996 (II), S. 610, 616 ff., 620 f.

Legal Consequences for States of the Continued Presence of South Africa in Namibia (South West Africa) notwithstanding Security Council Resolution 276 (1970), Advisory Opinion, I.C.J. Rep. 1971, S. 16, 23, 24, 26

Legality of the Threat or Use of Nuclear Weapons, Advisory Opinion, I.C.J. Rep. 1996 (I), S. 236 f.

Licéité de l'emploi de la force (Yougoslavie c. Allemagne), mesures conservatoires, ordonnance du 2 juin 1999, Tz. 2, <http://www.icj-cij.org/cijwww/cdecisions.htm>

Licéité de l'emploi de la force (Yougoslavie c. Espagne), mesures conservatoires, ordonnance du 2 juin 1999, Tz. 25, 33, 35, <http://www.icj-cij.org/cijwww/cdecisions.htm>

Licéité de l'emploi de la force (Yougoslavie c. Etats-Unis d'Amérique), mesures conservatoires, ordonnance du 2 juin 1999, Tz. 25, 29, <http://www.icj-cij.org/cijwww/cdecisions.htm>

Licéité de l'utilisation des armes nucléaires par un état dans un conflit armé, avis consultatif, C.I.J. Rec. 1996 (I), S. 84

Mandat d'arrêt du 11 avril 2000 (République démocratique du Congo c. Belgique), mesures conservatoires, ordonnance du 8 décembre 2000, Tz. 63 ff., 66, 77, <http://www.icj-cij.org/cijwww/cdecisions.htm>

Mandat d'arrêt du 11 avril 2000 (République démocratique du Congo c. Belgique), arrêt du 14 février 2002, Tz. 26, <http://www.icj-cij.org/cijwww/cdecisions.htm>

Military and Paramilitary Activities in and against Nicaragua (Nicaragua v. United States of America), Provisional Measures, Order of 10 May 1984, I.C.J. Rep. 1984, S. 172, 179, 180 f.

Military and Paramilitary Activities in and against Nicaragua (Nicaragua v. United States of America), Jurisdiction and Admissibility, Judgment, I.C.J. Rep. 1984, S. 397 ff., 400, 403, 404, 408, 415, 418, 419, 420, 424, 431, 625 f.

Military and Paramilitary Activities in and against Nicaragua (Nicaragua v. United States of America), Merits, Judgment, I.C.J. Rep. 1986, S. 23, 70, 71

Minquiers and Ecrehos, Judgment, I.C.J. Rep. 1953, S. 47

Northern Cameroons, Preliminary Objections, Judgment, I.C.J. Rep. 1963, S. 29
North Sea Continental Shelf, Judgment, I.C.J. Rep. 1969, S. 3, 6 ff.
Nottebohm, exception préliminaire, arrêt, C.I.J. Rec. 1953, S. 119, 120, 122
Nuclear Tests (Australia v. France bzw. New Zealand v. France), Interim Protection, Order of 22 June 1973, I.C.J. Rep. 1973, S. 101, 102, 109, 111 ff., 115 ff., 119, 120, 124 ff., 128 ff., 137, 138, 145, 148, 149 ff, 154, 155, 163 f.
Nuclear Tests (Australia v. France bzw. New Zealand v. France), Judgment, I.C.J. Rep. 1974, S. 257, 265 ff., 268, 272, 460, 469 ff., 473, 477
Nuclear Tests (Australia v. France bzw. New Zealand v. France), Application for Permission to Intervene, Order of 20 December 1974, I.C.J. Rep. 1974, S. 530, 531, 535, 540

Or monétaire pris à Rome en 1943, arrêt, C.I.J. Rec. 1954, S. 29, 32

Passage through the Great Belt (Finland v. Denmark), Provisional Measures, Order of 29 July 1991, I.C.J. Rep. 1991, S. 12, 15, 16

Questions of the Interpretation and Application of the 1971 Montreal Convention Arising from the Aerial Incident at Lockerbie (Libyan Arab Jamahiriya v. United Kingdom), Preliminary Objections, Judgment of 27 February 1998, Tz. 38, <http://www.icj-cij.org/icjwww/idecisions.htm>

Réserves à la convention pour la prévention et la répression du crime de génocide, avis consultatif, C.I.J. Rec. 1951, S. 15, 19 f.
Right of Passage over Indian Territory, Preliminary Objections, Judgment, I.C.J. Rep. 1957, S. 125, 142 ff., 146, 147, 152
Right of Passage over Indian Territory, Merits, Judgments, I.C.J. Rep. 1960, S. 35
Rights of Nationals of the United States of America in Morocco, Judgment, I.C.J. Rep. 1952, S. 176, 178 f.

Sahara occidental, ordonnance du 22 mai 1975, C.I.J. Rec. 1975, S. 7, 8
Sahara occidental, avis consultatif, C.I.J. Rec. 1975, S. 12, 20, 22, 24, 25, 27
South West Africa, Preliminary Objections, I.C.J. Rep. 1962, S. 337
South West Africa, Second Phase, Judgment, I.C.J. Rep. 1966, S. 6
Sovereignty over Certain Frontier Land, Judgment, I.C.J. Rep. 1959, S. 209
Sovereignty over Pulau Litigan and Pulau Sipadan (Indonesia/Malaysia), Appli-

cation to Intervene, Judgment of 23 October 2001, Tz. 32, 35 f., 88, 93, <http://www.icj-cij.org/icjwww/idecisions.htm>

Temple of Preah Vihear, Preliminary Objections, I.C.J. Rep. 1961, S. 31

Trial of Pakistani Prisoners of War, Interim Protection, Order of 13 July 1973, I.C.J. Rep. 1973, S. 329 f.

United States Diplomatic and Consular Staff in Tehran, Provisional Measures, Order of 15 December 1979, I.C.J. Rep. 1979, S. 13

United States Diplomatic and Consular Staff in Tehran, Judgment, I.C.J. Rep. 1980, S. 8, 20

Vienna Convention on Consular Relations (Paraguay v. United States of America), Provisional Measures, Order of 9 April 1998, I.C.J. Rep. 1998, S. 250 f., 253, 256, 257, 258, 261, 262

C. Europäischer Gerichtshof für Menschenrechte

Cruz Varas and Others v. Sweden, Judgment of 20 March 1991, Series A, Vol. 201, S. 35

Ireland v. United Kingdom, Judgment of 18 January 1978, ECHR, Series A, Vol. 25, S. 147

King of Greece and Others v. Greece, Judgment of 23 November 2000, Tz. 60 ff., <http://www.echr.coe.int/Eng/Judgments.htm>

Loizidou v. Turkey, Preliminary Objections, Judgment of 23 March 1995, Series A, Vol. 310, S. 30, 31, 32

Loizidou v. Turkey, Merits, Judgment of 18 December 1996, Reports of Judgments and Decisions 1996-VI, S. 2230, 2231

Prince Hans-Adam II of Liechtenstein v. Germany, Merits, Judgment of 12 July 2001, Tz. 81, 85, <http://www.echr.coe.int/Eng/Judgments.htm>

D. Internationaler Seegerichtshof

„CAMOUCO" (Panama v. France), Application for Prompt Release, Judgment of 7 February 2000, ITLOS Case No. 5, Tz. 43 ff., ILM 2000, S. 676 ff.

Grand Prince (Belize v. France), Application for Prompt Release, Judgment of 20 April 2001, ITLOS Case No. 8, Tz. 94, <http://www.itlos.org/start2_en.html>

Monte Confurco (Seychelles v. France), Judgment of 18 December 2000, ITLOS Case No. 6, Tz. 56 ff., <http://www.itlos.org/start2_en.html>

M/V „SAIGA" (Saint Vincent and the Grenadines v. Guinea), Application für Prompt Release, Judgment of 4 December 1997, ITLOS Case No. 1, Tz. 37 ff., <http://www.itlos.org/start2_en.html>

Southern Bluefin Tuna (Australia and New Zealand v. Japan), Order of 27 August 1999, ITLOS Cases Nos. 3, 4, ILM 1999, S. 1624, 1635

The MOX Plant (Ireland v. United Kingdom), Provisional Measures, Order of 3 December 2001, ITLOS Case No. 10, Tz. 44, 48 ff., <http://www.itlos.org/start2_en.html>

E. Inter-Amerikanischer Gerichtshof für Menschenrechte

Ivcher Bronstein, Competencia, Sentencia del 24 de septiembre de 1999, Corte I.D.H. (Ser. C), No. 54 (1999), Tz. 40, 46, 50 ff., <http://www.1.umn.edu/humanrts/iachr/series_C.html>

Tribuna Constitucional, Competencia, Sentencia del 24 de septiembre de 1999, Corte I.D.H. (Ser.C), No. 55 (1999), Tz. 39, 45, 49 ff., <http://www.1.umn.edu/humanrts/iachr/series_C.html>

F. Schiedsgerichte

Southern Bluefin Tuna (Australia and New Zealand v. Japan), UN Law of the Sea Arbitral Tribunal, Award of 4 August 2000, Jurisdiction and Admissibility, ILM 2000, S. 1359, 1388, 1389, 1390, 1392 f., 1395 ff.

G. Nationale Gerichte

Bundesverfassungsgericht, BVerfGE 60, 14 f.

Bundesverfassungsgericht, Beschluss vom 28. Januar 1998, AVR 1998, S. 198 ff. = IPRax 1998, S. 428 ff.

Landgericht Köln, Urteil vom 10. Oktober 1995, IPRax 1996, S. 419 ff.
Oberlandesgericht Köln, Urteil vom 9. Juli 1996, VIZ 1998, S. 213 = ROW 1998, S. 242 ff.

Bruce Smith v. Socialist People's Libyan Arab Jamahiriya, Court of Appeal for the Second Circuit, ILM 1997, S. 102 ff.
Princz v. Federal Republic of Germany, U.S. Court of Appeals for the District of Columbia Circuit, ILM 1994, S. 1486 ff.

Areopag, Urteil vom 4. Mai 2000, FAZ vom 9. Mai 2000

AUGSBURGER SCHRIFTEN ZUM STAATS- UND VÖLKERRECHT

Herausgegeben von Professor Dr. Dieter Blumenwitz

Band 1 Fritz-Harald Wenig: Rechtsprobleme des innerdeutschen Handels.

Band 2 Wilfried Niedermeier: Der Beitritt der Bundesrepublik Deutschland zum Statut des Internationalen Gerichtshofes unter besonderer Berücksichtigung der obligatorischen Gerichtsbarkeit.

Band 3 Johann G. Gleich: Die Anerkennung der DDR durch die Bundesrepublik.

Band 4 Matthias Weigand: Der Vertrag über die gegenseitigen Beziehungen zwischen der Bundesrepublik Deutschland und der Tschechoslowakischen Sozialistischen Republik vom 11. Dezember 1973 - Eine völkerrechtliche Analyse.

Band 5 Werner Trützschler von Falkenstein: Die sich ändernde Bedeutung der Feindstaatenartikel (Artikel 53 und 107 der Satzung der Vereinten Nationen) für Deutschland.

Band 6 Reiner Schenk: Die Viermächteverantwortung für Deutschland als Ganzes, insbesondere deren Entwicklung seit 1969.

Band 7 Wolfgang Wagner: Die Verwirklichung der Menschenrechte im Pakt der Vereinten Nationen über bürgerliche und politische Rechte vom 16. Dezember 1966, im Grundvertrag und den ihn begleitenden Nebeninstrumenten.

Band 8 Ulrich Wacker: Der Konflikt verschiedener Rechtssysteme vor, während und nach der Kolonialzeit in Kenia.

Band 9 Wolfgang Enders: Der mexikanische Bundesstaat. Die politische und sozioökonomische Problematik eines föderalen Verfassungssystems in einem Land der "Dritten Welt".

Band 10 Heiner Hasford: Die Jurisdiktion der Europäischen Gemeinschaften. Zur extraterritorialen Wirkung des Gemeinschaftsrechts.

SCHRIFTEN ZUM STAATS- UND VÖLKERRECHT

Band 11 Wolf Dieter Remmele: Die Selbstdarstellung der Bundesrepublik Deutschland im Ausland durch den Rundfunk als Problem des Staats- und Völkerrechts.

Band 12 Elisabeth Lichtenstern: Die Gesetzgebung im Spannungsverhältnis zwischen Bund und Ländern.

Band 13 Peter Gassner: Kollektivmacht und Individualschutz im amerikanischen Arbeitsrecht.

Band 14 Helga Walter: Das Selbstverständnis des modernen Algeriens. Die historisch-nationalen und islamischen Elemente.

Band 15 Dieter Schütz: Der internationale ordre public. Der Ausschluß völkerrechtswidrigen fremden Rechts im Internationalen Privatrecht der Bundesrepublik Deutschland.

Band 16 Klaus-Peter Kißler: Die Zulässigkeit von Wirtschaftssanktionen der Europäischen Gemeinschaft gegenüber Drittstaaten.

Band 17 Rainhardt Freiherr von Leoprechting: Die neue Rohrwaffen-Artillerie-Munition im Lichte des I. Genfer Zusatzprotokolles vom 12. Dezember 1977. Zur Frage der Völkerrechtskonformität der Verteidigung der Bundesrepublik Deutschland mit modernen konventionellen Artilleriesystemen.

Band 18 Roland Steinmeyer: Die Schiffsgläubigerrechte im südafrikanischen nationalen und internationalen Privatrecht. Eine rechtsvergleichende Darstellung unter Einbeziehung des englischen und deutschen internationalen Privatrechts und unter besonderer Berücksichtigung des ordre public.

Band 19 Martin C. Ney: Der Einsatz von Atomwaffen im Lichte des Völkerrechts. Summary: The Use of Nuclear Weapons and International Law.

Band 20 Teodoro Ribera Neumann: Das chilenische Verfassungsgericht und das deutsche Bundesverfassungsgericht - Ein Rechtsvergleich -. 1985.

Band 21 Theodora Antoniou: Europäische Integration und griechische Verfassung. 1985.

Band 22 Georg Teyssen: Deutschlandtheorien auf der Grundlage der Ostvertragspolitik. 1987.

Band 23 Karin Klüpfel: Selbstbestimmung durch Assoziation. Die Assoziation als Verwirklichung des Selbstbestimmungsrechts der Völker - dargestellt am Beispiel von Puerto Rico. 1987.

Band 24 Friedrich Dehner: Die Stellung Berlins im Bundesrat. 1987.

Band 25 Thilo Morhard: Die Rechtsnatur der Übereinkommen der Internationalen Arbeitsorganisation. Zugleich ein Beitrag zur Lehre vom "soft law". 1988.

Band 26 Ralf Jahn: Ansiedlung von Einzelhandelsgroßprojekten (§ 11 Abs. 3 BauNVO 1977). Zur Frage der Bestimmtheit grundrechtsbeschränkender Eingriffsnormen. 1988.

Band 27 Wolfgang Götzer: Der völkerrechtliche Status der Donau zwischen Regensburg und Kelheim. Eine völkerrechtliche Untersuchung des Donauabschnittes Regensburg - Kelheim unter Einbeziehung der gesamten deutschen Donau. 1988.

Band 28 Michael Hakenberg: Die Iran-Sanktionen der USA während der Teheraner Geiselaffäre aus völkerrechtlicher Sicht. 1988.

Band 29 Renate Oxenknecht: Der Schutz ethnischer, religiöser und sprachlicher Minderheiten in Art. 27 des Internationalen Paktes über bürgerliche und politische Rechte vom 16. Dezember 1966. 1988.

Band 30 Raphael Quarshie Avornyo: Deutschland und Togo. (1847-1987). 1988.

Band 31 Friedrich Frhr. Waitz von Eschen: Die völkerrechtliche Kompetenz der Vier Mächte zur Gestaltung der Rechtslage Deutschlands nach dem Abschluß der Ostvertragspolitik. 1988.

Band 32 Gisela Süß: Die Zulassung von Zahnärzten aus dem EG-Bereich zur deutschen Kassenarztpraxis. Ein Beitrag zu Standort und Bedeutung der Grundrechte im Europäischen Gemeinschaftsrecht. 1988.

Band 33 Meggy Steffens: Die deutsche Ostpolitik im Spiegel publizistischer Stellungnahmen in den USA 1969-1973. 1988.

Band 34 Norbert Karl Riedel: Der Einsatz deutscher Streitkräfte im Ausland - verfassungs- und völkerrechtliche Schranken -. 1989.

Band 35 Heidi Dünisch: Der Mundatwald - Zur Bereinigung letzter Kriegsfolgenprobleme zwischen Deutschland und Frankreich.1989.

Band 36 Sabine Niedermeyer-Krauß: Kommunalwahlrecht für Ausländer und Erleichterung der Einbürgerung. Integrationsmöglichkeiten für Ausländer aus verfassungs- und europarechtlicher Sicht. 1989.

Band 37 Dirk-Hermann Voß: Regionen und Regionalismus im Recht der Mitgliedstaaten der Europäischen Gemeinschaft: Strukturelemente einer Europäischen Verfassungsordnung. 1989.

Band 38 Tilo Klinner: Satellitenfernerkundung im Völkerrecht. Inwieweit existiert ein völkerrechtlicher Datenschutz? 1989.

Band 39 Barbara Schmidt: Die Erweiterung der seewärtigen Hoheitsrechte der Bundesrepublik Deutschland und der DDR unter besonderer Berücksichtigung deutschlandrechtlicher Probleme. 1989.

Band 40 Hans-Joachim Brauns: Wiedervereinigung und europäische Integration. 1990.

Band 41 Gilbert-Hanno Gornig: Der Hitler-Stalin-Pakt. Eine völkerrechtliche Studie. 1990.

Band 42 Gudrun Lehnberger: Kommunale Entwicklungshilfe. Eine Aufgabe der Gemeinden? - Bestandsaufnahme und rechtliche Würdigung unter besonderer Berücksichtigung der bayerischen Verwaltungspraxis. 1990.

Band 43 Heike Kaup: Der Schwangerschaftsabbruch aus verfassungsrechtlicher Sicht. Eine rechtsvergleichende Untersuchung anhand des deutschen und des amerikanischen Rechts. 1991.

Band 44 Bernadette Steinmeyer: Verfassungsrechtliche Ansätze zur Neuordnung der multirassischen Gesellschaft Südafrikas unter Berücksichtigung des Vorschlages des Verhandlungsforums der "KwaZulu/Natal Indaba". 1991.

Band 45 Burkhard Schöbener: Die amerikanische Besatzungspolitik und das Völkerrecht. 1991.

Band 46 Christian Raap: Die Souveränität der Bundesrepublik Deutschland unter besonderer Berücksichtigung des militärischen Bereichs und der deutschen Einheit. 1992.

Band 47 Andrea Wagner: Der argentinisch-chilenische Konflikt um den Beagle-Kanal. Ein Beitrag zu den Methoden friedlicher Streiterledigung. 1992.

Band 48 Ralf Wittkowski: Die Staatensukzession in völkerrechtliche Verträge unter besonderer Berücksichtigung der Herstellung der staatlichen Einheit Deutschlands. 1992.

Band 49 Michael Piazolo: Das Recht auf Abtreibung als Teilaspekt des Right of Privacy. 1992.

Band 50 Silke Wenk: Das konfiszierte deutsche Privatvermögen in Polen und der Tschechoslowakei. Die Rechtslage nach Abschluß des deutsch-polnischen und deutsch-tschechoslowakischen Nachbarschaftsvertrages. 1993.

Band 51 Antje Kießwetter: Die Verfassungsentwicklung in Namibia. 1993.

Band 52 Angelika Kleffner-Riedel: Regionalausschuß und Subsidiaritätsprinzip. Die Stellung der deutschen Bundesländer nach dem Vertrag über die Europäische Union. 1993.

Band 53 Jerzy Kranz: Entre l'influence et l'intervention. Certains aspects juridiques de l'assistance financière multilatérale. 1994.

Band 54 Knut Kettwig: Rechtsgrundlagen dezentraler grenzüberschreitender Zusammenarbeit im deutsch-polnischen und deutsch-tschechischen Grenzraum. 1994.

Band 55 Ulrich Seidenberger: Die diplomatischen und konsularischen Immunitäten und Privilegien. Ein Beitrag zur Diskussion über die Reformbedürftigkeit des Diplomaten- und Konsularrechts aus staats- und völkerrechtlicher Sicht. 1994.

Band 56 Christian Schede: Bundesrat und Europäische Union. Die Beteiligung des Bundesrates nach dem neuen Artikel 23 des Grundgesetzes. 1994.

Band 57 Florian Prugger: Die Nachfolge in das Vermögen der ehemaligen DDR. Ein Beitrag zu Art. 21 ff Einigungsvertrag unter besonderer Berücksichtigung der Firma F.C. Gerlach des Bereichs Kommerzielle Koordinierung. 1994.

Band 58 Mark Zimmer: Einsätze der Bundeswehr im Rahmen kollektiver Sicherheit. Staats- und völkerrechtliche Grundlagen unter Berücksichtigung des BVerfG-Urteils vom 12.07.1994. 1995.

Band 59 Gerd von Laffert: Die völkerrechtliche Lage des geteilten Zypern und Fragen seiner staatlichen Reorganisation. 1995.

Band 60 Wolfram Schneeweiß: Die rechtliche Stellung der Indianerstämme innerhalb der Vereinigten Staaten von Amerika. Ein Modell für den Schutz der *indigenous peoples*. 1995.

Band 61 Marianne Janik: Möglichkeiten und Grenzen einer gemeinsamen Exportkontrolle für sensitive Waren und Dienstleistungen im Lichte des europäischen Gemeinschaftsrechts. 1995.

Band 62 Michael Brems: Die politische Integration ethnischer Minderheiten aus staats- und völkerrechtlicher Sicht. 1995.

Band 63 Martin Vocke: Verfassungsinterpretation und Normbegründung - Grundlegung zu einer prozeduralen Theorie der Verfassungsgerichtsbarkeit. 1995.

Band 64 Stefan von der Beck: Die Konfiskationen in der Sowjetischen Besatzungszone von 1945 bis 1949. Ein Beitrag zu Geschichte und Rechtsproblemen der Enteignung auf besatzungsrechtlicher und besatzungshoheitlicher Grundlage. 1996.

Band 65 Stephanie Baer: Der Zerfall Jugoslawiens im Lichte des Völkerrechts. 1995.

Band 66 Christine Sauerwald: Die Unionsbürgerschaft und das Staatsangehörigkeitsrecht in den Mitgliedstaaten der Europäischen Union. 1996.

Band 67 Silke Buchner: Die Rechtswidrigkeit der Taten von "Mauerschützen" im Lichte von Art. 103 II GG unter besonderer Berücksichtigung des Völkerrechts. Ein Beitrag zum Problem der Verfolgung von staatlich legitimiertem Unrecht nach Beseitigung des Unrechtssystems. 1996.

Band 68 Bernd Weiß: Einführung und Umsetzung der Europäischen Charta der kommunalen Selbstverwaltung in Deutschland, insbesondere in Bayern und Nordrhein-Westfalen. 1996.

Band 69 Gesine Katharina Neumann: Boliviens Recht auf freien Zugang zum Pazifik. Zur völkerrechtlichen Problematik des Zugangs der Binnenstaaten zum Meer. 1997.

Band 70 Elvira Pfrang: Das Verhältnis zwischen Europäischem Gemeinschaftsrecht und deutschem Recht nach der Maastricht-Entscheidung des Bundesverfassungsgerichts. Eine Studie zu den Konflikten beider Rechtsordnungen auf dem Gebiet des Grundrechtsschutzes und der Kompetenzen. 1997.

Band 71 Dieter Blumenwitz / Burkhard Schöbener: Stabilitätspakt für Europa. Die Sicherstellung mitgliedstaatlicher Haushaltsdisziplin im Europa- und Völkerrecht. 1997.

Band 72 Matthias Weinberg: Schutz der deutschen Minderheit in Polen nach den Weltkriegen. Ein Vergleich unter Berücksichtigung der aktuellen Rechtslage. 1997.

Band 73 Reinhard Müller: Der "2+4-Vertrag und das Selbstbestimmungsrecht der Völker. 1997.

Band 74 Stefan Strobl: Das Nichtverbreitungsregime für Kernwaffen nach 1995 und der freie Zugang zu nuklearen Technologien und Materialien. 1997.

Band 75 Christine Weber: Das Gegenzeichnungsrecht unter besonderer Berücksichtigung der Verfassung des Fürstentums Liechtenstein. 1997.

Band 76 Stephan Semrau: Die Gemeinsame Außen- und Sicherheitspolitik der Europäischen Union. 1998.

Band 77 Marcus Schultz: Die Auslandsentsendung von Bundeswehr und Bundesgrenzschutz zum Zwecke der Friedenswahrung und Verteidigung. Völker- und verfassungsrechtliche Analyse unter besonderer Berücksichtigung der Entscheidung des Bundesverfassungsgerichtes zum Einsatz deutscher Streitkräfte vom 12. Juli 1994. 1998.

Band 78 Benedikt P. Kuttenkeuler: Die Verankerung des Subsidiaritätsprinzips im Grundgesetz. Ein Beitrag zur Bedeutung des Subsidiaritätsprinzips für die Kompetenzabgrenzung im Bundesstaat. 1998.

Band 79 Winfried Bausback: Verfassungsrechtliche Grenzen des Wahlrechts zum Deutschen Bundestag. 1998.

Band 80 Elvira Pfrang: Towards Liberalisation of the European Electricity Markets. The Directive concerning Common Rules for an Internal Market in Electricity in the Frame of the Competition and Internal Market Rules of the EC-Treaty. 1999.

Band 81 Alexander Wolf: Prozessuale Probleme des „Maastricht"-Urteils des Bundesverfassungsgerichts. 1999.

Band 82 Jürgen Bartl: Die humanitäre Intervention durch den Sicherheitsrat der Vereinten Nationen im "Failed State". Das Beispiel Somalia. 1999.

Band 83 Thomas Gnielinski: Die Reform des deutschen Staatsangehörigkeitsrechts. Eine Analyse und Bewertung der vorliegenden Gesetzesvorhaben. 1999.

Band 84 Margarita González: Der völkerrechtliche Status des Panamakanals nach Ablauf der Übergangszeit im Jahr 1999. 2000.

Band 85 Petra Johnen: Die Verfassungsentwicklung Südafrikas unter besonderer Berücksichtigung der verfassunggebenden Gewalt des Volkes. 2001.

Band 86 Markus Allstadt: Die offene Völkerrechtslage im deutsch-tschechischen Verhältnis und ihre Bedeutung für die Osterweiterung der Europäischen Union. Zugleich Überlegungen zu den Auswirkungen zwingenden Völkerrechts in der Vertriebenenfrage. 2000.

Band 87 Gerrit Aschmann: Europol aus Sicht der deutschen Länder. 2000.

Band 88 Mark Weber: Der Berlin-Status im intertemporalrechtlichen Konflikt. Dargestellt am Beispiel von Grundstücksenteignungen im Ostteil Groß-Berlins. 2001.

Band 89 Heidi Hellwig: Die Staatsangehörigkeit als Anknüpfung im deutschen IPR. Unter besonderer Berücksichtigung des Gesetzes zur Reform des Staatsangehörigkeitsrechts. 2001.

Band 90 Aline Bruer-Schäfer: Der Internationale Strafgerichtshof. Die Internationale Strafgerichtsbarkeit im Spannungsfeld von Recht und Politik. 2001.

Band 91 Andreas Rosenfeld: Die Verfassungsentwicklung von Mosambik. Ein Beitrag zur rechtsstaatlichen Transformation im südlichen Afrika. 2001.

Band 92 Markus Pallek: Der Minderheitenschutz im deutschen Verfassungsrecht. Eine analytische Untersuchung des Begriffs sowie der bundes- und landesverfassungsrechtlichen Stellung der ethnischen, nationalen, sprachlichen, kulturellen und religiösen Minderheiten in der Bundesrepublik Deutschland vor dem Hintergrund der völker- und europarechtlichen Rahmenbedingungen. 2001.

Band 93 Ansgar Firsching: Die Samen, ihre Rechtsstellung in Schweden und ihre Rechtsstellung im Lichte der Indigenous Peoples weltweit. 2002.

Band 94 Jörg Dunker: Regionale Integration im System des liberalisierten Welthandels. EG und NAFTA im Vergleich. 2002.

Band 95 Katharina Wodarz: Gewaltverbot, Menschenrechtsschutz und Selbstbestimmungsrecht im Kosovo-Konflikt. 2002.

Band 96 Grit Hokema: Immunität von Staatsoberhäuptern. 2002.

Band 97 Tido Oliver Hokema: Mehrfache Staatsangehörigkeit. Eine Betrachtung aus völkerrechtlicher und verfassungsrechtlicher Sicht. Unter Berücksichtigung des Staatsangehörigkeitsreformgesetzes vom 15. Juli 1999. 2002.

Band 98 Janet Kerstin Butler: Die Beteiligung von Privatpersonen am WTO-Streitbeilegungsverfahren. Bestandsaufnahme und Entwicklungsperspektiven. 2002

Band 99 Tobias H. Irmscher: Die Behandlung privater Beschwerden über systematische und grobe Menschenrechtsverletzungen in der UN-Menschenrechtskommission. Das 1503-Verfahren nach seiner Reform. 2002.

Band 100 Markus Voltz: Menschenrechte und ordre public im Internationalen Privatrecht. 2002.

Band 101 Sabine Schorer: Das Konsensprinzip in der internationalen Gerichtsbarkeit. 2003.

Markus Voltz

Menschenrechte und ordre public im Internationalen Privatrecht

Frankfurt/M., Berlin, Bern, Bruxelles, New York, Oxford, Wien, 2002. XXVII, 431 S.
Schriften zum Staats- und Völkerrecht.
Herausgegeben von Dieter Blumenwitz. Bd. 100
ISBN 3-631-39612-0 · b. €65.40

Die Arbeit untersucht die Möglichkeiten und Grenzen einer Einbeziehung der Normen des völkerrechtlichen Menschenrechtsschutzes in die allgemeine Vorbehaltsklausel des deutschen Internationalen Privatrechts. Nach einer einführenden Darstellung zu Funktion, Strukturprinzipien und Anwendungsvoraussetzungen von Art. 6 EGBGB gewährt die Untersuchung einen Überblick über die elementaren Bestandteile des regionalen und universellen Menschenrechtsschutzes und seiner Überwachung auf völkerrechtlicher Ebene. Im zentralen Teil der Arbeit werden die Grundlagen einer menschenrechtsbezogenen Anwendung der ordre public-Klausel aufgezeigt. Es wird dargelegt, inwieweit die Normen des internationalen Menschenrechtsschutzes zur Konkretisierung der international-privatrechtlichen Vorbehaltsklausel herangezogen werden können und welche Folgerungen sich dabei für die Anwendung von Art. 6 EGBGB ergeben. Die Ergebnisse dieses Abschnitts werden im Schlußkapitel exemplarisch anhand des internationalen Eheschließungsrechts umgesetzt und konkretisiert.

Kolibri 360 GmbH
Ferdinand-Jühlke-Straße 7
99095 Erfurt, Deutschland
produktsicherheit@kolibri360.de

Druck:
CPI Druckdienstleistungen GmbH
im Auftrag der
Kolibri 360 GmbH
Ferdinand-Jühlke-Str. 7
99095 Erfurt